Meinen Eltern

Die Abgabe von Sacherklärungen des Angeklagten durch den Verteidiger

Schriften zum Strafrecht und Strafprozeßrecht

Herausgegeben von Manfred Maiwald

Band 94

PETER LANG
Frankfurt am Main · Berlin · Bern · Bruxelles · New York · Oxford · Wien

Sebastian Olk

Die Abgabe von Sacherklärungen des Angeklagten durch den Verteidiger

PETER LANG
Europäischer Verlag der Wissenschaften

Bibliografische Information Der Deutschen Bibliothek
Die Deutsche Bibliothek verzeichnet diese Publikation in der Deutschen Nationalbibliografie; detaillierte bibliografische Daten sind im Internet über <http://dnb.ddb.de> abrufbar.

Zugl.: Regensburg, Univ., Diss., 2006

D 355
ISSN 0938-6181
ISBN 3-631-55643-8

www.peterlang.de

Vorwort

Die vorliegende Arbeit lag der Juristischen Fakultät der Universität Regensburg im Sommersemester 2006 als Dissertation vor. Sie war im November 2005 abgeschlossen. Danach erschienene Literatur und Rechtsprechung konnten bis zum 1. Mai 2006 berücksichtigt werden.

Mein besonderer Dank gilt meinem Doktorvater Herrn Professor Dr. Dr. h. c. (Breslau) Friedrich-Christian Schroeder, der das Thema angeregt hat, für die vorzügliche Betreuung der Dissertation. Des weiteren bin ich Herrn Professor Dr. Bernd von Heintschel-Heinegg für die schnelle Fertigung des Zweitgutachtens und Herrn Professor Dr. Manfred Maiwald für die Aufnahme in die von ihm herausgegebene Schriftenreihe sehr verbunden.

München, im Juli 2006 *Sebastian Olk*

Inhaltsübersicht

3. Teil
Abgabe mündlicher Sacherklärungen durch den Verteidiger

4. Teil
Schriftliche Sacherklärungen des Verteidigers

Inhaltsverzeichnis

2. Teil
Erklärungen zur Sache

3. Teil
Abgabe mündlicher Sacherklärungen durch den Verteidiger

Abkürzungsverzeichnis

Aufl.	Auflage
a. A.	anderer Ansicht
a. E.	am Ende
a. F.	alte Fassung
abl.	ablehnend
Abs.	Absatz
Abschn.	Abschnitt
Alt.	Alternative
Anm.	Anmerkung
Art.	Artikel
BayObLG	Bayerisches Oberstes Landesgericht
BayObLGSt	Entscheidungen des Bayerischen Obersten Landesgerichts in Strafsachen (neue Folge zitiert nach Jahr und Seite)
Bd.	Band
Bearb.	Bearbeitung
Beschl.	Beschluß
Bsp.	Beispiel
Bspr.	Besprechung
BGB	Bürgerliches Gesetzbuch
BGBl. I, II, III	Bundesgesetzblatt Teil I, Teil II, Teil III
BGH	Bundesgerichtshof

BGHR	BGH-Rechtsprechung in Strafsachen (zitiert nach Paragraph und Stichwort)
BGHSt	Entscheidungen des Bundesgerichtshofs in Strafsachen (zitiert nach Band und Seite)
BGHZ	Entscheidungen des Bundesgerichtshofs in Zivilsachen (zitiert nach Band und Seite)
BRAK	Bundesrechtsanwaltskammer
BRAO	Berufsordnung für Rechtsanwälte
bspw.	beispielsweise
BT-Ds.	Drucksachen des Deutschen Bundestages
BVerfG	Bundesverfassungsgericht
BVerfGE	Entscheidungen des Bundesverfassungsgerichts (zitiert nach Band und Seite)
bzw.	beziehungsweise
CCC	Constitutio Criminalis Carolina von 1532
d. h.	das heißt
ders.	derselbe
dies.	dieselbe
Diss.	Dissertation
DRiZ	Deutsche Richterzeitung (zitiert nach Jahr und Seite)
EGStPO	Einführungsgesetz zur Strafprozeßordnung
Einl.	Einleitung
EMRK	Europäische Konvention zum Schutze der Menschenrechte und Grundfreiheiten von 1950
etc.	et cetera

evtl.	eventuell
f.	folgende(r) Paragraph, Randnummer, Seite etc.
F.	Fall
FAZ	Frankfurter Allgemeine Zeitung
ff.	folgende Paragraphen, Randnummern, Seiten etc.
FG	Festgabe
Fn.	Fußnote
FS	Festschrift
GA	Goltdammer's Archiv für Strafrecht (bis 1933 zitiert nach Band und Seite, ab 1953 nach Jahr und Seite)
GG	Grundgesetz
ggf.	gegebenenfalls
GrS	Großer Senat
h. F.	heutiger Fassung
h. L.	herrschende Lehre
h. Lit.	herrschende Literatur
h. M.	herrschende Meinung
Hrsg.	Herausgeber
Hs.	Halbsatz
i. d. R.	in der Regel
i. e. S.	im engeren Sinn
i. S. d.	im Sinne des
i. V. m.	in Verbindung mit
i. w. S.	im weiteren Sinn

IPBPR	Internationaler Pakt über Bürgerliche und Politische Rechte von 1966
JA	Juristische Arbeitsblätter (zitiert nach Jahr und Seite)
Jh.	Jahrhundert
JMBl.	Justizministerialblatt
JMBl. NRW	Justizministerialblatt für Nordrhein-Westfalen (zitiert nach Jahr und Seite)
JR	Juristische Rundschau (zitiert nach Jahr und Seite)
Jura	Juristische Ausbildung (zitiert nach Jahr und Seite)
JuS	Juristische Schulung (zitiert nach Jahr und Seite)
JuMoG	1. Justizmodernisierungsgesetz vom 30.08.2004 (BGBl. I, 2198)
JZ	Juristenzeitung (zitiert nach Jahr und Seite)
Kap.	Kapitel
KG	Kammergericht
krit.	kritisch
LG	Landgericht
LS	Leitsatz
m. w. N.	mit weiteren Nachweisen
m. Anm.	mit Anmerkung
MDR	Monatsschrift für Deutsches Recht (zitiert nach Jahr und Seite)
n. F.	neue Fassung
NJW	Neue Juristische Wochenschrift (zitiert nach Jahr und Seite)
NJW-RR	NJW-Rechtsprechungs-Report (zitiert nach Jahr und Seite)

Nr.	Nummer
NStZ	Neue Zeitschrift für Strafrecht (zitiert nach Jahr und Seite)
NStZ-RR	NStZ-Rechtsprechungs-Report (zitiert nach Jahr und Seite)
NZV	Neue Zeitschrift für Verkehrsrecht (zitiert nach Jahr und Seite)
OLG	Oberlandesgericht
OLGSt	Entscheidungen der Oberlandesgerichte zum Straf- und Strafverfahrensrecht (zitiert ab 1983 nach Paragraph und Nummer)
RG	Reichsgericht
RGSt	Entscheidungen des Reichsgerichts in Strafsachen (zitiert nach Band und Seite)
Rn.	Randnummer
ROW	Recht in Ost und West (zitiert nach Jahr und Seite)
Rspr.	Rechtsprechung
S.	Satz oder Seite oder siehe
sog.	sogenannte(r)
st. Rspr.	ständige Rechtsprechung
RT Ds.	Drucksachen des Reichstags
StGB	Strafgesetzbuch
StPO	Strafprozeßordnung
str.	streitig
StraFo	Strafverteidigerforum (zitiert nach Jahr und Seite)
StV	Strafverteidiger, Juristische Fachzeitschrift (zitiert nach Jahr und Seite)
SZ	Süddeutsche Zeitung
teilw.	teilweise

u. a.	unter anderem
Urt.	Urteil
v.	vom / von
v. a.	vor allem
vgl.	vergleiche
Vor / Vorb. / Vorbem.	Vorbemerkung
VRS	Verkehrsrecht-Sammlung (zitiert nach Band und Seite)
wistra	Zeitschrift für Wirtschaft, Steuer, Strafrecht (zitiert nach Jahr und Seite)
z. B.	zum Beispiel
z. T.	zum Teil
ZPO	Zivilprozeßordnung
ZStW	Zeitschrift für die gesamte Strafrechtswissenschaft (zitiert nach Band und Seite)
zust.	zustimmend
zw.	zweifelnd
Verf.	Verfasser

Einführung

Seit Ende der 80er Jahre ist in den Hauptverhandlungen deutscher Strafprozesse zunehmend zu beobachten, daß sich nicht mehr der Angeklagte selbst zur Sache einläßt, sondern sein Verteidiger für ihn eine Sacherklärung abgibt. Dies geschieht üblicherweise durch mündlichen Vortrag des Verteidigers, das Vorlesen einer schriftlichen Erklärung, die als Anlage zum Protokoll gereicht wird, oder durch Übergabe einer schriftlichen Erklärung des Verteidigers mit dem Antrag an das Gericht, diese als Urkunde zu verlesen.

Vor allem die Abgabe mündlicher Einlassungen des Verteidigers für den anwesenden und selbst zur Sache vollständig schweigenden Angeklagten hat sich zu einer üblichen Praxis gefestigt, die nur selten hinterfragt wird. Die höchstrichterliche Rechtsprechung und die Kommentarliteratur haben dieses Thema teilweise oberflächlich und widersprüchlich behandelt. Dies verwundert um so mehr, als es sich keineswegs um ein Randphänomen handelt.

Aufgabe dieser Arbeit ist es, zu untersuchen, ob und in welchem Rahmen die Übertragung der Sacherklärung auf den Verteidiger rechtlich zulässig ist. Dabei ist auch zu fragen, ob das von den Verteidigern unter dem Postulat der Verteidigungsfreiheit für Einlassungssurrogate vorgetragene Bedürfnis tatsächlich besteht und die StPO kurz vor ihrem 130. Geburtstag einer Weiterentwicklung durch den Gesetzgeber bedarf.

Der erste Teil stellt die Grundlagen dar, die für die zentralen Probleme der Arbeit entscheidend sind. Es handelt sich hierbei zum einen um die Stellung, die der Angeklagte und der Verteidiger im Strafverfahren einnehmen. Für die Thematik von Bedeutung sind zum anderen der Mündlichkeitsgrundsatz, die Instruktionsmaxime und der Unmittelbarkeitsgrundsatz.

Im zweiten Teil wird untersucht, unter welchen Gesichtspunkten ein Bedürfnis der Verteidigung für alternative Formen der Sacheinlassung besteht. Es folgen eine Differenzierung zwischen Prozeß- und Sacherklärungen und eine Darstellung, welche verschiedenen Möglichkeiten die StPO dem Angeklagten gibt, sich in der Hauptverhandlung zur Sache zu äußern.

Der dritte Teil behandelt die Abgabe mündlicher Einlassungen des Verteidigers. Dabei ist zu unterscheiden zwischen der Verhandlung ohne den Angeklagten, für die die StPO eine Vertretung durch den Verteidiger vorsieht, und dem Normalfall der Verhandlung gegen den anwesenden Angeklagten, für den das Gesetz keine Vertretungsregelung enthält. Dabei wird der Frage nachgegangen, welche Ansätze dogmatisch für eine Übertragung der Einlassung auf den Verteidiger in Betracht kommen. Zudem wird untersucht, welcher einschränkenden Voraussetzungen es im Falle der Zulässigkeit einer Einlassung durch den Verteidiger zum Schutze des Angeklagten und der Wahrheitsfindung bedarf und welche Folgeprobleme sich insbesondere bei der Beweiswürdigung ergeben.

Im vierten Teil wird die Problematik erörtert, ob und wie schriftliche Erklärungen des Verteidigers zulässigerweise als Beweismittel in die Hauptverhandlung eingeführt und verwertet werden können und insoweit eine Alternative zur persönlichen und mündlichen Einlassung des Angeklagten darstellen. Bereits der Begriff der schriftlichen Erklärung erweist sich im Zusammenhang mit der Einlassung in der Hauptverhandlung als wenig eindeutig. Schwierigkeiten bereiten zudem die Fragen, ob schriftliche Erklärungen des Angeklagten und des Verteidigers hinsichtlich der Verwertbarkeit unterschiedlich zu behandeln sind und anhand welcher Kriterien diese ggf. von einander abgegrenzt werden können.

Ingesamt versucht die Arbeit, die Bedürfnisse der Verteidigung mit dem grundlegenden Ziel des Strafprozesses, der Wahrheitsermittlung, in Einklang zu bringen. Dabei darf nicht außer Acht gelassen werden, daß die Funktionstüchtigkeit der Strafrechtspflege mit dem Schutz des Beschuldigten gleichberechtigter Bestandteil des Rechtsstaatsprinzips ist[1] und die Bevölkerung den Strafprozeß mit der Rechtspflege als solcher identifiziert.[2]

---

1 BVerfGE 41, 246.

2 *Schroeder*, NJW 1983, 137.

1. Teil
Grundlagen

Für die Frage, ob der Angeklagte die Sacherklärung auf seinen Verteidiger übertragen kann, sind zum einen die verfahrensrechtliche Stellung des Angeklagten und des Verteidigers, zum anderen die für die Sacherklärung in der Hauptverhandlung wesentlichen Verfahrens- und Beweisprinzipien von Bedeutung.

A. Die Stellung des Angeklagten im Strafprozeß

Die Stellung des Angeklagten ist eine „Grundfrage des Strafverfahrensrechts“[3].

I. Die Doppelstellung als Prozeßsubjekt und Beweismittel

Wie schon *Spendel* feststellt, hat der Angeklagte „in dem forensischen Drama, das jeder Prozeß ist, diese Doppelrolle, einerseits handelndes Prozeß*subjekt*, andererseits zu vernehmende Auskunftsperson und ‚leidendes' Untersuchungs*objekt* zu sein.“[4] Diese Doppelstellung als Prozeßsubjekt und Beweismittel unterscheidet den Beschuldigten von allen anderen Verfahrensbeteiligten.[5]

1. Der Angeklagte als Prozeßsubjekt

Im Inquisitionsprozeß der auf dem Reichstag zu Regensburg von 1532 verabschiedeten Peinlichen Gerichtsordnung Karls V.[6] war der Angeklagte bloßes Objekt des Verfahrens. Der Prozeß hatte die fast bedingungslose Ermittlung der Wahrheit zum Ziel. Die richterliche Beweiswürdigung war durch starre Beweisregeln eingeschränkt. Eine Verurteilung war nur aufgrund des glaubhaften

---

3 *Henkel* 1953, S. 219.

4 *Spendel*, JZ 1959, 739.

5 Diese Doppelrolle betonen *von Hippel*, S. 230 mit Fn. 2, 276; *Gerland*, S. 134; SK-*Rogall*, Vor § 133, Rn. 59 ff., 122 ff., 129; LR-*Rieß*, Einl. Abschn. I, Rn. 65 f., 85 f.; *Rieß*, Reichsjustizamt, S. 375; *Peters*, S. 203; *Henkel*, S. 171 f.; *Krause*, S. 70; *Müller-Dietz*, ZStW 93, 1216 f.; *Roxin*, § 18, Rn. 1, § 25, Rn. 1; *Dahs*, S. 51 f.; *ders.*, NJW 1962, 2239.

6 Allgemein als *Constitutio Criminalis Carolina* (abgekürzt: CCC) oder nur *Carolina* bezeichnet, vgl. *Schroeder*, FS Kleinheyer, S. 467 ff. m. w. N.

Geständnisses des zur Aussage verpflichteten Angeklagten oder – was selten der Fall war – zweier Zeugen möglich.[7] Das Verfahren zielte daher auf die Erlangung eines Geständnisses, zumal die Aussage des Angeklagten beim Vorliegen bestimmter Indizien durch Folter erzwungen werden durfte.[8] Das Inquisitionsgericht war einziges Subjekt der Wahrheitsfindung. Die Gleichsetzung von Geständnis und Wahrheit führte zu dem Irrglauben, das Gericht könne die objektive Wahrheit stets erkennen[9]. Der Beschuldigte war zwar „Zentralgestalt des Strafprozesses"[10], als bloßer Inquisit hatte er aber kaum eigene Verfahrensbefugnisse.

Der reformierte Strafprozeß ab dem 19. Jh. sah im Beschuldigten einen „in seiner Menschenwürde zu achtenden, in seiner freien Willensentschließung zu schützenden, mit selbständigen, von ihm eigenverantwortlich wahrzunehmenden Befugnissen ausgestatteten Prozeßbeteiligten"[11]. Diese insbesondere in der RStPO von 1877 festgeschriebene Stellung als Prozeßsubjekt ist Ergebnis einer historischen Entwicklung,[12] die auf den Autonomiebegriff *Kants* zurückgeht. Ihr liegt die Erkenntnis zugrunde, daß in einem Rechtsstaat die Wahrheitserforschung nicht um jeden Preis erfolgt, sondern durch die Menschen- und Freiheitsrechte des Beschuldigten begrenzt ist. Der Angeklagte darf die Aussage verweigern und auch nicht zur aktiven Mitwirkung und Selbstbelastung gezwungen werden (*nemo tenetur seipsum prodere*).[13] Ein Mindestbestand verfahrensrechtlicher Befugnisse erlaubt es dem Angeklagten ferner, auf Gang und Ergebnis des Verfahrens Einfluß zu nehmen.[14] Der Grundsatz der freien Beweiswürdigung löste die starren Beweisregeln des Inquisitionsprozesses ab.

---

7 *Schroeder*, Rn. 30 ff., 372; *Langbein*, in: *Schroeder*, Die Carolina, S. 248 ff.

8 *Schroeder*, Rn. 30; *Wessels*, JuS 1966, 169 f.; weiterführend *Langbein*, in: *Schroeder*, Die Carolina, S. 252 ff.; *Schroeder*, in: *Schroeder*, Die Carolina, S. 329 ff. m. w. N.

9 *Gössel*, ZStW 94, 10; *Eb. Schmidt* I, Rn. 98.

10 SK-*Rogall*, Vor § 133, Rn. 9.

11 *Rieß*, JA 1980, 293.

12 Weiterführend *Rüping*, JR 1974, 136 f.; *Henkel*, S. 170.

13 Zur historischen Entwicklung *Schroeder*, Rn. 371 ff.

14 BVerfGE 26, 71; 46, 210; 66, 318 f.; BGHSt 38, 374; *Henkel*, S. 170; *Eb. Schmidt* I, Rn. 104.

2. *Der Angeklagte als Beweismittel*

Die Stellung als Prozeßsubjekt darf nicht darüber hinwegtäuschen, daß der Beschuldigte weiterhin dem Verfahren unterworfen ist.[15] Er ist zum einen Zwangsmaßnahmen ausgesetzt,[16] zum anderen ist er Beweismittel.[17] Über diese Passivstellung des Beschuldigten besteht Einigkeit. Streitig ist aber, ob die Bezeichnung als „Objekt" angesichts der gedanklichen Verbindung mit dem Inquisitionsprozeß passend ist.[18]

Soweit der Beschuldigte als Augenscheinsobjekt in Betracht kommt (§§ 57 Abs. 2, 81, 81a, 81b StPO), ist er Beweismittel im formellen Sinn.[19] Nicht so klar ist jedoch der Fall, in dem der Angeklagte als Aussageperson in Erscheinung tritt. Die Einlassung des Angeklagten in der Hauptverhandlung ist für die Urteilsbildung des Gerichts von großer Bedeutung. Dies bedeutet aber nicht, daß der Angeklagte Beweismittel im formellen Sinn ist.[20] Die StPO sieht nur vier Beweismittel vor: Persönliche Beweismittel sind Zeugen (§§ 48 ff. StPO) und Sachverständige (§§ 72 ff. StPO), sachliche sind Augenschein (§§ 86 ff.) und Urkunden (§§ 249 ff. StPO).

Anders als im angloamerikanischen Prozeß ist der Beschuldigte nicht Zeuge (gegen sich selbst), da er nicht zur Aussage verpflichtet ist (§ 136 Abs. 1 S. 2 StPO) und nicht wie ein Zeuge Sanktionen (§§ 70, 153 ff. StPO) unterliegt.[21]

Die Vernehmung des Angeklagten ist zudem, wie der Wortlaut des § 244 Abs. 1 StPO belegt, nicht Bestandteil der förmlichen Beweisaufnahme (s. auch § 243 Abs. 1 S. 2 StPO und § 238 Abs. 1 StPO). Hierbei handelt es sich aber um

---

15 SK-*Rogall*, Vor § 133, Rn. 62, 122, 129; *Müller-Dietz*, ZStW 93, 1177 ff., 1216 f.; LR-*Rieß*, Einl. Abschn. I, Rn. 66; *Peters*, S. 203; *Roxin*, § 18, Rn. 1, § 25, Rn. 1 ff.

16 Weiterführend *Rogall*, S. 35 ff.; *Schroeder*, JZ 1985, 1028; *Henkel*, S. 171 f. spricht daher von einer Verfahrensstellung des Beschuldigten mit dreifachem Inhalt (Prozeßsubjekt, Gegenstand des Zwangs und Beweismittel).

17 SK-*Rogall*, Vor § 133, Rn. 122; ANM, S. 167; *Peters*, S. 203; *Roxin*, § 25, Rn. 1; *Schlüchter*, Rn. 83, 86; *Schroeder*, Rn. 102; *Schroth*, ZStW 87, 106.

18 Dafür: LR-*Rieß*, Einl. Abschn. I, Rn. 66; SK-*Rogall*, Vor § 133, Rn. 62; *Gössel*, § 23 A I; *Peters*, S. 203; dagegen: *Henkel*, S. 172 Fn. 7; *Meyer-Goßner*, Einl. 80; *Eb. Schmidt* I, Rn. 98 Fn. 170.

19 SK-*Rogall*, Vor § 133, Rn. 124 m. w. N.

20 RGSt 48, 248 f.; *Rogall*, S. 31ff ; SK-*Rogall*, Vor § 133, Rn. 122 f.; LR-*Rieß*, Einl. Abschn. I, Rn. 81; ANM, S. 167 f.; *Schlüchter*, Rn. 86.

21 *Rogall*, S. 32; SK-*Rogall*, Vor § 133, Rn. 122 ff.; *Roxin*, § 25, Rn. 1; *Henkel* 1953, S. 221.

eine „eher formale" Zweiteilung,[22] die zum einen die besondere Stellung des Beschuldigten und seiner Vernehmung hervorhebt, zum anderen deutlich machen soll, daß die Sachverhaltsermittlung in zwei Stadien, der Beschuldigtenvernehmung und der restlichen Beweisaufnahme, verläuft, die aufgrund der Aussagefreiheit des Angeklagten jeweils anderen Regeln unterliegen.[23] Ihr ist nicht der gesetzgeberische Wille zu entnehmen, daß der Angeklagte kein Beweismittel sein soll. De lege ferenda sollte § 244 Abs. 1 StPO zur Klarstellung besser von der „weiteren" Beweisaufnahme sprechen.[24]

Aus der Bedeutung des Angeklagten als Erkenntnisquelle für die Entscheidung des Gerichts ergibt sich aber die Notwendigkeit, daß er Beweismittel ist. Nur so kann seine Aussage für die Urteilsfindung verwendet und damit der positiven Funktion der Aussagefreiheit[25] Rechnung getragen werden. Der Schluß aus der Verteidigungsfunktion der Vernehmung, das Gericht dürfe die Einlassung des Angeklagten nur zu dessen Gunsten verwerten, würde die Wahrheitserforschung als Ziel des Strafverfahrens verkennen.[26] Zudem könnte dann keine Verurteilung allein auf das Geständnis des Angeklagten gestützt werden, wogegen auch § 254 StPO spricht.[27]

Auch der nemo-tenetur-Grundsatz berührt die grundsätzliche Funktion des Angeklagten als Beweismittel nicht.[28] Zwar ist die absolute Einlassungsfreiheit des Beschuldigten auffällig, der Vergleich mit dem aussageverweigerungsberechtigten Zeugen zeigt aber, daß dies kein Grund ist, die Beweismittelfunktion abzusprechen.[29]

Im Ergebnis ist der Angeklagte zwar kein Beweismittel im formellen Sinne, sondern ein Beweismittel *im weiteren, materiellen Sinne.*[30] Nimmt der

---

22 *Rogall*, S. 32.
23 SK-*Rogall*, Vor § 133, Rn. 126; *Gössel*, S. 179.
24 *Krause*, S. 73.
25 *Wessels*, JuS 1966, 172.
26 *Krause*, S. 71.
27 Dies ist seit RGSt 1, 81 ff. anerkannt; vgl. auch *Glaser* I, S. 605 ff.
28 SK-*Rogall*, Vor § 133, Rn. 126; *Dencker*, ZStW 102, 54 f. mit Fn. 14; *Krause*, S. 73; *Peters*, S. 203; a. A. *Prittwitz*, S. 197 ff.
29 SK-*Rogall*, Vor § 133, Rn. 126.
30 BGHSt 2, 269 f.; 28, 198; *von Kries*, ZStW 6, 135; *ders.*, S. 397, 551 ff; *Geyer*, S. 547; *Ullmann*, S. 461; *Rogall*, S. 32; SK-*Rogall*, Vor § 133, Rn. 124; *Schroeder*, Rn. 102; *Krause*, S. 68 ff., 75; *Schlüchter*, Rn. 443; *Meyer-Goßner*, § 244, Rn. 1; ANM, S. 167;

Angeklagte sein Recht, sich zur Sache zu äußern, wahr, macht er sich zum bedingten „Beweismittel gegen sich selbst".[31] Beweismittel ist der Angeklagte. Seine Aussage ist lediglich die *Beweisaufnahme*,[32] da nur Personen oder Sachen Beweismittel sein können.

II. Das Recht auf formelle und materielle Verteidigung

Die §§ 137 ff. StPO sprechen von „Verteidigung" als Beistand eines Verteidigers. Die §§ 140 Abs. 2, 258 Abs. 3, 265 Abs. 1 und 266 Abs. 2 StPO gehen dagegen von einer „Verteidigung" durch den Angeklagten selbst aus. § 338 Nr. 8 StPO verwendet „Verteidigung" als Oberbegriff für beide Formen. Dies zeigt, daß das nach Art. 6 Abs. 3c EMRK und Art. 14 Abs. 3d IPBPR anerkannte Recht auf Verteidigung eine doppelte Bedeutung hat:[33] Es beinhaltet zum einen das Recht, sich eines Verteidiger als Beistand zu bedienen (sog. *formelle* Verteidigung), zum anderen die „rechtliche Gegenwehr gegen die Strafverfolgung schlechthin"[34] (sog. *materielle* Verteidigung).

1. Das Recht auf formelle Verteidigung

Das Recht auf formelle Verteidigung ist in § 137 Abs. 1 StPO ausgedrückt. Es ergibt sich auch aus Art. 6 Abs. 3 lit. c EMRK und dem Grundsatz des fairen Verfahrens.[35]

Die formelle Verteidigung war nicht immer selbstverständlich. Die Geschichte der Verteidigung wird daher häufig als die Geschichte des Strafprozesses bezeichnet.[36] Mit dem Voranschreiten der inquisitorischen Verfahrenselemente

---

Peters, S. 192, 198; *Fezer*, JuS 1977, 234; *Dencker*, ZStW 102, 54 f.; a. A.: *Prittwitz*, S. 197 ff., 218 f. sowie RG Rspr. V 785; RGSt 48, 247.

31 *Rogall*, S. 31, 59; BGHSt 30, 198; 34, 55; BGH NStZ 1984, 377; *Hahn*, Abt. 1, S. 239 („freiwillig dargebotenes Untersuchungsmittel von größtem Werthe").

32 BGHSt 20, 300; *Rogall*, S. 34; SK-*Rogall*, Vor § 133, Rn. 126; ANM, S. 167; *von Hippel*, S. 417 f.; *Beling*, S. 295.

33 Ausführlich *Schroeder*, NJW 1987, 301 ff.; *Schroeder*, Rn. 146 ff.

34 *Schroeder*, Rn. 146.

35 BVerfGE 26, 71; 39, 243; 66, 318; BVerfG, Urt. v. 30.03.2004 – 2 BvR 1520/01, 2 BvR 1521/01, Rn. 106 (unvollständig abgedruckt in NJW 2004, 1305 = NStZ 2004, 259); BGH StV 1992, 53.

36 *Glaser* II, S. 223.

wurde das Recht auf formelle Verteidigung immer weiter zurückgedrängt. Stand die CCC mit den Vorschriften für einen Fürsprech der Mitwirkung eines Verteidigers noch aufgeschlossen gegenüber,[37] verpflichtete der Preußische Mantelerlaß von 1713 die Anwälte schließlich auch privat zum Tragen eines schwarzen Mantels, damit „man die Spitzbuben schon von weitem erkennen und sich vor ihnen hüten könne".[38] Verfahrensordnungen wie z. B. der Kreittmayrsche *Codex Iuris Bavarici Criminalis* (1751) schafften die Beteiligung eines Verteidigers am Verfahren sogar gänzlich ab.[39] Erst der reformierte Strafprozeß im 19. Jh. mit öffentlicher und mündlicher Verhandlung und der Trennung von Ankläger und Richter führte die formelle Verteidigung als dialektischen Gegenpart zum Staatsanwalt wieder ein.[40]

Die Mitwirkung des Verteidigers ist Voraussetzung einer wirksamen Rechtspflege.[41] Zwar ist schon die Staatsanwaltschaft als objektive Behörde gehalten, auch die entlastenden Umstände zu ermitteln (§ 160 Abs. 2 StPO). Die Realität zeigt aber, daß auch bei einem auf der Instruktionsmaxime beruhenden Verfahrenstyp niemand zugleich Ankläger und Verteidiger sein kann.[42] Der Gesetzgeber hat daher dem Angeklagten ein nur zu seiner Verteidigung gedachtes Organ zur Seite gestellt (§§ 140, 418 Abs. 4 StPO), das die sich aus den geistigen und fachlichen Defiziten und der persönlichen Betroffenheit ergebende unterlegene Stellung des Angeklagten ausgleicht.

2. *Das Recht auf materielle Verteidigung*

Hatte *Schroeder* noch 1987 festgestellt, der Begriff der materiellen Verteidigung sei der Strafrechtswissenschaft verlorengegangen,[43] so ist in der jüngsten Zeit eine Renaissance zu beobachten.[44]

---

[37] *Beulke*, Verteidiger im Strafverfahren, S. 28 m. w. N.
[38] *Beulke*, Verteidiger im Strafverfahren, S. 26 ff.
[39] *Vargha*, S. 271; *Beulke*, S. 29.
[40] *Vehling*, StV 1992, 87.
[41] BGHSt 25, 332.
[42] *Schroeder*, Rn. 149.
[43] *Schroeder*, NJW 1987, 302 m. w. N.
[44] S. z. B. LR-*Rieß*, Einl. Abschn. I, Rn. 101 f.; SK-*Rogall*, Vor § 133, Rn. 95.

a) Die materiellen Verteidigungsrechte

Zum materiellen Recht auf Verteidigung zählen folgende Rechte:[45]

aa) Anspruch auf rechtliches Gehör

Der Anspruch auf rechtliches Gehör ist verfassungsrechtlich durch Art. 103 Abs. 1 GG gesichert. Er folgt aus dem Rechtsstaatsprinzip und der Menschenwürde.[46] Er stellt die Generalklausel für alle Einzelrechte des Rechts auf Verteidigung dar.[47] Einerseits geht er weiter als das Recht auf Verteidigung, da er auch in anderen Prozeßarten gilt, andererseits ist er schwächer, da er kein Recht auf Ergreifung bestimmter Maßnahmen gibt.[48] Als Prozeßgrundrecht besagt er, daß in einer gerichtlichen Entscheidung grundsätzlich keine Tatsachen verwertet werden dürfen, zu denen – auch wenn sie bekannt oder offenkundig sind – der Betroffene nicht vollständig hat Stellung nehmen können.[49] Dies beinhaltet auch das Recht, zu den entscheidungserheblichen Fragen Rechtsausführungen zu machen.[50] Das Gericht ist verpflichtet, das Vorgetragene zur Kenntnis zu nehmen, in Erwägung zu ziehen und soweit erforderlich zu würdigen.[51] Der Anspruch auf rechtliches Gehör dient damit der Wahrheitsfindung.[52]

Die StPO hat den Anspruch auf rechtliches Gehör u. a. ausgestaltet durch die obligatorische Vernehmung des Beschuldigten (§ 163a StPO; §§ 115, 128 StPO), die Möglichkeit zur Äußerung zur Sache zu Beginn der Hauptverhandlung (§ 243 Abs. 4 StPO), zur Abgabe von Erklärungen nach einer Beweiserhebung (§ 257 Abs. 1 StPO), das Recht auf den Schlußvortrag und das letzte Wort (§ 258 StPO), die Anhörung vor gerichtlichen Entscheidungen (§§ 33, 33a StPO) sowie im Rechtsmittelverfahren. Die strafprozessualen Einzelvorschriften

---

45 *Schroeder*, NJW 1987, 302 ff.; *ders.*, Rn. 382-384, 146 ff.

46 BVerfGE 6, 12; 9, 89, 95; *Rüping*, S. 124 ff.; SK-*Rogall*, Vor § 133, Rn. 88.

47 *Peters*, S. 209 f.; *Schroeder*, NJW 1987, 302.

48 *Schroeder*, Rn. 382.

49 *Eb. Schmidt* I, Rn. 342; LR-*Rieß*, Einl. Abschn. H, Rn. 71.

50 BVerfGE 9, 266; 57, 274; MD-*Schmidt-Aßmann*, Art. 103 GG, Rn. 66; *Rüping*, S. 154 f.; LR-*Rieß*, Einl. Abschn. H., Rn. 82.

51 BGHSt 28, 46 m. w. N.; BVerfGE 21, 48; 34, 347; 36, 97; *Rüping*, S. 178 ff.; LR-*Rieß*, Rn. 85.

52 LR-*Rieß*, Einl. Abschn. H, Rn. 71; *Rüping*, S. 117 ff.

gehen dabei teilweise über das verfassungsrechtlich gewährleistete rechtliche Gehör hinaus.

bb) Antragsrechte

Die Antragsrechte sind stärker als der Anspruch auf rechtliches Gehör.[53] Zu ihnen zählen u. a. das Recht zur Stellung von Beweisanträgen (z. B. §§ 136 Abs. 1 S. 2, 163a Abs. 2, 244 ff. StPO), das Recht auf Protokollierung von Vorgängen oder Aussagen in der Hauptverhandlung (§ 273 Abs. 3 StPO) sowie das Recht auf Überprüfung von Entscheidungen durch Rechtsbehelfe und Wiederaufnahme (§ 359 StPO).

cc) Sonstige Rechte

Der Beschuldigte hat ferner das Recht auf Verweigerung der Zustimmung zu vom Gericht oder von den Ermittlungsbehörden geplanten Maßnahmen (z. B. §§ 153a, 251, 266 Abs. 1, 420 Abs. 3 StPO), das Recht auf Ablehnung von Richtern, Schöffen und Protokollführern wegen Besorgnis der Befangenheit (§§ 24, 31 StPO) sowie das Fragerecht gegenüber vom Gericht vernommenen Auskunftspersonen (§ 240 Abs. 2 StPO), das in engem Zusammenhang mit dem Anspruch auf rechtliches Gehör steht.

dd) Schweigerecht

Das Pendant zum Anspruch auf rechtliches Gehör ist das Schweigerecht.[54] Die StPO bringt die Aussagefreiheit nur mittelbar zum Ausdruck, indem sie in §§ 136 Abs. 1 S. 2, 163a Abs. 3 und Abs. 4 S. 2, 243 Abs. 4 S. 1 StPO die Belehrung über die Möglichkeit zu schweigen vorschreibt. Die Aussagefreiheit ist eine wichtige Ausprägung des mit Verfassungsrang ausgestatteten nemo-tenetur-Grundsatzes, der Ausdruck des Persönlichkeitsrechts (Art. 2 Abs. 1, 1 Abs. 1 GG), des Rechtsstaatsprinzips (Art. 20 Abs. 3 GG) und der Menschenwürde ist.[55]

---

[53] LR-*Rieß*, Einl. Abschn. H, Rn. 83.

[54] *Schroeder*, Rn. 384 und 147 a. E.; *Schroeder*, NJW 1987, 302.

[55] BGHSt 14, 364; 28, 220 f.; 38, 266; BVerfGE 38, 113; 55, 150; 56, 41 ff.; *Rüping*, S. 154 f.; *Rogall*, S. 124 ff.; SK-*Rogall*, Vor 133, Rn. 66 ff., 130 ff.

b) Voraussetzungen der materiellen Verteidigungsrechte

Voraussetzungen für die Ausübung der materiellen Verteidigungsrechte sind das Recht auf Information über die Beschuldigung und den Gang der Verhandlung sowie das Recht auf ausreichende Gelegenheit zur Vorbereitung der Verteidigung.[56]

3. Verhältnis

Die formelle Verteidigung ist nicht eine bestimmte Form der materiellen Verteidigung, da dem Beschuldigten auch bei Beiziehung eines Verteidigers eigene Verteidigungsrechte verbleiben. Sie ist vielmehr bloßer Teil der materiellen Verteidigung.[57] Die formelle Verteidigung umfaßt allerdings alle Rechte der materiellen Verteidigung; überhaupt ergibt sich ihr Umfang erst aus dem der materiellen Verteidigung, denn die Ausübung der materiellen Verteidigung kann sowohl durch den Verteidiger als auch den Beschuldigten selbst erfolgen. Nur in wenigen Fällen hat der Verteidiger eigene Befugnisse (z. B. §§ 240 Abs. 2, 247 StPO).

B. Die Stellung des Verteidigers im Strafprozeß

Die Stellung des Verteidigers ist grundlegend für die Frage, ob er Erklärungen zur Sache für den Angeklagten abgeben kann.

I. Formen der Verteidigung

Die formelle Verteidigung durch besonders qualifizierte Personen (§ 138 StPO) steht als sog. gewillkürte Verteidigung im Belieben des Beschuldigten. Die Wahl kommt mit Abschluß des Geschäftsbesorgungsvertrags zwischen Verteidiger und Beschuldigtem zustande.[58] Von sog. notwendiger Verteidigung spricht man demgegenüber, wenn die StPO die Verteidigung unabhängig vom Willen des Beschuldigten vorschreibt (§§ 140, 418 StPO). Allerdings ist dann zu unterscheiden, ob der Beschuldigte sich nach § 142 Abs. 1 S. 2, 3 StPO eines von ihm

---

[56] *Schroeder*, NJW 1987, 303.
[57] *Schroeder*, NJW 1987, 303.
[58] *Meyer-Goßner*, Vor 137, Rn. 4; *Ebert*, DRiZ 1984, 237.

gewählten Verteidigers bedient (sog. Wahlverteidiger) oder ob ihm das Gericht nach § 141 Abs. 1 StPO durch gerichtlichen Hoheitsakt einen Verteidiger bestellt (sog. Pflichtverteidiger[59] oder bestellter Verteidiger). Wahl- und Pflichtverteidiger haben dieselbe verfahrensrechtliche Stellung und verfügen über gleiche prozessuale Rechte.

II. Die prozessuale Stellung des Verteidigers

Die StPO hat dem Verteidiger kein umfassendes Recht zur Wahrnehmung der Befugnisse des Angeklagten zugestanden. In vielen Vorschriften wird der Verteidiger neben dem Angeklagten als Berechtigter genannt (§§ 240 Abs. 2 S. 1, 251 Abs. 1 Nr. 4, Abs. 2, 324 Abs. 1 StPO), in anderen spricht das Gesetz nur vom Angeklagten (§§ 219 f., 255, 258 StPO). Manche Normen schränken die Ermächtigung des Verteidigers ausdrücklich ein (§§ 297, 203 StPO). Teilweise hat der Verteidiger weitergehende Befugnisse als der Angeklagte (§§ 147, 224, 239 StPO), teilweise wird er ausdrücklich zur Vertretung ermächtigt (§§ 234, 350 Abs. 2, 387 Abs. 1, 411 Abs. 2 StPO). Die StPO regelt zwar Wahl, Bestellung und einen Kernbestand an Befugnissen. Zur eigentlichen Stellung des Verteidigers enthält sie – abgesehen von der programmatischen Bekundung des § 137 StPO – aber keine ausdrückliche Aussage.[60] Auch die Gesetzesmaterialien geben keinen Aufschluß. Die Frage, welche Stellung der Verteidiger hat, ist dementsprechend höchst umstritten[61] und ein „dunkles Kapitel".[62]

1. Vertretertheorie

Die ältere Auffassung, die ausgehend von dem Wortlaut einiger Bestimmungen wie §§ 234, 387 Abs. 1 StPO den Verteidiger grundsätzlich als Vertreter des Beschuldigten ansieht,[63] ist mit den Vorschriften der StPO nicht vereinbar.[64]

---

[59] Der Begriff Pflichtverteidiger ist der StPO fremd; er knüpft an § 49 Abs. 1 BRAO an.

[60] *Bottke*, ZStW 76, 727 f.

[61] LR-*Rieß*, Einl. Abschn. I, Rn. 107. S. allein den Literaturüberblick in LR-*Lüderssen*, Vor § 137.

[62] *Roxin*, FS Hanack, S. 8.

[63] So letztmals *Gerland*, S. 121; *Geyer*, S. 433; *von Kries*, S. 233; *von Hippel*, S. 289 ff.; *Spendel*, JZ 1967, 737; *Waldhorn*, S. 19 ff.

[64] H. M.: *Beulke*, S. 164; LR-*Lüderssen*, Vor § 137, Rn. 106 (der darauf hinweist, daß diese Theorie zu Unrecht mit der Vertragstheorie gleichgesetzt wird); LR-*Dünnebier*, 23. Aufl., Vor § 137, Rn. 3; *Weber*, S. 31 ff.; OLG Celle StV 1988, 425 = NStZ 1988, 421.

Zum einen kann die Anwesenheit des Beschuldigten grundsätzlich nicht durch die des Verteidigers ersetzt werden (§ 230 StPO).[65] Zum anderen wären Regelungen, die wie z. B. §§ 234, 411 Abs. 2 StPO ausdrücklich eine Vertretung erlauben, sinnlos, wenn der Verteidiger ohnehin schon Vertreter wäre. Diese Normen stellen vielmehr Ausnahmen dar, die im Umkehrschluß belegen, daß der Verteidiger im Regelfall nicht Vertreter ist. Dies ergibt sich auch aus § 387 Abs. 1 StPO, der explizit zwischen Vertretung und Verteidigung differenziert. Weiter kann die Vertretertheorie nicht begründen, weshalb die StPO in einer Reihe von Vorschriften den Verteidiger ausdrücklich neben dem Angeklagten nennt und ihm dabei teilweise auch weitergehende Rechte als dem Angeklagten einräumt. Auch die von *Spendel* vorgenommene Gleichstellung mit dem Prozeßbevollmächtigten im Zivilprozeß[66] ist unzulässig, da der Zivilprozeß kein Recht auf Passivität kennt.[67] Zudem kann die Vertretertheorie nicht die gegen den Willen des Angeklagten mögliche Pflichtverteidigung erklären.[68] Die Einschränkung der Vertretung des Beschuldigten hinsichtlich seiner Funktion als Beweismittel[69] belegt ferner, daß die Vertretertheorie mit der Konzeption der StPO nicht vereinbar ist.

Die Erkenntnis, daß der Verteidiger grundsätzlich nicht Vertreter des Angeklagten ist, heißt jedoch nicht, daß die Vertretung des Angeklagten per se ausgeschlossen ist. Ihre Zulässigkeit muß vielmehr für jede Prozeßhandlung unter Berücksichtigung der Sachnatur gesondert geprüft werden.

2. *Organtheorie*

Nach ganz h. M.[70] hat der Verteidiger eine Doppelstellung als Beistand des Beschuldigten und als Organ der Rechtspflege inne (sog. Organtheorie).

---

65 *Eb. Schmidt* II, Vorbem. 11. Abschnitt, Rn. 15; *Beulke*, S. 164; *Krey* I, Rn. 548 ff.

66 *Spendel*, JZ 1967, 737.

67 *Grüner*, S. 156.

68 LR-*Dünnebier*, 23. Aufl., Vor § 137, Rn. 6.

69 *von Kries*, S. 233; *Spendel*, JZ 1967, 739.

70 BGHSt 9, 20 ff.; 12, 369; 15, 326; 25, 272; 26, 221; 29, 106; 38, 347, 351; BVerfGE 16, 216; 22, 114 ff.; 28, 21; 34, 293; 38, 119; 63, 284; 66, 354; 80, 280 f.; zur OLG-Rspr. *Dornach*, S. 35; *Eb. Schmidt* II, Vor § 137, Rn. 17; LR-*Rieß*, Einl. Abschn. I, Rn. 109; LR-*Dünnebier*, 23. Aufl., Vor § 137, Rn. 9; KK-*Pfeiffer*, Einleitung, Rn. 64; *Meyer-Goßner*, Vor § 137, Rn. 1; *Beulke*, Verteidiger im Strafverfahren, S. 163 ff., 200; *Schroeder*, Rn. 149; *Schroeder/Meindl*, F. 12, Rn. 17; *Schroeder*, Fälle und Lösungen, S. 34 f.; *Roxin*, § 19, Rn. 2 ff.; *Dahs*, Handbuch des Strafverteidigers, Rn. 13; *Henkel*,

a) Reine Organtheorie

Die Funktion als Beistand des Angeklagten ergibt sich aus § 137 Abs. 1 S. 1 StPO; die Verpflichtung des Verteidigers als unabhängiges „Organ der Rechtspflege" gegenüber einer funktionstüchtigen Strafrechtspflege belegt § 1 BRAO.[71]

aa) Als Beistand ist der Verteidiger Fürsprecher und Helfer des Angeklagten.[72] Der Verteidiger nimmt seine Befugnisse aus eigenem Recht und im eigenen Namen neben dem Angeklagten wahr.[73] Anders als der Prozeßbevollmächtigte im Zivilprozeß vertritt er den Angeklagten nicht. Nur in Ausnahmefällen tritt er an seine Stelle. Der Verteidiger ist zur einseitigen Interessenvertretung des Beschuldigten verpflichtet.[74] Er wird zu seiner Entlastung tätig,[75] indem er auf alle für den Angeklagten günstigen rechtlichen und tatsächlichen Umstände hinweist.[76] Die Vertrauensbeziehung schützen die Verschwiegenheitspflicht (§ 203 StGB) und das Zeugnisverweigerungsrecht (§ 53 Abs. 1 Nr. 2 StPO). Insgesamt übt der Verteidiger eine Beratungs-, eine Fürsprech-, eine Entlastungs- und eine Schutzfunktion aus.[77]

bb) Als Organ der Rechtspflege hat der Verteidiger zur Funktionsfähigkeit der Strafrechtspflege beizutragen, ohne daß dies seine einseitige Beistandsaufgabe in Frage stellt.[78] „Organ der Rechtspflege" bedeutet nicht, daß der Verteidiger staatliche Aufgaben, sondern nur daß er auch *öffentliche*, d. h. im Interesse der Allgemeinheit liegende, Aufgaben wahrnimmt und selbständiges, Gericht und Staatsanwaltschaft gleichgeordnetes Organ ist.[79] Der Verteidiger hat mit dafür

S. 152; *Krey* I, Rn. 535 f.; *Ranft*, Rn. 384; *Peters*, S. 213; *Kühne*, § 9, Rn. 178; SK-*Rogall*, Vor 133, Rn. 95; eine umfassende Übersicht gibt *Dornach*, S. 38 Fn. 41.

71 Anschauliche Erläuterung bei BGH NJW 1964, 2402.

72 BGHSt 12, 369; 13, 343; *Kühne*, § 9, Rn. 178.

73 BGHSt 26, 298.

74 BGHSt 38, 115; *Eb. Schmidt* II, Vorbem. § 137, Rn. 18; *Roxin*, § 19, Rn. 12; *Meyer-Goßner*, Vor § 137, Rn. 1; *Krekeler*, NStZ 1989, 146; *Krey* I, Rn. 535; *Peters*, S. 213; KK-*Laufhütte*, Vorb. § 137, Rn. 4.

75 BVerfGE 16, 216; BGHSt 38, 115; *Meyer-Goßner*, Vor § 137, Rn. 1; KMR-*Hiebl*, Vor § 137, Rn. 4; *Schlüchter*, Rn. 101; *Krekeler*, NStZ 1989, 146.

76 KMR-*Hiebl*, Vor § 137, Rn. 4; AK-*Stern*, Vor § 137, Rn. 15.

77 *Beulke*, Verteidiger im Strafverfahren, S. 41 ff.; AK-*Stern*, Vor § 137, Rn. 12; *Krey* I, Rn. 545.

78 BGHSt 29, 106; *Krey* I, Rn. 536.

79 *Dornach*, S. 113, 40 f.; BVerfGE 38, 119; 53, 214; BGHSt 9, 22; 15, 326, 29, 106.

zu sorgen, daß das Verfahren sachdienlich und in prozessual geordneten Bahnen stattfindet.[80] Zugleich ist er Garant der Unschuldsvermutung.[81] Der Begriff „Organ der Rechtspflege" fand sich erstmals in § 1 der Rechtsanwaltsordnung für die britische Zone vom 10.03.1949. Er geht zurück auf *Frydmann* und das RG[82] und wurde am 01.08.1959 in § 1 BRAO aufgenommen.

Der Verteidiger unterliegt nicht der Kontrolle durch Staatsanwaltschaft und Gericht[83] und ist auch vom Mandanten unabhängig. Er kann die ihm zustehenden Befugnisse daher ohne und, soweit nicht Ausnahmeregelungen wie § 297 StPO und § 302 Abs. 2 StPO entgegenstehen, auch gegen den Willen des Angeklagten wirksam ausüben.[84] Er muß dies sogar tun, wenn dies zum Vorteil des Angeklagten ist.[85] Der Verteidiger kann daher Erklärungen abgegeben, die der Angeklagte so gegenüber dem Gericht nicht äußern will[86] oder gegen dessen Widerspruch Beweisanträge stellen.[87]

Der Verteidiger hat sich bei der Verteidigung aller Maßnahmen zu enthalten, durch die er gegen die Rechtsordnung verstoßen würde. Er darf sich nur prozessual und standesrechtlich erlaubter Mittel bedienen.[88] Das Sabotieren des Verfahrens durch Verdunkeln des Sachverhalts und Verfälschen von Beweismitteln ist unzulässig.[89] Der Verteidiger hat eine nach § 258 StGB strafbewehrte

---

80 BGHSt 38, 115.

81 *Roxin*, FS Hanack, S. 11; *ders.*, § 19, Rn. 7.

82 RG JW 1926, 2756; RG DRiZ 1928, 470; *Beulke*, Verteidiger im Strafverfahren, S. 166 m. w. N.

83 BVerfGE 34, 302; 53, 214; 62, 284; BGHSt 15, 327; 35, 203; BGH NStZ 1997, 41.

84 *Vargha*, S. 348 f.; *Beulke*, Verteidiger im Strafverfahren, S. 114 ff., 132; *Dornach*, S. 97 ff.; KMR-*Sax*, Einl. IV, Rn. 30 f.; *Krey I*, Rn. 554, 559; *Kühne*, Rn. 178; KK-*Laufhütte*, Vor § 137, Rn. 5; KK-*Pfeiffer*, Einleitung, Rn. 64; *Pfeiffer*, DRiZ 1984, 342; LR-*Schäfer* 24. Aufl., Einl. Kap. 9, Rn. 7; *Roxin*, § 19, Rn. 8; SK-*Wohlers*, Vor § 137, Rn. 8; so auch *Welp* als Vertreter der Interessentheorie, ZStW 90, 121; a. A. LR-*Lüderssen*, Vor § 137, Rn. 50 ff. (arg. § 665 BGB).

85 BGHSt 12, 369; 13, 343; 15, 327 f.; 18, 397 f.; 38, 114; 39, 313; OLG Celle StV 1988, 425 = NStZ 1988, 421; SK-*Wohlers*, Vor § 137, Rn. 8; KK-*Laufhütte*, Vor § 137, Rn. 5; *Krey I*, Rn. 554.

86 OLG Frankfurt NStZ-RR 1996, 236.

87 *Beulke*, Verteidiger im Strafverfahren, S. 129 ff.; RGSt 17, 315; BGHSt 21, 214; BGH NJW 1953, 1314; OLG Hamburg NJW 1978, 1172; OLG Celle StV 1988, 425.

88 BGH NStZ 1999, 188.

89 BGHSt 9, 22; 43, 55, 57; BGH StV 1999, 154; *Beulke*, FS Roxin, S. 1185.

Wahrheitspflicht.[90] Das bedeutet aber angesichts seiner Verschwiegenheitspflicht nur, daß alles, was er sagt, wahr sein muß, er aber nicht alles sagen muß, was wahr ist.[91] Die Fürsprachepflicht gebietet es dem Verteidiger, der die Schuld des Mandanten kennt, sogar, einen Freispruch mit der Begründung zu beantragen, die Tat sei nicht nachgewiesen.[92]

cc) Die Rechtsprechung begründet die Organtheorie mit der Festschreibung des Begriffs des Organs der Rechtspflege im anwaltlichen Standesrecht (§ 1 BRAO).

Dagegen wird angeführt,[93] zum ersten könne eine standesrechtliche Vorschrift nicht die prozeßrechtliche Stellung des Anwalts präjudizieren. Zum zweiten könne die BRAO die Stellung der Hochschullehrer und anderer Personen als Verteidiger (§ 38 Abs. 1 und 2 StPO) nicht regeln, da sie nur für den Anwalt gelte.[94] Drittens gelte § 1 BRAO auch für den zivilrechtlichen Anwalt, der reiner Parteiinteressenvertreter ist. Viertens habe der Begriff „Organ der Rechtspflege" schon 1956, d. h. drei Jahre vor Erlaß der BRAO, Eingang in die Rechtsprechung[95] gefunden.[96]

Weiter wird der Organtheorie die Gehaltlosigkeit des Begriffs „Organ der Rechtspflege" vorgeworfen.[97]

---

90 BGHSt 9, 22; BGH StV 1999, 154; *Bottke*, ZStW 96, 726 f.; *Beulke*, Verteidiger im Strafverfahren, S. 145; *ders.*, Strafbarkeit des Verteidigers, S. 18 ff.; *ders.*, FS Roxin, S. 1185 ff.; *Roxin*, § 19, Rn. 11; KK-*Laufhütte*, Vor § 137, Rn. 5; *Dahs*, Handbuch des Strafverteidigers, Rn. 42; LR-*Dünnebier*, 23. Aufl., Vor § 137, Rn. 11; *Maurach/Schroeder*, BT II, § 100, Rn. 20; *Krekeler*, NStZ 1989, 157; *Pfeiffer*, DRiZ 1984, 343; a. A. LR-*Lüderssen*, Vor § 137, Rn. 133g ff.

91 *Dahs*, Handbuch des Strafverteidigers, Rn. 48.

92 BGHSt 29, 107; 38, 350; *Krey* I, Rn. 660; *Herdegen*, NStZ 2000, 3; *Maurach/Schroeder*, BT II, § 100, Rn. 20.

93 *Roxin*, § 19, Rn. 4; *Dornach*, S. 41; *Dahs*, Handbuch des Strafverteidigers, Rn. 11.

94 *Beulke*, Verteidiger im Strafverfahren, S. 102; *Dornach*, S. 42 f.; *Krekeler*, NStZ 1989, 147.

95 BGHSt 9, 20 ff.

96 LR-*Lüderssen*, Vor § 137, Rn. 77.

97 *Dornach*, S. 47 ff.

Verteidiger lehnen die Organtheorie zudem mit vereinfachender Argumentation ab, sie sei ein Instrument zur Disziplinierung der Verteidiger, eine „Zuchtrute", die dem Obrigkeitsstaat aus der Hand geschlagen werden müsse.[98]

Der Kritik ist insoweit zuzustimmen, als § 1 BRAO hinsichtlich der spezifischen Rechte- und Pflichtenstellung des Verteidigers keine konstitutive Bedeutung hat. Daraus folgt aber nicht, daß der Verteidiger keine öffentlichen Aufgaben wahrnimmt, denn die Anerkennung der Organstellung in § 1 BRAO stellt nicht den Ausgangspunkt der Organtheorie, sondern die standesrechtliche Fixierung dar.[99] Die Organstellung ergibt sich vielmehr aus den konkreten Regelungen der StPO. Wesentliches Argument für die Organtheorie ist die selbständige Nennung des Strafverteidigers neben dem Angeklagten (§§ 240 Abs. 2, 258 Abs. 3 StPO).[100]

Für die Organtheorie spricht zudem, daß der Verteidiger nur als integrierter Bestandteil einer funktionsfähigen Rechtspflege dem Beschuldigten ein echter Beistand ist.[101] Erst die Verpflichtung des Verteidigers, nicht gegen, sondern innerhalb der Rechtspflege tätig zu werden, erlaubt es, dem Verteidiger eigene und gegenüber dem Beschuldigten weitergehende Rechte, wie z. B. § 147 StPO, einzuräumen.[102] Andernfalls wäre eine Kürzung der Befugnisse zu befürchten.[103]

Der Einwand, der Begriff „Organ der Rechtspflege" sei erst nach Inkrafttreten der StPO entstanden, verkennt, daß es nicht um den Begriff, sondern um die ihm zugrundeliegende Wahrnehmung öffentlicher Aufgaben geht. So ist unstreitig, daß der Verteidiger der Wahrheitspflicht als Ausfluß seiner Verpflichtung gegenüber öffentlichen Aufgaben schon seit Entstehen der StPO unterliegt.[104]

Schließlich kann auch der befürchtete Mißbrauch durch die Organtheorie nicht festgestellt werden,[105] zumal der Verteidigerausschluß abschließend geregelt ist.

---

98 *Holtfort*, in: *Holtfort*, S. 46; so auch AK-*Stern*, Vor § 137, Rn. 24; Arbeitskreis Strafprozeßreform, S. 23; KMR-*Hiebl*, Vor § 139, Rn. 9.
99 *Beulke*, Strafbarkeit des Verteidigers, Rn. 10; *Krey* I, Rn. 537 f.
100 *Schroeder*, Rn. 149; *Roxin*, § 19, Rn. 6.
101 *Schlüchter*, Rn. 101.
102 *Dornach*, S. 88; *Krey* I, Rn. 540.
103 *Beulke*, Verteidiger im Strafverfahren, S. 147 f.; *Augstein*, NStZ 1981, 54.
104 *Dornach*, S. 115.
105 *Beulke*, Verteidiger im Strafverfahren, S. 191.

b) Eingeschränkte Organtheorie *Beulkes*

Die sog. eingeschränkte Organtheorie[106] *Beulkes* unterscheidet sich nicht im Ergebnis, sondern im methodologischen Ansatz. Während vor allem die Rechtsprechung die Stellung des Verteidigers bestimmt, um mit ihr Rechte und Pflichten des Verteidigers zu bestimmen, geht *Beulke* den umgekehrten Weg. Er analysiert anhand der Rechtsordnung die vom Verteidiger wahrzunehmenden Aufgaben und leitet aus den gefundenen Ergebnissen die Rechtsstellung her.[107]

Neben der Aufgabe als Beistand hat der Verteidiger als Organ der Rechtspflege drei öffentliche Funktionen: Die Wahrung der Effektivität der Strafverteidigung, der Effektivität der Strafrechtspflege in einem Kernbereich und des öffentlichen Interesses an der Sicherheit der Bundesrepublik Deutschland. Diese besondere Inpflichtnahme des Verteidigers ergebe sich aus den §§ 137 Abs. 1 S. 2, 138, 138a Abs. 1 Nr. 3, 140 ff., 146 und 147 StPO.[108] Damit konkretisiert *Beulke* zum einen die von der Rechtsprechung unklar gelassenen Aufgaben. Zum anderen entwickelt er mit der Pflicht des Verteidigers, das Interesse an einer in den Mindestmaßen wirksamen Strafrechtspflege zu wahren (sog. Kernbereichsformel), die Rechtsprechung weiter.

3. Interessentheorie

Gegen die Organtheorie wendet sich die Parteiinteressenvertretertheorie oder kurz Interessentheorie. Nach ihr ist der Verteidiger ausschließlich den privaten Belangen des Beschuldigten verpflichtet.[109] Weitere, öffentliche Aufgaben hat er nicht. Der Verteidiger ist ein Stück „sozialer Gegenmacht", damit der Beschuldigte der Staatsgewalt nicht unbillig unterlegen ist.[110] Der Vorrang unabhängiger Interessenvertretung folge aus der freien Advokatur. Der Verteidiger sei an Weisungen des Angeklagten grundsätzlich gebunden. Teile dieser Auffassung billigen dem Verteidiger, der mit dem Angeklagten „im

---

106 *Beulke*, Verteidiger im Strafverfahren, S. 200; ihr folgend: *Dornach*, S. 117 ff.; in der Methodik: *Roxin*, § 19, Rn. 6 und FS Hanack, S. 10, Fn. 35; kritisch *Grüner*, S. 58 ff., 72 f.

107 *Beulke*, Verteidiger im Strafverfahren, S. 34.

108 *Beulke*, Verteidiger im Strafverfahren, S. 82 f., 89 f., 93 f., 144.

109 *Holtfort*, in: *Holtfort*, S. 37 ff.; *Seelmann*, NJW 1979, 1128 ff.; *Ostendorf*, NJW 1978, 1345 ff.; AK-*Stern*, Vor § 137, Rn. 24; Arbeitskreis Strafprozeßreform, § 1 I E; vgl. *Dornach*, S. 65 Fn. 1 m. w. N.

110 *Holtfort*, in: *Holtfort*, S. 45.

selben Boot“ sitze, ein Lügerecht zu.[111] Eine Spielart der Interessentheorie stellt das sog. Autonomieprinzip *Welps*[112] dar.

Für die Interessentheorie sprechen prima facie die Normierung der Beistandsfunktion in § 137 Abs. 1 S. 1 StPO, das Fehlen einer ausdrücklichen Anbindung des Verteidigers an öffentliche Aufgaben und das Recht des Angeklagten, frei über seine Verteidigung zu bestimmen. Indes ist sie aus folgenden Gründen abzulehnen:[113]

Die Sicht des Verteidigers als einseitigen und weisungsgebundenen Interessensvertreters bewirkt den Verlust der Unabhängigkeit des Verteidigers vom Mandanten und führt damit entgegen ihrer Absicht zu einer Schwächung der Beistandsfunktion. Nur der über eine entsprechende Distanz zum Angeklagten verfügende Verteidiger ist nicht bloßes Sprachrohr, sondern wirkungsvoller Beistand.[114]

Problematisch ist zudem, daß der Verteidiger als „bedingungsloser Diener der Interessen des Beschuldigten“ in letzter Konsequenz den gegen sein eigenes Wohl gerichteten Willen des Beschuldigten, wie ein auf Verurteilung gerichtetes falsches Geständnis, wider jede Vernunft zu befolgen hat.[115]

Die Bindung des Verteidigers an den Willen des Beschuldigten berücksichtigt überdies nur unzureichend, daß gerade das strukturelle Autonomiedefizit des Beschuldigten die formelle Verteidigung in besonderem Maße legitimiert.[116]

Die Interessentheorie, die dem Verteidiger die Lüge erlaubt, bewirkt ferner einen Verlust an Ansehen und Glaubwürdigkeit des Verteidigers vor Gericht und schwächt so seinen Wert als Gegengewicht zum Ankläger.[117] Nur ein Verteidiger, der von dem Verteidigungskonzept überzeugt ist, kann dieses auch überzeugend vortragen. Die besonderen Befugnisse des Verteidigers stehen und

---

[111] *Ostendorf*, NJW 1978, 1349; AK-*Stern*, Vor § 137, Rn. 24; *Paulus*, NStZ 1992, 310; a. A.: h. M., BGH NJW 1972, 2341; StV 1999, 154; *Bottke*, ZStW 96, 726; *Beulke*, StV 1994, 574; KMR-*Hiebl*, Vor § 137, Rn. 30 ff.

[112] *Welp*, ZStW 90, 101 ff. und 804 ff., der aber ein Lügerecht ausdrücklich verneint.

[113] Rechtsvergleichend *Maldener*, ZStW 93, 287 ff.

[114] *Pfeiffer*, DRiZ 1984, 342; *Gössel*, ZStW 94, 33; *Augstein*, NStZ 1981, 53 f.

[115] SK-*Wohlers*, § 137, Rn. 23; *Gössel*, ZStW 93, 33.

[116] *Dornach*, S. 83.

[117] *Dornach*, S. 87; *Bottke*, ZStW 96, 751 f.; *Hanack*, ZStW 93, 566; *Eisenberg*, NJW 1991, 1258.

fallen damit, daß dieser nicht seine Fertigkeiten zur Fertigung von Lügen nutzt.[118]

Im übrigen ist bei der Interessentheorie unklar, welche Konsequenzen sich aus ihr ergeben und wo der Unterschied zu Vertreter- und Vertragstheorie liegt.[119] Angesichts der Weisungsgebundenheit ist eine Differenzierung zwischen Vertretung des Beschuldigten und Vertreter der Beschuldigteninteressen nicht mehr möglich.

4. Vertragstheorie Lüderssens

Die Vertragstheorie[120] *Lüderssens* ist eine in sich geschlossene Konzeption eigener Art, die teilweise als Unterart der Interessentheorie angesehen wird.[121] Sie bestimmt die Stellung des Verteidigers allein aus der vertraglichen Beziehung zwischen Verteidiger und Mandanten (§§ 675, 611 BGB). Grundlage ist die in § 137 StPO verankerte Autonomie des Beschuldigten, sich des Beistandes eines Verteidigers zu bedienen. Der Verteidiger ist gegenüber der Strafrechtspflege nicht verpflichtet, sondern ausschließlich Vertreter der Beschuldigteninteressen. Im Unterschied zur Organtheorie wird der Verteidiger nicht aus eigenem Recht tätig. Probleme der Tätigkeit des Verteidigers sind entsprechend auf der Ebene der Vertragsbeziehung zwischen dem Mandanten und dem Verteidiger zu lösen (§§ 134, 138, 276 BGB). Der Verteidiger ist nach dem Grundsatz der §§ 611, 675 BGB i. V. m. § 665 BGB strikt an Weisungen des Mandanten gebunden, wobei ihm aber ein eigenverantwortlicher Entscheidungsspielraum verbleibt und die §§ 134, 138 BGB Grenzen darstellen.[122]

Die Vertragstheorie ist mit dem geltenden Recht jedoch unvereinbar. Sie kann insbesondere die dem Beschuldigten gegen seinen Willen aufgezwungene notwendige Verteidigung (§§ 140 ff. StPO) nicht erklären.[123] Die Entgegnung *Lüderssens*, die Regelung von Wahl- und Pflichtverteidigung sei mißglückt und

---

[118] *Salditt*, StV 1993, 64.
[119] Ähnlich KMR-*Hiebl*, Vor § 137, Rn. 12.
[120] LR-*Lüderssen*, Vor § 137, Rn. 33 ff.; *Scholderer*, StV 1993, 229. Dag.: *Dornach*, S. 88 f. m. w. N.
[121] So z. B. *Dornach*, S. 71; a. A. LR-*Lüderssen*, Vor § 137, Fn. 84.
[122] LR-*Lüderssen*, Vor § 137, Rn. 50 ff.
[123] *Roxin*, § 19, Rn. 3; *Barton*, StV 1994, 238.

vom Gesetzgeber entgegen dem Prinzip, daß sie nicht unterschiedlich sein dürfen, nicht harmonisiert,[124] kann diesen Einwand nicht entkräften.

Weiterhin ist sie nicht in der Lage, die dem Verteidiger in §§ 147 Abs. 1, 148 Abs. 1 und 244 Abs. 3 StPO verliehenen gesonderten Rechte und die von Gericht und Staatsanwaltschaft unantastbare Eigensphäre zu erklären und zu legitimieren.[125]

Die fehlende Unabhängigkeit des Verteidigers ist zudem mit der von Art. 12 GG garantierten Unabhängigkeit des Berufsstandes der Rechtsanwälte nicht vereinbar.

Auch die Sonderregeln der StPO zur Vertretung wie z. B. § 234 StPO würden keinen Sinn machen, denn die Vertragstheorie läuft im Ergebnis auf eine Vertretung des Angeklagten durch den Verteidiger hinaus.

C. Mündlichkeitsgrundsatz, Instruktionsmaxime und Unmittelbarkeitsgrundsatz

Die Aussage des Angeklagten ist ein für die Beweiswürdigung zentraler Gegenstand. Die Frage, ob der Angeklagte die Sacherklärung auf den Verteidiger in mündlicher oder schriftlicher Form übertragen kann, ist untrennbar verbunden mit dem Mündlichkeitsprinzip, der Instruktionsmaxime und dem Unmittelbarkeitsgrundsatz. Diese Grundsätze zielen auf die bestmögliche Wahrheitsermittlung. Sie stehen in enger Wechselwirkung mit der Öffentlichkeits- und Konzentrationsmaxime und sind die „wichtigsten Konstitutionsprinzipien“[126] des reformierten Strafprozesses. Mündlichkeits- und Unmittelbarkeitsgrundsatz sind zwar wie „zwei sich schneidende Kreise“[127] eng miteinander verbunden, haben aber unterschiedliche Bedeutung. Auch der Begriff der Unmittelbarkeit wird unterschiedlich verstanden, so daß es einer Darstellung der abstrakten Idee und ihrer Umsetzung im Gesetz bedarf.

---

[124] *Lüderssen*, FS Waltos, S. 331.
[125] *Peters*, S. 214; *Hamm*, NJW 1993, 289.
[126] LR-*Rieß*, Einl. Abschn. H, Rn. 51, 54.
[127] *Heissler*, S. 100.

I. Mündlichkeitsgrundsatz

Der Grundsatz der Mündlichkeit besagt, daß der gesamte „Prozeßverkehr aller Verfahrensbeteiligten vor und mit dem erkennenden Gericht“[128], also die Kommunikation in der Hauptverhandlung in mündlicher Form erfolgen muß. Für die Urteilsfindung darf nur der in der Hauptverhandlung mündlich vorgetragene Prozeßstoff herangezogen werden.[129] Das Mündlichkeitsprinzip ist anders als in der ZPO für die strafgerichtliche Hauptverhandlung nicht ausdrücklich festgeschrieben. Es ergibt sich aus den §§ 260 Abs. 1, 261, 264 Abs. 1 StPO und § 169 GVG, die von „Verhandlung“ sprechen, worunter der allgemeine Sprachgebrauch die Abfolge von Rede und Gegenrede versteht. Es ist zudem aus § 249 Abs. 1 StPO abzuleiten, nach dem Urkunden „verlesen“ werden, und daraus, daß Ausnahmen hiervon oder Fälle schriftlicher Anträge (§§ 249 Abs. 2, 257a StPO) gesondert geregelt sind. Ferner ist es der Tatsache zu entnehmen, daß das Urteil und alle während der Hauptverhandlung ergehenden Beschlüsse „verkündet“ werden.

Das Mündlichkeitsprinzip ist Reaktion auf die rechtsstaatlich unzulängliche Form der Schriftlichkeit des Inquisitionsprozesses, dessen Ergebnis sich wesentlich auf den Inhalt von Akten gründete (quod non est in actis, non est in mundo). Im Inquisitionsprozeß urteilte nicht der Inquisitionsrichter selbst, sondern Spruchbehörden auf Basis der von den Inquisitionsrichtern erstellten Verhör- und Gebärdenprotokollen. Das in den Akten starr gewordene Wort ließ die Spruchbehörden unter die psychologische Herrschaft des Inquirenten geraten.[130] Man spricht daher häufig vom Inquisitionsprozeß als schriftlichem und mittelbarem Verfahren.

Schriftliches Beweismaterial ist mit dem Mündlichkeitsgrundsatz nicht unvereinbar. Dieser besagt nur, daß der Inhalt für eine Verwertung im Urteil durch das Medium des in der Hauptverhandlung gesprochenen Worts gegangen sein muß:[131] Es bedarf daher der Verlesung der Urkunde in der Hauptverhandlung (§ 249 Abs. 1 S. 1 StPO). Ob eine Auskunftsperson selbst zu hören ist oder eine

[128] *Löhr*, S. 157.
[129] *Eb. Schmidt* I, Rn. 429 f.; LR-*Rieß*, Einl. Abschn. H, Rn. 57; KK-*Pfeiffer*, Einleitung, Rn. 8.
[130] *Eb. Schmidt* I, Rn. 427.
[131] *von Kries*, S. 251; *Geppert*, S. 139; LR-*Rieß*, Einl. Abschn. H, Rn. 56.

schriftliche Erklärung bzw. ein Protokoll verlesen werden darf, bestimmt dagegen der materielle Unmittelbarkeitsgrundsatz.

Das Mündlichkeitsprinzip ist kein spezieller Beweisgrundsatz, sondern ein die Verständigung betreffendes *Formprinzip*, das nicht nur für die Beweisaufnahme, sondern für die *gesamte Hauptverhandlung* gilt.[132] Für das Ermittlungsverfahren gilt es nicht, so daß hier schriftliche Äußerungen möglich sind.[133]

Das Mündlichkeitsprinzip verfolgt im wesentlichen folgende Ziele:

Zum ersten dient es der Transparenz der strafgerichtlichen Hauptverhandlung und ist insoweit wesentliche Voraussetzung für die *Öffentlichkeit* des Verfahrens (§ 169 GVG).[134] Zwar ist eine mündliche Verhandlung ohne Öffentlichkeit denkbar, die Teilnahme der Öffentlichkeit ohne mündliche Verhandlung umgekehrt nicht.

Der zweite wesentliche Zweck ergibt sich aus der Tatsache, daß durch die Mündlichkeit das Postulat des rechtlichen Gehörs praktisch wie von selbst gewährleistet wird (audiatur et altera pars).[135]

Zum dritten fördert das Mündlichkeitsprinzip insbesondere beim Personalbeweis die *Wahrheitsfindung*.[136] Die mündliche Kommunikation ist regelmäßig erschöpfender und eindrucksvoller als ein schriftlicher Bericht. Zugleich ermöglicht sie dem Gericht in größerem Maße, sich ein Bild von Persönlichkeit, Glaubwürdigkeit und Wahrnehmungsfähigkeit der Auskunftsperson zu machen. Nur die mündliche Verständigung der Beteiligten ermöglicht das dialektische Prinzip, das – wie *Mittermaier* betont – in Form des Dialogs der Wahrheitsfindung besonders dienlich ist.[137]

---

[132] LR-*Rieß*, Einl. Abschn. H, Rn. 55, 56, 59; *Schroeder*, Rn. 379, 209.

[133] *Eb. Schmidt*, Nachtrag I, § 163a, Rn. 12; KK-*Wache*, § 163a, Rn. 33; *Meyer-Goßner*, Einl. Rn. 62.

[134] *Geppert*, S. 139 f.; *Schroeder*, Rn. 209, 14.

[135] *Geppert*, S. 140 m. w. N.

[136] *Geppert*, S. 140.

[137] *Mittermaier*, S. 106; *J. Meyer*, S. 75 ff.; *Geppert*, S. 140; LR-*Schäfer*, 24. Aufl., Einl. Kap. 13, Rn. 59.

II. Instruktionsmaxime (§ 244 Abs. 2 StPO)

Die Wahrheitsermittlung ist das sich aus Rechtsstaats- und Schuldprinzip ergebende zentrale Anliegen des Strafprozesses.[138] Erst durch das Medium des Strafprozesses ist die Straftat rekonstruierbar und erfahrbar.[139] Die Rechtmäßigkeit der Entscheidung ist aber nicht nur im Interesse des Täters, sondern auch konstitutiv „für das Erlebnis der Verwirklichung der Gerechtigkeit durch die Öffentlichkeit und damit für die Ermöglichung der Identifikation der Öffentlichkeit mit der Entscheidung".[140] Zur Sicherung der Wahrheitsfindung hat der Gesetzgeber die Wahrheitsermittlung von Amts wegen und das Beweisantragsrecht miteinander kombiniert.

Erstere ist in § 244 Abs. 2 StPO normiert und wird als Instruktionsmaxime (auch Untersuchungs-, Amtsermittlungsgrundsatz oder Aufklärungspflicht) bezeichnet.[141] Sie verpflichtet den Richter, zur Erforschung der Wahrheit die Beweisaufnahme von Amts wegen auf alle materiellen und verfahrensrechtlichen Tatsachen und Beweismittel zu erstrecken, die für die Entscheidung von Bedeutung sind. Der Gegensatz zur Instruktionsmaxime ist die im Zivilprozeß geltende Verhandlungsmaxime, nach der das Gericht an den Tatsachenvortrag der Parteien gebunden ist.

Die Instruktionsmaxime verlangt nicht nur eine vollständige, sondern – vergleichbar mit der englischen *best evidence rule* – auch eine optimale Sachaufklärung, d. h. die Erhebung des nach Lage des Falls *bestmöglichen* Beweises.[142] Das Gericht hat alle erkennbaren und erreichbaren Beweismittel auszuschöpfen, deren Verwendung nach dem bisherigen Stand der Ermittlungen naheliegt.[143] Auch wenn das Gericht bereits eine Überzeugung aus der bisherigen Beweisaufnahme gewonnen hat, darf es weitere Beweismittel nicht ungenutzt lassen, wenn nur die Möglichkeit einer Änderung der durch die

---

[138] BVerfGE 7, 92; 33, 383; 36, 186; 47, 248; 57, 275; 63, 61; BGHSt 29, 250; LR-*Rieß*, Einl. Abschn. G, Rn. 42; *Krey* I, Rn. 35; *Eb. Schmidt* I, Rn. 20 ff.

[139] *Schroeder*, Rn. 11.

[140] *Schroeder*, NJW 1983, 139.

[141] *Schroeder*, Rn. 245; *Eb. Schmidt* I, Rn. 363 ff.; *von Hippel*, S. 313 ff.; der Begriff leitet sich von der Vorstellung ab, daß das Gericht sich selbst instruiert; zutreffend weist *Schroeder*, ROW 1969, 193 darauf hin, daß der Begriff „Inquisitionsmaxime" wegen Assoziationen mit dem Inquisitionsprozeß mißverständlich ist.

[142] KK-*Herdegen*, § 244, Rn. 25.

[143] BGHSt 3, 175; 10, 118; 23, 187; 30, 140; 31, 152.

bisherige Beweisaufnahme begründeten Vorstellung in Betracht kommt.[144] Erst dann ist Raum für die freie richterliche Überzeugungsbildung (§ 261 StPO).[145]

Hierbei handelt es sich um einen die Handhabung aller Verfahrensvorschriften beherrschenden Grundsatz.[146] Ihre Grenze findet die Instruktionsmaxime in den Beweisablehnungsgründen der §§ 244 Abs. 3, 245 Abs. 2 StPO.[147]

Insofern ist das Gericht nicht frei in der Entscheidung, welches unter mehreren ihm zur Verfügung stehenden Beweismitteln es nutzt.[148] Bestmögliche Wahrheitserforschung bedeutet, daß das Gericht seine Erkenntnisse möglichst aus der Quelle selbst schöpft und das dem Beweisthema sachlich nächste Beweismittel verwendet.[149] Denn der unmittelbare (originäre) Beweis (z. B. die Vernehmung des Zeugen) ist in der Regel zuverlässiger und damit besser als der mittelbare (abgeleitete) Beweis, der als Beweissurrogat den Inhalt des ursprünglich-originären Beweises reproduziert (z. B. das Protokoll der Zeugenvernehmung).[150] Dies gilt vor allem beim Personalbeweis, bei dem der Qualitätsverlust durch die Beweisvermittlung durch einen mittelbaren Zeugen, den sog. Zeugen vom Hörensagen, besonders groß ist.[151] Indem die Instruktionsmaxime als

---

144 BGHSt 23, 188; 30, 143; BGH StV 1993, 194.

145 LR-*Gollwitzer*, § 244, Rn. 44.

146 BGHSt 1, 96; 23, 187; ANM, S. 19; LR-*Gollwitzer*, § 244, Rn. 38.

147 *Schroeder*, ROW 1969, 202.

148 *Geppert*, S. 184; BGHSt 32, 123.

149 BGHSt 32, 122 f.; 46, 79.

150 Für Verwirrung sorgen die Begriffe Indiz und Indizienbeweis (*Geppert*, S. 163 ff.; *Eb. Schmidt* I, Rn. 452; *ders.* II, Vorbem zum 6. und 7. Abschn., Rn. 5-7). Grundsätzlich sind folgende zu beweisende Tatsachen (Beweisthemen) zu unterscheiden: „Haupttatsachen" sind Tatsachen, die den gesetzlichen Unrechtstatbestand der Anklagetat ausmachen oder für die Unrechtsfolge bedeutsam sind; „Indizien" sind Umstände, aus denen das Gericht durch Gedankenoperationen einen Rückschluß auf die Haupttatsachen ziehen kann. „Hilfstatsachen" sind Tatsachen, die für die Beweiskraft eines Beweismittels bedeutend sind, z. B. die Glaubwürdigkeit einer Auskunftsperson betreffen. So man will, sind Haupttatsachen „unmittelbar" entscheidungserheblich, Indizien nur „mittelbar" relevant. Die Mittelbarkeit des Indizienbeweises bezeichnet aber nur die *Nähe zum* eigentlichen Beweis*thema* Haupttatsache und hat einen anderen Sinn als die Frage der Unmittelbarkeit der Beweisaufnahme. Bei letzterer geht es um die Frage der Beweisqualität im Sinn einer Rangfolge *verschiedener* Beweis*mittel* auf *dasselbe* Beweis*thema* (Haupttatsache, Indiz oder Hilfstatsache). Der Unmittelbarkeitsgrundsatz bestimmt, welches von mehreren zu einem Beweisthema zur Verfügung stehenden Mitteln der Richter zu berücksichtigen hat.

151 Im englischen Recht ist nach der *Hearsey Rule* der Zeuge vom Hörensagen ausnahmsweise nicht ein unzulässiger mittelbarer Beweis (*secondary evidence*), sondern zulässiger Beweis zweiter Hand (*evidence second hand)*.

„Klugheitsregel" das „Postulat möglichst kurzer Beweismittel" aufstellt,[152] nimmt sie indirekt zur Frage der Verwendung mittelbarer Beweise Stellung.[153] Sie verbietet aber gerade nicht die Erhebung mittelbaren Beweises:[154] Steht der beste unmittelbare Beweis nicht zur Verfügung, ist der mittelbare Beweis zum tatsächlich besten geworden. Auch steht es dem Gericht frei, ergänzend zum unmittelbaren Beweis den mittelbaren zu erheben, denn die Qualität des Beweisergebnisses kann dadurch nur besser werden. Im übrigen kann ein mittelbares Beweismittel auch qualitativ besser als ein unmittelbares und daher vorzugswürdig sein.[155] Der Lehrbuchfall ist die Mutter eines sexuell mißbrauchten Kindes, der das Kind von der Tat berichtete.[156]

Im Sinne einer Abgrenzung zum Unmittelbarkeitsgrundsatz, wie er in den §§ 250 ff. StPO für einen Teilbereich eine verselbständigte Form gefunden hat, ist daher besser vom „materiellen Prinzip des bestmöglichen Beweises" zu sprechen.[157]

III. Unmittelbarkeitsgrundsatz

Der Unmittelbarkeitsgrundsatz zerfällt nach dem heutigen Verständnis von einem gemischten Unmittelbarkeitsbegriff[158] in einen formellen und in einen materiellen Teil, die beide Teile eines im Dienste der Wahrheitsfindung stehenden einheitlichen Grundsatzes des *Beweisrechts* sind.[159]

---

[152] *Geppert*, Jura 1991, 541.
[153] *Geppert*, S. 184 f.
[154] BVerfGE 57, 250, 277 = NJW 1981, 1722; *Meyer-Goßner*, § 244, Rn. 12; *Beulke*, Rn. 406.
[155] *von Kries*, S. 243; *Eb. Schmidt* I, Rn. 450.
[156] *von Kries*, ZStW 6, 105; *Geppert*, Jura 1991, 539 ff.
[157] So die Formulierung bei *Löhr*, S. 84; *Geppert*, S. 186; ähnlich *Heissler*, S. 104; *Krause*, S. 139.
[158] *Geppert*, S. 136, 125 Fn. 26 m. w. N.; zu der Entwicklung und dem höchst unterschiedlichen Verständnis des Unmittelbarkeitsbegriffs *Heissler*, S. 38 ff. sowie *Geppert*, S. 121 ff.
[159] *Geppert*, S. 136 ff.; *Schroeder*, Rn. 378, 244, 281, 250 ff.; LR-*Rieß*, Einl. Abschn. H, Rn. 60.

1. Formelle Unmittelbarkeit

Die formelle Unmittelbarkeit ist ein der Wahrheitsfindung dienendes ausschließliches Beweisprinzip, das besagt, daß das erkennende Gericht die *Beweisaufnahme* selbst durchzuführen und nicht Dritten zu überlassen hat.[160] Es ergibt sich aus § 261 StPO („aus dem *Inbegriff* der Verhandlung") und dem Grundsatz der Verhandlungseinheit (§ 226 StPO). Aus Gründen der möglichst zuverlässigen Sachverhaltserforschung muß das Beweisgebäude von Grund auf vollständig in der Hauptverhandlung neu aufgebaut werden.[161] Der Bezugnahme auf frühere, außerhalb der Hauptverhandlung gewonnene Ermittlungsergebnisse steht der Grundsatz der formellen Unmittelbarkeit nicht entgegen, wenn die Beweisergebnisse zulässigerweise zum Gegenstand der Hauptverhandlung gemacht werden.

Die formelle Unmittelbarkeit bezieht sich also auf die Frage, *wie* sich das erkennende Gericht von den (gleichgültig: welchen) *Beweismitteln* Kenntnis verschaffen soll. Der Mündlichkeitsgrundsatz dagegen regelt, wie Gericht und Verfahrensbeteiligte während der gesamten *Hauptverhandlung* mit- und untereinander kommunizieren.[162] Mündlichkeitsgrundsatz und formelle Unmittelbarkeit überschneiden und ergänzen sich demnach, sind aber nicht deckungsgleich.

2. Materielle Unmittelbarkeit

Die materielle Unmittelbarkeit bezieht sich auf die Frage, welches Beweismittel und welches Beweismittel nicht zum Gegenstand des Beweises gemacht werden soll.[163] Die abstrakte Idee der materiellen Unmittelbarkeit besagt, daß zum gleichen Beweisthema der unmittelbare Beweis (Original) als qualitativ besseres und daher der Wahrheit am besten förderliches Beweismittel vorrangig gegenüber einem ihn ersetzenden mittelbaren Beweis (Surrogat) ist.[164] Dieser „Fundamentalsatz des Strafverfahrens"[165] hat in den §§ 250 ff. StPO eine teilweise

---

160 *Geppert*, S. 141, 143 f.
161 Zur charakteristischen Zweistufigkeit der Beweisaufnahme *Schroeder*, Rn. 59 f.
162 *Heissler*, S. 43 f. m. w. N.; *Krause*, S. 129 ff.
163 *Geppert*, S. 127.
164 *Geppert*, S. 127 ff.; LK-*Gollwitzer*, § 250, Rn. 1; *Eb. Schmidt* I, Rn. 445, 450.
165 RGSt 12, 105.

Regelung durch den Gesetzgeber erfahren, der als Grundregel in § 250 StPO den Vorrang des Personalbeweises vor ihn *ersetzenden Sachbeweis* anordnet. Dabei ist stets zu unterscheiden zwischen der abstrakten Idee der materiellen Unmittelbarkeit und der tatsächlichen gesetzlichen Regelung.

Das bezeichnete Ersetzungsverbot des § 250 S. 2 StPO greift – und darin liegt der Unterschied zum Prinzip des bestmöglichen Beweises des § 244 Abs. 2 StPO – unabhängig davon, ob im Einzelfall die Erfahrung des Gesetzgebers zutrifft, daß der unmittelbare Personenbeweis stets das im Vergleich mit dem mittelbaren urkundlichen Beweis bessere und zuverlässigere Beweismittel ist.[166] Die §§ 250 ff. StPO sind leges speciales zum Prinzip des bestmöglichen Beweises bezüglich der Ersetzung von Personalbeweis durch den Urkundenbeweis zum gleichen Beweisthema. Wo sie nicht greifen, bleibt es für die Zulässigkeit mittelbarer Beweise bei § 244 Abs. 2 StPO als subsidiäre für alle Beweisarten und Beweismittel geltende Grundregel.[167] § 250 StPO ist eine besondere Ausprägung des § 244 Abs. 2 StPO.[168] Beide haben die bestmögliche Wahrheitsermittlung als Ziel.

Schon *Schneidewin* bezeichnete die §§ 250 ff. StPO als ein „besonders heikles und schwieriges, wenig geglücktes Stück", deren Beherrschung eine mißliche Aufgabe sei.[169] Angesichts der teilweise „fort- und fehlentwickelten Dogmatik"[170] sollte der Gesetzgeber überlegen, dem gefestigten Vertrauen in die Instruktionsmaxime des Gerichts durch Überarbeitung der §§ 249 ff. StPO Rechnung zu tragen.

Das Verständnis wird dadurch erschwert, daß selbst die höchstrichterliche Rechtsprechung die Begriffe Mündlichkeit und Unmittelbarkeit vermengt und teilweise synonym verwendet.[171] Die Abgrenzung bringt *Beling* auf den Punkt: „Mittelbarkeit und Unmittelbarkeit sind Stufen der Erkenntnis, Mündlichkeit

---

166 *Geppert*, S. 186.

167 *Geppert*, S. 185.

168 BVerfGE 57, 277 f.; *Heissler*, S. 105; HK-*Julius*, § 250, Rn. 1; KMR-*Paulus*, § 244, Rn. 192 ff.; LR-*Rieß*, Einl. Abschn. H, Rn. 62; SK-*Schlüchter*, § 250, Rn. 1; *Schroeder*, ROW 1969, 194, 202; *Eisenberg*, Rn. 2076; *Dahs*, StV 1988, 170; *Mitsch*, JZ 1992, 175; *Ranft*, Rn. 1664.

169 *Schneidewin*, JR 1951, 481.

170 *Paulus*, JuS 1988, 873.

171 *Beling*, S. 185 Fn. 1, S. 316 Fn. 1.; *Krause*, S. 130 m. w. N. in Fn. 10; *Heissler*, S. 111, 130 f.; *Geppert*, S. 137 m. w. N.; bereits *von Kries* sieht es als beinahe „überflüssig" an, Belege hierfür zu nennen, ZStW 6, 102 Fn. 12.

und Schriftlichkeit sind Formen der Verständigung".[172] Während der Unmittelbarkeitsgrundsatz bestimmt, wer vernommen werden soll, besagt der Mündlichkeitsgrundsatz nur, wie der zu Vernehmende sein Wissen dem Gericht übermittelt.[173] Die fälschliche Gleichsetzung beider Begriffe liegt darin begründet, daß die Forderungen nach Mündlichkeit und Unmittelbarkeit historisch gemeinsam aufgestellt wurden (Abschaffung des mittelbar-schriftlichen Verfahrens des Inquisitionsprozesses zugunsten eines unmittelbar-mündlichen) und dem schriftlichen Verfahren des Inquisitionsprozesses eine Tendenz zur Mittelbarkeit und dem mündlichen Verfahren des reformierten Strafprozesses eine Tendenz zur Unmittelbarkeit zugeschrieben wurde.

a) Grundsatz der Freiheit des Urkundenbeweises

Mit der Regelung der Form des Urkundenbeweises in § 249 StPO geht das Gesetz unausgesprochen von der Freiheit des Urkundenbeweises als der Möglicheit aus, aus Schriftstücken aller Art auch ohne Bestätigung durch Auskunftspersonen jeden denk- und erfahrungsgesetzlichen Schluß zu ziehen. Der Urkundenbeweis ist zulässig, soweit das Gesetz ihn nicht ausdrücklich untersagt.[174]

Die von § 249 StPO verwendeten Begriffe „Urkunden" und „andere als Beweismittel dienende Erklärungen" sind inhaltsgleich.[175] Der strafprozessuale Urkundenbegriff entspricht nicht dem des materiellen Strafrechts.[176] Urkunde i. S. der StPO ist jeder in einer natürlichen Sprache ausgedrückte, in Schriftzeichen festgehaltene und aus sich heraus verständliche Gedankeninhalt, der geeignet ist, Beweis über Tatsachen zu erbringen.[177] Beim Urkundenbeweis geht es in Abgrenzung zur Inaugenscheinnahme um den gedanklichen Inhalt einer Urkunde, nicht um ihre Beschaffenheit oder ihre Existenz.[178] Die Urkunde ist das Beweis*mittel*.[179] Ihr Inhalt wird nach § 249 Abs. 1 S. 1 StPO durch Verlesen, d. h. die unmittelbare Umsetzung von Schrift- und Zahlzeichen in Worte, durch

---

[172] *Bennecke-Beling*, S. 258.
[173] *Peters*, JR 1969, 428; *Fezer*, JuS 1977, 235.
[174] BGHSt 20, 162; 27, 136; *Schneidewin*, JR 1951, 481; *Wömpner*, NStZ 1983, 294.
[175] LR-*Gollwitzer*, § 249, Rn. 6; *Krause*, S. 112 f.; ANM, S. 243.
[176] *Krause*, S. 105.
[177] BGHSt 27, 135 f.
[178] ANM, S. 241.
[179] ANM, S. 241, 166.

das *Gericht* oder als bedenkliche Ausnahme im Selbstleseverfahren (§ 249 Abs. 2 StPO)[180] in die Hauptverhandlung eingeführt. Das Verlesen ist die Beweis*aufnahme*. Der Begriff des „*Ver*lesens“ ist dem Urkundenbeweis vorbehalten und zu unterscheiden vom bloßen „*Vor*lesen“ einer Erklärung außerhalb des Urkundenbeweises, z. B. durch den Angeklagten bei der Einlassung oder bei einem Vorhalt. Der Vorhalt ist kein Urkundenbeweis, sondern ein formfreier, nicht protokollierungsbedürftiger Vernehmungsbehelf.[181] Im Kern handelt es sich um das Vorlesen einer Urkunde als Provokation zur Erlangung einer Äußerung der Auskunftsperson.[182] Als Beweisergebnis verwertbar ist nur die Antwort der Auskunftsperson, nicht der geistige Inhalt der vorgehaltenen Urkunde.[183] Die Aussage darf nicht eine bloß pauschale Bejahung des Vorgehaltenen sein, sondern es bedarf einer wiederholenden Bestätigung aus wiedergekehrter eigener Erinnerung.[184]

b) Einschränkung durch § 250 S. 2 StPO

§ 250 StPO schränkt die Freiheit des Urkundenbeweises ein. Zugleich enthält das Gesetz zahlreiche Ausnahmen zu § 250 StPO (z. B. §§ 251, 254, 256, 232 Abs. 3 StPO), so daß es bei der in § 249 StPO vorausgesetzten Freiheit des Urkundenbeweises bleibt. Dadurch soll vermieden werden, daß eine zu rigide Anwendung des § 250 StPO den Zweck des § 250 StPO, die bestmögliche Wahrheitsermittlung, in sein Gegenteil verkehrt.

aa) § 250 S. 1 StPO *gebietet* den Vorrang des Personalbeweises über von einer Auskunftsperson sinnlich wahrgenommene Tatsachen vor dem Sachbeweis mit sog. berichtenden Urkunden. „Zur Sicherung und Umgrenzung dieses Gebots“[185] *verbietet* § 250 S. 2 StPO die Ersetzung des Personalbeweises durch den Urkundenbeweis in Form von Vernehmungsprotokollen oder schriftlichen Erklärungen. S. 2 beginnt dort („Die Vernehmung darf nicht...“), wo S. 1 endet („... in der Hauptverhandlung zu vernehmen); beide Sätze stehen in unlöslicher Gedankenverbindung, d. h. S. 1 besagt in positiver Form nicht mehr als S. 2 in

---

[180] Kritisch *Schroeder*, NJW 1979, 1529 f.
[181] BGHSt 14, 412; 34, 231.
[182] *Wömpner*, NStZ 1983, 298.
[183] BGHSt 11, 160; 21, 150; BGH StV 2000, 655; LR-*Gollwitzer*, § 249, Rn. 93.
[184] BGHSt 3, 201; 11, 160; KMR-*Paulus*, § 244, Rn. 71 ff.; *Wömpner*, NStZ 1983, 293.
[185] BGHSt 6, 209.

negativer Form.[186] Das Beweismittel- bzw. Beweiserhebungsverbot[187] des S. 2 begründet ein Beweisverwertungsverbot, dessen Verletzung in der Revision mit der Verfahrensrüge nach §§ 337, 344 Abs. 2 StPO geltend gemacht wird.[188]

bb) Sinn des § 250 S. 1 StPO ist, im Interesse einer besseren Sachaufklärung die in § 249 S. 1 StPO vorausgesetzte grundsätzliche Möglichkeit, den Beweis zur Sache allein mit mittelbaren Beweisen zu führen, auszuschließen. Dahinter steht die Überlegung, daß die mündlich-persönliche Vernehmung einer Aussageperson über die von ihr wahrgenommenen Tatsachen als lebendige Erkenntnisquelle vorzugswürdig ist. Selbst das beste Protokoll ist im Vergleich zur mündlichen Vernehmung das weniger anschauliche und wegen der Möglichkeit von Unvollständigkeit sowie Ausdrucks- und Aufnahmefehlern schlechtere Beweismittel. Das Gericht ist in der Lage, durch Fragen eine Konkretisierung der Angaben zu erreichen, Lücken aufzuklären und die Einlassung auf Widersprüchlichkeiten und Stichhaltigkeit zu überprüfen.[189] Auch Reaktionen der Auskunftsperson wie Gestik und Mimik können zur Erhellung des Sachverhalts beitragen.[190] Zugleich kann sich das Gericht aufgrund des persönlichen Eindrucks von der Glaubwürdigkeit der Auskunftsperson ein eigenständiges Urteil verschaffen. Zudem wird das Fragerechts des Angeklagten gesichert (§ 240 Abs. 2 StPO). Sehr bedenklich sind Reformbestrebungen,[191] durch einen Beweismitteltransfer den Unmittelbarkeitsgrundsatz weiter einzuschränken.

cc) Strittig ist, ob mit „Personen" in § 250 S. 1 StPO auch der Angeklagte gemeint ist. Während eine Ansicht dies praktisch stillschweigend verneint,[192] bejaht dies die überwiegende Meinung.[193]

---

[186] *Schneidewin*, JR 1951, 482; *Geppert*, S. 215 m. w. N.; BGHSt 1, 373, 375 f.; 2, 99 ff.; 6, 209 ff.; 9, 292 ff.; 17, 382 ff.; 18, 107 ff.

[187] *Geppert*, S. 214; *Krause*, S. 199; *Löhr*, S. 133; *Schroeder*, Rn. 114, 249 f.

[188] *Geppert*, S. 214.

[189] *Geppert*, S. 187.

[190] *Eisenberg*, Rn. 2086, 1458 ff.

[191] Ziff. 7 der Eckpunkte einer Reform des Strafverfahrens der Regierungskoalition vom 06.04.2001 und §§ 251 Abs. 1 Nr. 2, 255a Abs. 1 des Diskussionsentwurfs für eine Reform des Strafverfahrens der Bundestagsfraktionen sowie des Bundesministeriums der Justiz vom 18.02.2004; vgl. auch den abl. Beschluß des 65. DJT 2004 (C. III.) und die abl. Stellungnahme der Strafverteidigervereinigungen vom 13.09.2004 (III.).

[192] *Meyer-Goßner*, § 250, Rn. 1 (nun ausdrücklich in 48. Aufl.); *Heissler*, S. 116 f.; KK-*Diemer*, § 250, Rn. 1; *Pfeiffer*, § 250, Rn. 1; KMR-*Paulus*, § 250, Rn. 1; *Ranft*, Rn. 1707, 1683 a. E.; *Schäfer*, FS Dahs, S. 447.

Für die Einbeziehung des Angeklagten spricht der Wortlaut des § 250 S. 1 StPO („*einer Person*"). Der Wortsinn des § 250 S. 1 StPO steht dieser Auslegung nicht entgegen, da auch die vom Angeklagten in der Hauptverhandlung gemachten Äußerungen großteils Gegenstand seiner eigener Wahrnehmung sind.[194]

Ein systematisches Argument ergibt sich aus der Erwähnung des Angeklagten in § 254 StPO. § 254 StPO stellte eine Ausnahme zu § 250 StPO dar, so daß es bei der in § 249 StPO vorausgesetzten Freiheit des Urkundenbeweises bleibt. Würde § 250 StPO nicht für den Angeklagten gelten, wäre § 254 StPO sinnlos, da die Verlesung schon von vorneherein statthaft wäre.[195]

Letztlich sprechen auch Sinn und Zweck der Vorschrift für die Einbeziehung des Angeklagten, da der persönliche Eindruck vom Angeklagten und die Möglichkeit des Dialogs für die richterliche Überzeugung besonders bedeutend sind.

Dieser Auslegung steht nicht entgegen, daß der Angeklagte nicht in der weiteren Ausnahmevorschrift des § 251 StPO genannt wird. Dies ist mit der Pflicht des Angeklagten zur ständigen Präsenz nach § 230 StPO erklärbar, die neben der Gewähr rechtlichen Gehörs die bestmögliche Sachaufklärung bezweckt.[196] Das Gebot mündlich-persönlicher Aussage folgt somit nicht nur aus dem Telos des § 230 StPO und § 250 StPO, sondern auch im Umkehrschluß zu §§ 232 Abs. 3, 233 Abs. 3 S. 2 StPO, die wie § 254 StPO Ausnahmen zu § 250 StPO darstellen.[197]

dd) Weiterhin ist zu klären, was unter „Wahrnehmung ... einer Tatsache" zu verstehen ist: Der Wortlaut „Tatsache" in S. 1 zeigt, daß alle beweiserheblichen Tatsachen, d. h. Haupttatsachen, Indizien und Hilfstatsachen, gemeint sind.[198] Um die *Wahrnehmung* einer Tatsache handelt es sich, wenn „es sich um den Beweis eines Vorganges handelt, dessen wahrheitsgemäße Wiedergabe nur durch eine Person möglich ist, welche ihn mit einem oder mehreren ihrer fünf

---

193 *Geppert*, S. 196; *ders.*, JK 1994, StPO § 250/2; *ders.*, FS Rudolphi, S. 643; *von Kries*, ZStW 6, 135 ff.; *Scheidewin*, JR 1951, 482; LR-*Gollwitzer*, § 250, Rn. 3; SK-*Schlüchter*, § 250, Rn. 1; *Schroth*, ZStW 87, 104, 106, 108; *Wömpner*, NStZ 1983, 294; AK-*Dölling*, § 250, Rn. 1; *Günter*, DRiZ 1971, 380; *Eisenberg/Pincus*, JZ 2003, 400.

194 *Geppert*, S. 196.

195 *Geppert*, S. 196; *ders.*, FS Rudolphi, S. 644; LR-*Gollwitzer*, § 250, Rn. 3; AK-*Dölling*, § 250, Rn. 1.

196 *Geppert*, FS Rudolphi, S. 644.

197 *Geppert*, FS Rudolphi, S. 644; *Geppert*, S. 196 f.

198 *Löhr*, S. 115; *Heissler*, S. 113; *Geppert*, S. 197.

Sinne wahrgenommen hat"[199]. Wahrnehmung ist jede Form von Sinneseindrücken.[200] Keine Wahrnehmungen sind Gefühle, Gedanken und Äußerungen, bei denen ein unmittelbarer innerer Zusammenhang mit der beweisgegenständlichen Wahrnehmung fehlt.[201]

§ 250 StPO bezieht sich daher nur auf sog. berichtende Schriften, d. h. Schriften, die eine *Wahrnehmung mitteilen* und somit als *Beweissurrogat* dafür dienen, was die jeweilige Aussageperson als eigene Wahrnehmung zu berichten weiß. Er erfaßt nicht sog. feststellende Urkunden, die eigene Willenshandlungen, Überlegungen und Bemerkungen der Personen selbst beinhalten oder den Gegenstand der strafbaren Handlung verkörpern, wie eine pornographische Schrift, da diese die unmittelbare Erkenntnisquelle des in ihnen verkörperten gedanklichen Inhalts darstellen.[202] Die Verlesung feststellender Urkunden zum Beweis ihrer Existenz und nicht zum Beweis der Richtigkeit der darin berichteten Wahrnehmungen ist stets zulässig.

ee) Die Tragweite des § 250 S. 2 StPO bezüglich schriftlicher Erklärungen ist strittig.

Nach vorherrschender Ansicht bezieht sich § 250 S. 2 StPO nur auf von vornherein *zu Beweiszwecken* abgegebene Erklärungen.[203] Schriftstücke, die nicht zu Beweiszwecken angefertigt wurden (sog. Zufallsurkunden), wie Tagebücher oder Briefe fallen nicht unter § 250 S. 2 StPO und sind grundsätzlich verlesbar. Hierfür spricht der Vergleich mit den in § 250 S. 2 StPO genannten, naturgemäß zu Beweiszwecken gefertigten Protokollen: Wegen der Gleichwertigkeit der Tatbestandsalternativen könne für schriftliche Erklärungen nichts anderes gelten. Zudem entspräche der sonst eintretende Beweisverlust nicht der von § 250 StPO bezweckten Sachaufklärung.[204]

---

[199] BGH NJW 1977, 1546.
[200] *Geppert*, S. 197.
[201] LR-*Gollwitzer*, Rn. 3.
[202] BGHSt 6, 212; *Krause*, S. 156 f.; LR-*Gollwitzer*, Rn. 12.
[203] Grdl. *Schneidewin*, JR 1951, 483; BGHSt 6, 143; 6, 211; 20, 161; BGH NStZ 1982, 89; LR-*Gollwitzer*, § 250, Rn. 7; *Meyer-Goßner*, § 250, Rn. 8.; KK-*Diemer*, § 250, Rn. 8; SK-*Schlüchter*, § 250, Rn. 19; *Volk*, § 27, Rn. 2; ANM, S. 461; *Dölling*, NStZ 1988, 7; a. A. RGSt 26, 138; 71, 10.
[204] *Schneidewin*, JR 1951, 481.

Noch enger ist die Auffassung des 5. Senats des BGH, nach der § 250 S. 2 StPO nur für in demselben Verfahren zu Beweiszwecken abgegebene Erklärungen gilt.[205]

Nach anderer Ansicht erfaßt § 250 S. 2 StPO dagegen alle Urkunden,[206] da sich meist nicht feststellen läßt, ob der Aussteller Beweiszwecke verfolgte. Überdies ist der Beweiswert von Zufallsurkunden nicht generell höher, da dem Gericht bei beiden die Möglichkeit fehlt, Zuverlässigkeit und Glaubwürdigkeit der Wahrnehmungsperson zu beurteilen. Schließlich ist auch ein totaler Beweisverlust nicht zu befürchten, da die Verwendung im Ermittlungsverfahren und im Rahmen des Vorhalts möglich ist.

ff) Streitig ist ferner der Umfang des Unmittelbarkeitsgrundsatzes.

(1) Fraglich ist, ob aus der Umsetzung des Unmittelbarkeitsgrundsatzes in § 250 StPO gefolgert werden kann, daß *stets*, also auch innerhalb des Personalbeweises, das sachnähere Beweismittel Vorrang hat.[207]

Eine Mindermeinung bejaht dies mit dem Argument, S. 1 sei getrennt von S. 2 zu lesen und reiche als Ausdruck des Unmittelbarkeitsgrundsatzes vom Wortlaut und der ratio weiter als das nur den Urkundenbeweis betreffende Verbot des S. 2; S. 2 sei nur eine beispielhafte Ausformung des S. 1.[208] Unter dem Begriff „Tatsache" in S. 1 sei zudem allein die vom originären Zeugen wahrgenommene zum gesetzlichen Tatbestand gehörende Tatsache, die Haupttatsache, zu verstehen.

Nach der h. M. dagegen ist § 250 StPO nicht zu entnehmen, daß generell das sachnächste Beweismittel vorrangig verwendet werden muß und der mittelbare

---

[205] BGH, Urt. v. 25.09.1962 – 5 StR 306/62; Urt. v. 07.01.1964 – 5 StR 549/63 (unveröffentlicht); dagegen BGHSt 20, 161.

[206] *Geppert*, S. 200 ff.; *Krause*, S. 154 ff.; *Löhr*, S. 121 ff.; *Schroeder*, Fälle und Lösungen, S. 21; *Eisenberg*, Rn. 2086; *Eb. Schmidt* II, § 251, Rn. 23; *Eisenberg/Pincus*, JZ 2003, 400.

[207] Diese Diskussion wird vornehmlich in bezug auf den Zeugen vom Hörensagen geführt; weiterführend *Geppert*, S. 130 ff.; *Geppert*, Jura 1991, 538; LR-*Gollwitzer*, § 250, Rn. 24.

[208] *von Kries*, ZStW 6, 88, 93, 112; *Seebode/Sydow*, JZ 1980, 506 ff.; dagegen: *Geppert*, S. 223 ff.

Personalbeweis ausgeschlossen ist.[209] S. 1 und S. 2 sind nicht getrennt voneinander zu lesen, sondern stellen eine Einheit dar. S. 1 besagt also dasselbe im positiven Sinn wie S. 2, der die Ersetzung des Personalbeweises durch reproduzierenden Sachbeweis verbietet. Dies belegt die Entstehungsgeschichte unter Berücksichtigung der Vorentwürfe, wonach der auf die Idee des *debat oral* zurückgehende S. 1 im Gesetzgebungsverfahren erst später hinzugefügt wurde, ohne daß damit eine inhaltliche Änderung erfolgen sollte.[210] Auch aus der systematischen Stellung des § 250 StPO hinter § 249 StPO und vor den §§ 251 ff. StPO, die alle den Urkundenbeweis regeln, folgt, daß § 250 StPO nur den Urkundenbeweis betrifft.[211] Hierfür spricht zudem der systematische Zusammenhang mit § 244 Abs. 2 StPO, dessen teilweise spezielle Ausprägung § 250 StPO ist. In welchem Umfang ein unmittelbares vor einem mittelbaren Beweismittel Vorrang hat, bestimmt § 244 Abs. 2 StPO, der aber nur verlangt, daß das Gericht sich um den unmittelbaren Personalbeweis bemühen muß.[212] Schließlich sind unter „Tatsachen" in § 250 S. 1 StPO nach dem Wortlaut auch Indiztatsachen zu verstehen.[213] Im übrigen würde ein Verbot des mittelbaren Personalbeweises die Wahrheitsfindung behindern, die § 250 StPO gerade stärken will.[214]

Der im Vergleich mit dem unmittelbaren Beweis geringere Beweiswert ist bei der Beweiswürdigung (§ 261 StPO) zu berücksichtigen. „Je größer die Zahl der Zwischenglieder, desto geringer ist der Beweiswert der Aussage".[215] Zugleich bedarf eine Feststellung aufgrund der Aussage eines Zeugen vom Hörensagen einer Bestätigung durch andere Gesichtspunkte.[216]

(2) Uneinigkeit besteht auch, ob § 250 S. 2 StPO, der nach seinem Wortlaut nur die Ersetzung verbietet, eine *Ergänzung* der Aussage der Auskunftsperson durch die Verlesung einer Urkunde zuläßt.

Nach einer Mindermeinung ist die Verlesung einer Schrift zum Beweis einer Wahrnehmung, die der Verfasser oder ein anderer gemacht haben soll, schlecht-

---

209 BGHSt 6, 210; LR-*Rieß*, Einl. Abschn. H, Rn. 62; LR-*Gollwitzer*, § 250, Rn. 22; *Krause*, S. 136 f.; *Löhr*, S. 50, 158; *Geppert*, S. 216 ff.; *Geppert*, JK 1994, StPO § 250/2; ANM, S. 460; *Eisenberg*, Rn. 1029; *Meyer-Goßner*, § 250, Rn. 3; *Schroeder*, Rn. 250 f.

210 *Geppert*, S. 107 f., 215, 224.

211 *Schneidewin*, JR 1951, 482; *Krause*, S. 137; *Geppert*, S. 226 f.

212 BGHSt 32, 122 f.

213 BGHSt 17, 384; *Schroeder*, Rn. 251.

214 *Krause*, S. 137.

215 BGHSt 17, 385.

216 BGHSt 17, 386; 33, 88 f.; 42, 25; NStZ 2000, 265; BVerfGE 57, 292.

hin unzulässig.[217] Denn auch die Ergänzung der Vernehmung in bestimmtem Umfang durch Verlesung einer schriftlichen Aufzeichnung ist eine Ersetzung der Aussage hinsichtlich solcher Momente, über die sich die Beweisperson nicht geäußert hat.

Eine andere Meinung im Schrifttum erlaubt eine ergänzende Verlesung nur zu dem Zweck, Feststellungen über Glaubwürdigkeit und Zuverlässigkeit der Aussageperson zu treffen.[218]

Nach der h. M. verbietet § 250 S. 2 StPO dagegen nicht die Ergänzung der Aussage der in der Hauptverhandlung vernommenen Auskunftsperson durch über die Wahrnehmung der Aussageperson berichtende Schriften.[219] Die Einwände, § 250 S. 2 StPO wolle verhindern, daß der Inhalt der Urkunde zur Urteilsgrundlage werde,[220] und bei ergänzender Verlesung verlören Unmittelbarkeits- und Mündlichkeitsgrundsatz ihr Gewicht,[221] überzeugen nicht. Aus der ergänzenden Verlesung von Urkunden können sich gleichermaßen Erkenntnisse zugunsten wie zuungunsten des Angeklagten ergeben. Zudem spricht das Gesetz nicht von Aussage, sondern von Vernehmung. Im übrigen ergibt sich aus dem Gesetzgebungsverfahren, daß mit den §§ 250 ff. StPO nicht ein absoluter Unmittelbarkeitsgrundsatz, nach dem ausschließlich die Aussage der originären Beweisperson in der Hauptverhandlung maßgeblich sein soll, umgesetzt werden sollte.[222] Eine ergänzende Verlesung nur zur Beurteilung der Glaubwürdigkeit zuzulassen, wäre die praktische Aufhebung des Verwertungsverbots, da die Bewertung der Glaubwürdigkeit von der inhaltlichen Verwertung der Erklärung kaum zu trennen ist.[223] Eine ergänzende Vernehmung setzt allerdings voraus, daß der Angeklagte Angaben zum materiellen Inhalt des Beweisthemas und

---

[217] *Schneidewin*, JR 1951, 483; *Grünwald*, JZ 1966, 493; *Eb. Schmidt* II, § 250, Rn. 4; *Gössel*, S. 277; ähnlich *Mitsch*, JZ 1992, 179.

[218] *Peters*, JZ 1965, 650; *Fezer*, F. 14, Rn. 20; *ders.*, JuS 1977, 236; *Löhr*, S. 127 ff.

[219] RGSt 71, 10; BGHSt 1, 4 f.; 20, 162 = JZ 1965, 469; BGH JZ 1987, 315; NStZ 1995, 609; *Geppert*, JK 1994, StPO § 250/2; *ders.*, FS Rudolphi, S. 651; *Heissler*, S. 202; *Meyer-Goßner*, § 250, Rn. 12; KMR-*Paulus*, § 250, Rn. 10; LR-*Gollwitzer*, § 250, Rn. 17 f.; KK-*Diener*, § 250, Rn. 2; KK-*Schoreit*, § 261, Rn. 23; *K. Meyer*, JR 1987, 523; *Roxin*, § 44 Rn. 14; SK-*Schlüchter*, § 250, Rn. 17; *Schlüchter*, Rn. 532; *Wömpner*, NStZ 1983, 296; ANM, S. 464; zw. *Eisenberg*, Rn. 2080 f.

[220] *Eb. Schmidt* II, § 250, Rn. 4; *Peters*, JZ 1965, 650.

[221] *Eisenberg*, Rn. 2080.

[222] *Wömpner*, NStZ 1983, 295 m. w. N.

[223] *Schroeder*, Fälle und Lösungen, S. 21.

nicht lediglich zu prozessualen Fragen macht.[224] Welche Schlüsse das Gericht im einzelnen zieht, beurteilt sich nach § 261 StPO.[225]

c) Ausnahmen zu § 250 StPO

§ 250 StPO unterliegt zahlreichen Ausnahmen wie insbesondere § 251 und § 254 StPO mit der Folge, daß der Urkundenbeweis zulässig ist. § 254 StPO läßt den Urkundenbeweis über ein früheres im Rahmen einer Vernehmung abgelegtes Geständnis des Beschuldigten (Abs. 1) oder zur Feststellung von Widersprüchen (Abs. 2) zu. Solche Vernehmungsniederschriften dürften jedoch nur in die Verhandlung eingeführt werden, wenn es sich um eine richterliche Vernehmung handelt. Ausgeschlossen ist die Verlesung und Verwertung polizeilicher oder staatsanwaltschaftlicher Vernehmungsprotokolle, da § 254 StPO für diese das Verbot des § 250 S. 2 StPO nicht aufhebt. Wenn festgestellt wird, § 254 StPO enthalte kein weitergehendes Beweismittel- oder Verwertungsverbot, so erweckt dies den fälschlichen Eindruck, § 254 StPO enthalte überhaupt ein Verbot.[226] § 254 StPO enthält ausschließlich eine Erlaubnis, eine Ausnahme vom Verbot des § 250 S. 2 StPO. Wenn § 250 S. 2 StPO eine Verlesung nicht verbietet, so kann ein Verbot erst recht nicht aus § 254 StPO folgen. Zulässig ist daher die Vernehmung von sog. Zeugen vom Hörensagen wie Vernehmungsbeamten über den Inhalt einer Vernehmung, da § 250 S. 2 StPO nur den Urkundenbeweis untersagt.

D. Ergebnis

Der Angeklagte hat eine Doppelstellung als ein mit Verfahrensrechten ausgestattetes Prozeßsubjekt und als Beweismittel. Entschließt sich der Angeklagte zur Aussage zur Sache, macht er sich freiwillig zum materiellen Beweismittel gegen sich selbst. Auch dann ist er jedoch Prozeßsubjekt.

Der Verteidiger ist zum einen als Beistand einseitiger Interessenvertreter des Angeklagten, zum anderen nimmt er als Organ der Rechtspflege öffentliche Aufgaben wahr. Eine Vertreterstellung hat er nur ausnahmsweise inne, wenn dies das Gesetz bestimmt. Er handelt vom Angeklagten unabhängig und ist

---

224 Zutreffend *Dölling*, NStZ 1988, 8.
225 Weiterführend *Wömpner*, NStZ 1983, 296.
226 *Wömpner*, NStZ 1983, 298.

dessen Weisungen nicht unterworfen. Er hat weder ein Lügerecht, noch darf er Beweismittel trüben.

In der Hauptverhandlung gilt das Mündlichkeitsprinzip, nach dem der gesamte Prozeßstoff durch das Medium des gesprochenen Worts gegangen sein muß.

Die Instruktionsmaxime des § 244 Abs. 2 StPO verpflichtet den Richter zur bestmöglichen Sachaufklärung: Diesem Prinzip des bestmöglichen Beweises ist das Gebot zu entnehmen, das unmittelbare Beweismittel, das *in der Regel* qualitativ besser als ein mittelbares ist, vorrangig zu nutzen, was allgemein als materielles Unmittelbarkeitsprinzip bezeichnet wird. § 244 Abs. 2 StPO verbietet aber nicht generell die Erhebung mittelbarer Beweise. Die mit dem Hinzutreten von Beweisgliedern verbundene schlechtere Qualität ist bei der Beweiswürdigung zu beachten. Das materielle Unmittelbarkeitsprinzip hat zugleich in § 250 StPO, der auch für den Angeklagten gilt, eine verselbständigte gesetzliche Regelung erfahren. § 250 StPO schränkt die Freiheit des Urkundsbeweises ein, indem er grundsätzlich die Ersetzung, nicht die Ergänzung des Personalbeweises durch berichtenden Urkundenbeweis verbietet. Eine weitergehende Aussage ist § 250 StPO nicht zu entnehmen. § 254 StPO stellt eine Ausnahme zu § 250 S. 2 StPO dar.

Der formelle Unmittelbarkeitsgrundsatz besagt, daß das Beweisgebäude in der Hauptverhandlung vor dem urteilenden Richter aufgebaut werden muß.

2. Teil
Erklärungen zur Sache

Die Erklärung des Angeklagten zur Sache ist, wie auch immer sie abgegeben wird, zentraler Bestandteil der richterlichen Beweiswürdigung und eines der wichtigsten und effektivsten Mittel der materiellen Verteidigung.

A. Bedürfnis der Verteidigung für Einlassungssurrogate

Bei der Festlegung der Verteidigungsstrategie muß sich der Verteidiger mit zwei wesentlichen Fragen beschäftigen. Die erste ist, ob sich der Angeklagte zur Sache äußern oder (gänzlich) schweigen soll. Entschließt sich der Angeklagte zur Aussage, stellt sich die zweite Frage, in welcher Form die Einlassung erfolgen soll.

I. Bedürfnis für eine Einlassung

Die Sacherklärung bestimmt Gang und Umfang der Beweisaufnahme und des gesamten Prozesses. Meist drängt der Mandant darauf, in der Hauptverhandlung auszusagen, unabhängig davon, ob er gestehen oder die Anklage bestreiten will.[227] Motive sind das natürliche Streben, Entlastendes vorzutragen,[228] und der Glaube, allein durch die eigene Aussage die Vorwürfe entkräften und falsche Beweiswürdigungen oder Annahmen richtigstellen zu können.[229] Häufig ist eine realitätsferne Beurteilung des Beweiswerts der eigenen Aussage zu beobachten.[230]

Für die schwierige Entscheidung, ob eine Einlassung erfolgt, ist die Hilfe des Verteidigers erforderlich. Die Argumente für und gegen eine Aussage sind einzelfallbezogen.[231]

---

227 *Schlothauer*, Rn. 52; *Hohmann*, Handbuch FA Strafrecht, Teil B, Kap. 4, Rn. 27.
228 *Rüping*, JR 1974, 137.
229 *Peters*, Untersuchungen zum Fehlurteil, S. 17.
230 *Schlothauer*, Rn. 52; *Amelung*, FG Koch, S. 145.
231 S. die Versuche, generelle Empfehlungen zu bilden, bei *Hohmann*, Handbuch FA Strafrecht, Teil B, Kap. 4, Rn. 29 ff.; *Burhoff*, Ermittlungsverfahren, Rn. 635 ff.; *Schurig*, S. 88 ff.

Daß in der großen Mehrzahl aller Hauptverhandlungen eine Einlassung des Angeklagten zur Sache erfolgt, beruht häufig auf zwei wesentlichen Erkenntnissen: Zum einen besteht die Gefahr, daß das Gericht das Schweigen psychologisch als Schuldindiz verwertet. Zum anderen ist die Aussage das einzige oder das erfolgversprechendste Mittel der materiellen Verteidigung.

1. Das Recht zu schweigen

Das Recht, sich aufgrund freier Entscheidung redend oder schweigend zu verteidigen ist ein passives Verteidigungsrecht[232] und Kernstück des von Art. 6 EMRK garantierten fairen Verfahrens.[233] Dem Beschuldigten steht es frei, von seinem Anspruch auf rechtliches Gehör (Art. 103 Abs. 1 GG) Gebrauch zu machen oder nicht.[234] Das Schweigerecht ist mehr als ein Unterfall des Anspruchs auf rechtliches Gehör, denn seine Bedeutung ergibt sich aus dem Verbot der Verwertung des Schweigens zum Nachteil des Beschuldigten.

Die heute selbstverständlich erscheinende Aussagefreiheit existierte lange Zeit nicht.[235] Hatte die CCC noch das Geständnis des zur wahrheitsgemäßen Aussage verpflichteten Beschuldigten zum Ziel,[236] war ausgehend von dem in England im 16. Jh. entwickelten Grundsatz *Nemo tenetur seipsum prodere* die Einlassung des Angeklagten erst im reformierten Strafprozeß keine Sachurteilsvoraussetzung mehr.[237] Die RStPO von 1877 enthielt schließlich auch keine Ermahnungen zur Erklärung der Wahrheit mehr.

2. Psychologisch nachteilige Wirkung des Schweigens

Das Schweigen des Angeklagten wird immer noch häufig vor Gericht als Ausdruck von Schuld und schlechtem Gewissen angesehen.[238] Zwar darf das vollständige Schweigen rechtlich bei der Beweiswürdigung nicht gegen den

---

232 *Schroeder*, NJW 1987, 302.

233 EGMR NJW 2002, 499; BGH NJW 1974, 1570.

234 BGHSt 14, 358, 364; 25, 325, 331; *Rogall*, S. 67 ff., 104 ff.; a. A.: *Lesch*, ZStW 111, 636 ff., der im Schweigerecht den Ausdruck des Rechts auf Bestimmung der Art und Weise der Verteidigung sieht.

235 Plakative Beispiele zum Aussagezwang bei *Salditt*, StV 1993, 442.

236 *Schroeder*, Rn. 30; *Wessels*, JuS 1996, 169 f.; *Rogall*, S. 88 m. w. N.

237 Weiterführend *Schroeder*, Rn. 371 ff., 33-36.

238 *Dahs*, Handbuch des Strafverteidigers, Rn. 455; *Weihrauch*, Rn. 138.

Angeklagten verwendet werden.[239] Faktisch ist das Schweigen aber oft ein „privilegium odiosum"[240]. Der Einwand, ein Nachteil sei nicht zu befürchten, wenn der Verteidiger das Schweigen mit besonderer Rücksichtnahme erkläre,[241] überzeugt nicht.

3. *Notwendigkeit der Erschütterung der aus den Akten gewonnenen Hypothese des Gerichts*

Will die Verteidigung die durch Aktenlage und Eröffnungsbeschluß eingetretenen „tatsächlichen, rechtlichen und atmosphärischen Festlegungen auf Seiten des Gerichts"[242] erschüttern, wird dies meist nur durch eine Erklärung des Angeklagten zur Sache gelingen. *Schünemann* hat in Feldversuchen über die Erkenntnispsychologie von Richtern nachgewiesen,[243] daß das Gericht häufig an einem Tatbild festhält, das es aus den Ermittlungsakten übernimmt.[244]

Hat sich das Gericht aus den Akten eine Hypothese über die Schuld des Angeklagten gebildet, so werden damit übereinstimmende Informationen systematisch über-, dissonante Informationen dagegen unterschätzt (sog. Inertia- oder Perseveranz-Effekt).[245] Dieses Phänomen wird verstärkt durch das Prinzip der selektiven Informationssuche: Wer eine bestimmte Hypothese bejaht hat, sucht bevorzugt nach konsonanten oder leicht widerlegbaren und daher ebenfalls bestätigenden dissonanten Informationen.[246] Der erkennende Richter tut sich schwer, aus seinem Gedächtnis zu verdrängen, „was er gewissermaßen schon amtlich weiß"[247].

---

239 BGHSt 20, 281, 298.

240 *Liepmann*, ZStW 44, 671.

241 *Schlothauer*, Rn. 55.

242 *Hohmann*, StraFo 1999, 153; *Eisenberg/Pincus*, JZ 2003, 398; *Wesemann*, StraFo 2001, 293. Ähnlich *Weihrauch*, Rn. 138.

243 *Schünemann*, StV 2000, 160, 161 Fn. 10 und 11 m. w. N.: *Schünemann* hat Staatsanwälten und Richtern einen realen Fall mit am Computer simulierter Hauptverhandlung und Möglichkeit der Befragung zur Entscheidung übertragen, der wegen seiner Ambivalenz ohne Kunstfehler sowohl mit einer Verurteilung als auch mit einem Freispruch entschieden werden kann. Unabhängige Variabeln waren Aktenkenntnis (vorhanden/nicht vorhanden) und das Fragerecht in der Hauptverhandlung (ja/nein).

244 *Schünemann*, StV 2000, 163; *Eisenberg/Pincus*, JZ 2003, 398.

245 *Schünemann*, StV 2000, 162 m. w. N.

246 *Schünemann*, GA 1978, 170 ff.; *Schünemann*, StV 2000, 160.

247 *Geppert*, S. 159.

Hinzu tritt der auf der Theorie der sozialen Vergleichsprozesse beruhende sog. Schulterschlußeffekt[248]: Das Gericht folgt in ambivalenten Situationen häufig der Einschätzung der Staatsanwaltschaft (Anklage als psychologisches Schuldindiz; Plädoyer) als einer von ihm als kompetent akzeptierten anderen Institution.[249] Dies gilt im besonderen in Bundesländern, in denen die Beamtenlaufbahn einen regelmäßigen Wechsel zwischen Richteramt und Amt des Staatsanwalts vorsieht.

II. Bedürfnis für alternative Formen der Einlassung

Die Aussage des Angeklagten zur Sache ist ein zweischneidiges Schwert. So sehr sie auf der einen Seite wertvolles Verteidigungsmittel zur Entlastung ist, sind mit ihr auf der anderen Seite unkalkulierbare Risiken verbunden, die das Pendel gerade in entgegengesetzter Richtung zu Ungunsten des Angeklagten ausschlagen lassen. Vor diesem Hintergrund ist das Bedürfnis der Verteidigung, daß sich der Angeklagte nicht selbst mündlich zur Sache äußert, verständlich. Alternativen sind die Übertragung der Abgabe mündlicher Erklärungen auf den Verteidiger und das Schweigen zur Sache in Kombination mit einer schriftlichen Erklärung des Angeklagten oder seines Verteidigers, deren Verlesung als Urkunde beantragt wird. Auch das Vorlesen einer vorformulierten schriftlichen Erklärung bei der Vernehmung wird der freien mündlichen Erklärung vorgezogen.

1. Nutzung der Erfahrung und Rhetorik des Verteidigers

Durch die Übertragung der Einlassung auf den Verteidiger kann es gelingen, dessen berufliche Erfahrung sowie sprachliches und rhetorisches Geschick zum Vorteil des Angeklagten optimal zu nutzen.[250] Der Angeklagte ist häufig aufgrund intellektueller und sprachlicher Defizite nicht in der Lage, seine Aussage entsprechend flüssig und verständlich zu formulieren.[251] Mangels juristischen

248 Ausführlich *Schünemann*, StV 2000, 159 ff. m. w. N. (Fn. 17).

249 In den seltensten Fällen lehnt ein Gericht die Eröffnung des Hauptverfahrens ab. Problematisch ist dies vor allem bei Sexualdelikten, bei denen eine auffällige Zahl vorgetäuschter Verbrechen festzustellen ist und die sozialen Auswirkungen durch die Hauptverhandlung immens sind.

250 OLG Hamm, JR 1980, 82; *Geppert*, FS Rudolphi, S. 646.

251 *Eisenberg/Pincus*, JZ 2003, 402.

Fachwissens weiß der Angeklagte zudem nicht, worauf es bei der Einlassung im Hinblick auf die Straftatbestände besonders ankommt. Da jede Vernehmung ein dynamischer Prozeß ist, vermag auch eine noch so gute Vorbereitung durch den Verteidiger nicht dasselbe zu leisten wie die Übertragung, zumal es häufig an der Fähigkeit und emotionalen Gelassenheit des Angeklagten fehlt, die Ratschläge des Verteidigers umzusetzen.

2. *Unverzerrte Übermittlung der Aussage*

Die Übertragung der Erklärung zur Sache auf den Verteidiger ermöglicht es, den Inhalt der Aussage möglichst unverzerrt dem Richter zu vermitteln. Der Angeklagte, für den der Prozeß eine psychische und auch physische Ausnahmesituation darstellt, ist infolge von Betroffenheit, Ehrgefühl, Angst, Hemmung etc. häufig nicht in der Lage, sein eigentlich gutes Gewissen entsprechend erkennbar zu machen.[252] So sind durch die Atmosphäre der Hauptverhandlung bedingte Sprachhemmungen, Vergeßlichkeit, Verwirrung, schnelles Reden, Senken des Blickes bei Fragen, Erröten, Weinerlichkeiten und Aggressionen zu beobachten. Die Überzeugungskraft der Einlassung des Angeklagten wird daher häufig durch die vermeintlichen Gesten eines Lügners fälschlich gemindert. Der Verteidiger dagegen verfügt über die erforderliche Distanz, die Einlassung unverfälscht vorzutragen.

3. *Vermeidung der ungewollten Offenbarung nachteiliger Tatsachen*

Bei der Einlassung des Angeklagten selbst besteht auch bei entsprechender Vorbereitung die Gefahr, daß der Angeklagte sich insbesondere bei vernehmungspsychologisch geschickten Richtern und Staatsanwälten um den vielzitierten „Kopf und Kragen" redet.[253]

> Bsp.[254]: Die Frage des Vorsitzenden „Waren Sie froh, daß Ihr Mann schlief, als Sie schossen?" wird der Angeklagte in Unwissenheit um das Mordmerkmal der Heimtücke häufig bejahen, um dem Vorwurf rohen Vorgehens zu entgehen.

---

[252] *Salditt*, StV 1993, 443; *Bandisch*, Strafverteidigung in der Praxis I, § 9, Rn. 56.
[253] *Geppert*, FS Rudolphi, S. 646; *Eisenberg/Pincus*, JZ 2003, 397.
[254] *Salditt*, StV 1993, 443.

Dieses Beispiel zeigt, daß die Einlassung auch vom Geschick des Vernehmenden und vom Zufall abhängt. Teilweise macht der Angeklagte *unwahre* Angaben, von denen er – häufig durch die Art der Vernehmung veranlaßt – irrtümlich glaubt, diese seien ihm in der Schuldfrage oder bei der Strafzumessung von Vorteil. Teilweise offenbart der Angeklagte aber auch den Ermittlungsbehörden und dem Gericht unbekannte, ihm nachteilige *wahre* Tatsachen oder verwickelt sich in Widersprüche, d. h. er erleichtert ungewollt die Findung der für ihn nachteiligen Wahrheit.

Die Übertragung der Einlassung auf den Verteidiger in mündlicher oder schriftlicher Form gleicht die fehlende Erfahrung und die fachlichen Defizite des Angeklagten aus, die das ungewollte Offenbaren nachteiliger Tatsachen begünstigen.

4. Reduzierung der Gefahr falscher Geständnisse

Falsche Geständnisse des Angeklagten sind eine der Hauptursachen strafgerichtlicher Fehlurteile.[255] Die Gerichte tun sich schwer, falsche Geständnisse zu erkennen, wie jüngst der Fall des Schauspielers *Kaufmann* zeigte. Durch die ständigen Vernehmungen und die Art der Fragestellung könne sich „erstaunlicherweise sogar der schwachsinnige Täter“ ein „Bild vom Geschehenshergang machen und dem vernehmenden Beamten darlegen“.[256] Die Ansicht, nur geistig Kranke legten ein falsches Geständnis ab,[257] ist unzutreffend.

Häufig hält der Angeklagte dem Vernehmungsdruck nicht stand und sagt, was die Vernehmungsperson hören will, nur um die Situation der Vernehmung zu beenden. Die Vernehmung ist für den aus dem Leben gerissenen Angeklagten eine extrem belastende Situation. Auch Angst ist häufige Ursache für ein falsches Geständnis.[258] Schließlich führen auch die zunehmend von Staatsanwaltschaft oder Gericht ausgehenden Vorschläge für eine Absprache dazu, daß der Angeklagte sich in der Abwägung zwischen einer für ein Geständnis in Aussicht gestellten Bewährungsstrafe und der ansonsten drohenden Freiheitsstrafe für ein falsches Geständnis entscheidet.

---

[255] *Hirschberg*, S. 17 ff.; *Peters*, Fehlerquellen II, S. 13; *Peters*, Untersuchungen zum Fehlurteil, S. 14, 18 f.; *Stern*, StV 1990, 563; *Eisenberg/Pincus*, JZ 2003, 397.

[256] *Peters*, Untersuchungen zum Fehlurteil, S. 19.

[257] So *Stern*, StV 1990, 563.

[258] *Eisenberg*, Persönliche Beweismittel, Rn. 231-243 m. w. H.

Durch die Übertragung von Sacherklärungen auf den Verteidiger gelingt es, einen Teil der Gründe für die Ablegung falscher Geständnisse zu beseitigen. Dies wird nicht nur häufig für den Angeklagten von Vorteil sein, sondern auch die Wahrheitserforschung verbessern und damit die Zuverlässigkeit des Verfahrens stärken.

5. *Revisionsrechtliches „Festschreiben" der Aussage*

Motiv für die Abgabe schriftlicher Erklärungen mit einem Beweisantrag auf Verlesung als Urkunde ist die Gefahr der unrichtigen Verwertung einer mündlichen Einlassung durch das Gericht. Hintergrund ist zum einen, daß gegen erstinstanzliche Urteile der Landgerichte anders als gegen Urteile der Amtsgerichte nur die auf die Überprüfung von Rechtsfehlern beschränkte Revision als Rechtsmittel zulässig ist. Dieser historisch begründeten[259] Regelung wird zu Recht entgegengehalten, daß gerade bei schweren Angelegenheiten, bei denen hohe Strafen im Raum stehen, dem Angeklagten keine erneute Beweisaufnahme in der Berufung offen steht. Zum anderen werden im Strafprozeß über die Aussage keine Wortprotokolle und auch nur in Verhandlungen vor dem Amtsgericht Inhaltsprotokolle geführt.

Wenn das Gericht eine Aussage des Angeklagten verwertet, obwohl dieser geschwiegen hat, ist in der Revision der Verstoß gegen § 261 StPO meist einfach durch das Hauptverhandlungsprotokoll nachzuweisen, das bezüglich der Tatsache der Aussage eine absolute Beweiswirkung hat (§§ 273, 274 StPO). Problematisch ist aber der Fall, wenn das Gericht eine Aussage nicht so, wie der Angeklagte sie abgeben hat, d. h. mit einem anderen *Inhalt*, verwertet. Die Verfahrensrüge wegen eines Verstoßes gegen § 261 StPO hat nur Erfolg, wenn der Verstoß sich entweder aus dem Urteil selbst ergibt oder durch das Protokoll der Hauptverhandlung nachgewiesen wird.[260] Eine Rekonstruktion der Hauptverhandlung ist in der Revisionsinstanz verboten.[261] Da der Inhalt der Aussage keine wesentliche Förmlichkeit ist, steht das Protokoll nicht zur Verfügung, um den Verstoß zu belegen. Das Verbot der Aktenrüge führt trotz des Grundsatzes,

---

[259] Weiterführend *Schroeder*, Rn. 313; *ders.*, in: Zweites deutsch-sowjetisches Kolloquium, S. 329 f.
[260] BGHSt 29, 18, 20; BGH NStZ 1991, 500.
[261] BGH StV 1991, 549; BGH StV 1993, 115.

daß ein Urteil nicht auf etwas beruhen kann, was nicht Gegenstand der Hauptverhandlung war, dazu, daß Verfahrensrügen regelmäßig keinen Erfolg haben.[262]

Von Vorteil ist dagegen aus Verteidigersicht das Verlesen einer Erklärung im Urkundenbeweis.[263] Der Beweis gegen die Urteilsfeststellung läßt sich nach der Rechtsprechung, die das Verbot der Rekonstruktion der Hauptverhandlung aufweicht, auch führen, wenn die Urteilsfeststellungen einer in der Hauptverhandlung verlesenen Urkunde widersprechen[264] bzw. deren Wortlaut nicht richtig wiedergeben[265]. So gelingt es, die Äußerung des Angeklagten revisionswirksam „festzuschreiben".

B. Rechtsnatur und Möglichkeiten der Sacherklärung

Bei allem Verständnis für die Bedürfnisse des Angeklagten nach Einlassungssurrogaten ist zu klären, welche Möglichkeiten der Sacherklärung für den Angeklagten in der Hauptverhandlung bestehen.

I. Unterscheidung zwischen Prozeß- und Sacherklärungen

Ausgangspunkt ist die Doppelstellung des Angeklagten als Prozeßsubjekt und Beweismittel. Entsprechend dieser Dichotomie sind Erklärungen des Angeklagten nach ihrem Inhalt zu unterscheiden und zwar solche, die er unter Wahrnehmung seiner Rechte als Prozeßsubjekt abgibt (*Prozeßerklärungen, prozessuale Erklärungen* oder *verfahrensrechtliche Erklärungen*) und solche, in denen er sich zudem zum Beweismittel gegen sich selbst macht (*Sacherklärungen, Erklärungen zur Sache* oder *(Sach-)einlassungen*). Ist diese Zweiteilung dem älteren Schrifttum noch selbstverständlich,[266] ist sie in der neueren Literatur deutlich seltener zu finden.[267]

---

[262] So expressis verbis *Mutzbauer*, Rn. 304.

[263] *Burhoff*, StV 1997, 436; *Schlothauer*, StV 1992, 140.

[264] BGHSt 29, 18, 21; BGH NStZ 1987, 18 Nr. 11; BGH NStZ 1988, 212 Nr. 16; StV 1993, 459; BGH NStZ-RR 2003, 52.

[265] BayObLG StV 1985, 226.

[266] *Bennecke/Beling*, S. 135; *von Hippel*, S. 291; *Glaser* II, S. 246; *von Kries*, S. 233.

[267] *Spendel*, JZ 1959, 739; *Dahs*, NJW 1962, 2239; *Fezer*, JR 1980, 84; *Meyer-Mews*, JR 2003, 362; SK-*Schlüchter*, § 234, Rn. 9; *Schlüchter*, Rn. 85, S. 95; *Schlothauer*, StV 1994, 469, Fn. 14; *Weber*, S. 53; dem Grunde nach differenzierend auch KMR-*Paulus*, § 234, Rn. 14 f. sowie *Eisenberg/Pincus*, JZ 2003, 402.

1. Prozeßerklärungen

Prozessuale Erklärungen gibt der Angeklagte allein als Prozeßsubjekt ab. Es sind dies der Einwand gegen die funktionelle oder örtliche Unzuständigkeit (§§ 6a, 16 StPO), Ablehnungsanträge (§§ 24, 47 StPO), Zustimmungserklärungen (z. B. § 217 Abs. 3 StPO), Fragen nach § 240 Abs. 2 StPO, plädoyerhafte Äußerungen (z. B. die Bewertung von Beweisergebnissen) sowie rechtliche Ausführungen.

2. Sacherklärungen

Die Sacherklärung ist das Einbringen einer der Beweiswürdigung nach § 261 StPO unterliegenden *Tatsache*, die für den Schuld- und Rechtsfolgenausspruch von Bedeutung ist. Da der Bewertungsmaßstab für die Beurteilung der Aussage des Angeklagten und der eines Zeugen gleich ist,[268] ist es irreführend, der „Aussage" des Zeugen die „Einlassung" des Angeklagten gegenüber zu stellen.[269] Es handelt sich hierbei um Synonyme. Was unter eine Erklärung zur Sache (§ 243 Abs. 4 S. 1 StPO) fällt, ist meist bei der Abgrenzung zu Angaben zu den persönlichen Verhältnissen (§ 243 Abs. 2 S. 2 StPO) problematisch.[270] Nach der vorherrschenden Ansicht sind unter Angaben zur Sache alle Umstände zu verstehen, die für die äußere und innere Tatseite und die Verhängung von Rechtsfolgen bedeutend sind.[271] Dazu gehören auch der Lebensgang des Angeklagten und die persönlichen und wirtschaftlichen Verhältnisse (vgl. § 46 Abs. 2 S. 2 StGB).

3. Abgrenzung

Entscheidend dafür, ob der Angeklagte eine Prozeßerklärung oder eine Sacherklärung abgibt, ist der Inhalt der Äußerung. Eine Sacherklärung stellt zugleich eine Prozeßerklärung dar. Bei der Einlassung nimmt der Angeklagte als Prozeßsubjekt ein von der Prozeßordnung gewährtes prozessuales Recht wahr und

---

268 *Prüfer*, S. 3.

269 So auch *Eisenberg/Pincus*, JZ 2003, 397, Fn. 2.

270 *Meyer-Goßner*, § 243, Rn. 11; SK-*Schöch*, § 243, Rn. 19; *Schroeder*, Rn. 204.

271 KK-*Tolksdorf*, § 243, Rn. 22 m. w. N.; KMR-*Paulus*, § 243, Rn. 18 ff.; LR-*Gollwitzer*, § 243, Rn. 40 f.; *Meyer-Goßner*, § 243, Rn. 12; *Roxin*, § 25 Rn. 7; SK-*Schöch*, § 243, Rn. 21 a. E.; BayObLGSt 1983, 153; BGH StV 1984, 192; offenlassend BGHSt 25, 330 f.

macht sich durch die Äußerung von Tatsachen *zugleich* zum Beweismittel.[272] Der Gebrauch prozessualer Rechte kann, muß aber nicht mit einer Sacherklärung zusammenfallen. Entscheidend für die Abgrenzung ist allein, ob sich der Angeklagte durch seine Erklärung *zugleich zum Beweismittel* macht.

II. Möglichkeiten der Sacherklärung

Die StPO gibt dem Angeklagten verschiedene Möglichkeiten, sich in der Hauptverhandlung zur Sache zu äußern.

Meist geschieht dies bei der Vernehmung (§ 243 Abs. 4 S. 2 StPO). Eine Einlassung kann aber durch die Wahrnehmung verschiedener Erklärungsrechte erfolgen. Der Angeklagte soll im Verlauf der Beweisaufnahme gefragt werden, ob er etwas zu erklären habe (§ 257 Abs. 1 StPO), erhält nach der Beweisaufnahme das Wort (§ 258 Abs. 1 StPO) und hat das letzte Wort (§ 258 Abs. 2 StPO). Der Angeklagte muß aber keineswegs Sacherklärungen abgeben, mit denen er sich zum Beweismittel macht. Er kann es ebenso bei der Abgabe reiner Erklärungen als Prozeßsubjekt belassen.[273] Der Angeklagte ist zudem frei in der Entscheidung, wann er sich erstmals zur Sache äußert. Er kann dies erstmals im letzten Wort (§ 258 Abs. 2 StPO) tun.[274] Der Zeitpunkt der Einlassung innerhalb der Hauptverhandlung darf nicht gegen ihn verwertet werden, da er sonst gezwungen wäre, bereits bei der Vernehmung auszusagen. Alle Sacherklärungen sind, ungeachtet in Ausübung welchen Erklärungsrechts sie erfolgen, gleichzubehandeln, da jedes dieser Rechte den Anspruch auf rechtliches Gehör konkretisiert.[275]

Die Tatsache, daß sich der Angeklagte erstmals einläßt, nicht der Inhalt der Aussage ist als wesentliche Förmlichkeit (§ 273 StPO) zu protokollieren.[276]

---

[272] *Fezer*, JR 1980, 83; *Schlüchter*, Rn. 85; LR-*Gollwitzer*, § 234 Fn. 50.

[273] *Fezer*, JR 1980, 84; *Schlothauer*, StV 1994, 469 (insb. Rn. 14); vgl. auch *Dahs*, NJW 1962, 2239; *ders.*, S. 95.

[274] LR-*Gollwitzer*, § 257, Rn. 19; KMR-*Stuckenberg*, § 257, Rn. 15; *Hahn*, Abt. 1, S. 864; *Schroeder*, Fälle und Lösungen, S. 10; anerkannt in BGH NStZ 1995, 560 und BGH NStZ 2000, 217.

[275] So schon RGSt 44, 285; *Spendel*, JZ 1959, 737; vgl. auch *Schroeder*, NJW 1987, 302.

[276] *Meyer-Goßner*, § 273, Rn. 7; BGH StV 1990, 245; BGH StV 1992, 1; *Schlothauer*, StV 1994, 468.

Dabei ist irrelevant, unter Ausübung welchen Erklärungsrechts die erste Einlassung erfolgt.[277] Weitere Einlassungen sind nicht zu protokollieren.[278]

Wie jedes andere Beweismittel unterliegt die Aussage des Angeklagten der freien Beweiswürdigung.[279] Die StPO kennt anders als der angloamerikanische Strafprozeß (*guilty plea*) keine bindende Wirkung eines Geständnisses.

1. Vernehmung

Die Vernehmung nach § 243 Abs. 4 S. 2 StPO bedeutet die mündliche Befragung zur Sache mit mündlicher Antwort.[280] Eine Vernehmung setzt nicht eine tatsächliche Aussage des Angeklagten, sondern nur die Gelegenheit zur Äußerung voraus.

Die Vernehmung hat nach h. M. eine Doppelfunktion: Sie dient zum einen der Gewähr rechtlichen Gehörs, d. h. der Verteidigung des Angeklagten, zum anderen der Wahrheitsermittlung.[281] Dies gilt ebenso für das Erklärungsrecht nach § 257 Abs. 1 StPO, den Schlußvortrag und das letzte Wort, denn alle Fälle einer Einlassung zur Sache sind gleich zu behandeln.[282]

Eine Mindermeinung sieht dagegen die Verteidigungsfunktion als alleinigen Zweck der Vernehmung an.[283] Dieser Streit ist dem über die Beweismittelfunktion des Angeklagten wesensverwandt. Die rechtshistorische Analyse spricht für die h. M.[284]

---

[277] BGH NStZ 1995, 560; BGH NStZ 2000, 217; *Schlothauer*, StV 1994, 468; KK-*Tolksdorf*, § 243, Rn. 47a; a. A. noch BGH StV 1994, 468.

[278] *Schlothauer*, StV 1994, 468.

[279] RGSt 48, 248 f.; BGHSt 2, 269 f.; BGHSt 28, 198; *Eisenberg*, Rn. 15 f., 726 f.

[280] KK-*Tolksdorf*, § 243, Rn. 44; *Gössel*, § 23 C I.

[281] *Eb. Schmidt*, Nachtrag I, § 136, Rn. 12, § 243, Rn. 31; LR-*Gollwitzer*, § 243, Rn. 65, 80; KK-*Boujong*, § 136, Rn. 1; KMR-*Paulus*, § 243, Rn. 22, 14 a. E.; *Roxin*, § 25, Rn. 7; *Dahs*, NJW 1962, 2239 f.; *Rieß*, JA 1980, 297; *Lesch*, ZStW 111, 625 ff.

[282] RGSt 44, 285; *Dahs*, NJW 1962, 2239 f.; *Schroeder/Meindl*, F. 2, Rn. 2; *Meyer-Goßner*, § 257, Rn. 1; *Dahs*, NJW 1962, 2440; KK-*Engelhardt*, § 258, Rn. 1.

[283] *Degener*, GA 1992, 642; zustimmend: *Weßlau*, ZStW 110, 34; *Meyer-Mews*, JR 2003, 361.

[284] *Lesch*, ZStW 111, 625 ff.; *Schroeder*, Rn. 30.

Im Inquisitionsprozeß der CCC war der Angeklagte zur Aussage verpflichtet. Das Geständnis war wichtigstes Beweismittel des Prozesses.[285] Mit Abschaffung der Folter änderten sich nur die Mittel der inquisitorischen Beweistätigkeit. An ihre Stelle traten u. a. Ungehorsams- bzw. Prügelstrafen.[286] Mit den Reformbemühungen Anfang des 19. Jh. entschied man sich bewußt gegen das reine Anklageverfahren des englischen Parteiprozesses, bei dem der Ankläger ähnlich der zivilprozessualen Dispositionsmaxime die Darlegungs- und Beweislast für die Schuld trug. Die Vernehmung diente der Kenntnis des Angeklagten von der Anklage. In Frankreich hatte sich aus dem Inquisitionsprozeß zwar ein Prozeß mit Öffentlichkeit und Mündlichkeit und einer Anklageerhebung durch *procureurs du roi* entwickelt. Die Vernehmung als Beweismittel für die Schuld des Angeklagten blieb aber fester Bestandteil.

In den reformierten Strafprozessen der deutschen Teilstaaten nach 1848 entschied man sich für die Beibehaltung der Vernehmung nach französischem Vorbild und ließ nur die Aussagepflicht entfallen. Die RStPO übernahm diesen Kompromiß zwischen Anklage- und Untersuchungsprozeß.[287] Die Funktion der Vernehmung als die Gewähr der Gelegenheit zur Verteidigung wird in §§ 243 Abs. 4 S. 2, 136 Abs. 2 StPO, die Funktion der Aufklärung des Sachverhalts in §§ 244 Abs. 2, 160 Abs. 1, 163 Abs. 1 StPO ausgedrückt. Hintergrund der Verteidigungsfunktion ist die Aufwertung des Beschuldigten vom Untersuchungsobjekt zum Prozeßsubjekt, der der Aufklärungsfunktion die Absage an ein reines Anklageverfahren und die Beibehaltung des Untersuchungsgrundsatzes.[288] Dies spiegelt sich wider im Wortlaut des § 136 Abs. 2 StPO, der nicht den Verteidigungszweck als suspendierbar erklärt[289], sondern klarstellt, daß die Verteidigung nicht die einzige Funktion ist.[290] Dies ergeben auch die Gesetzesmaterialien, wonach der Antrag auf Änderung des § 136 Abs. 2 StPO h. F. von „soll“ in „hat zum Zweck“ abgelehnt wurde.[291]

---

285 *Lesch*, ZStW 111, 627 f. m. w. N.; *Schroeder*, Rn. 30.
286 *Schroeder*, Rn. 33 f., 372; *Rogall*, S. 90.
287 *Hahn*, Abt. 2, S. 1531; *Lesch*, ZStW 111, 632 f.
288 *Lesch*, ZStW 111, 635.
289 So aber LR-*Hanack*, § 136, Rn. 34.
290 *Lesch*, ZStW 111, 643; *Henkel*, S. 175.
291 *Schubert/Regge*, Entstehung und Quellen der Strafprozeßordnung von 1877, 1989, S. 186 (zitiert nach *Lesch*, ZStW 1999, 633 Fn. 49); Motive zu dem Entwurf einer Deutschen Strafprozeßordnung, Berlin 1873, S. 71 f. (zitiert nach *Lesch*, ZStW 111, 634 Fn. 50).

2. *Weitere Möglichkeiten*

Die Regeln des § 243 Abs. 4 S. 2 StPO gelten sinngemäß, wenn der Angeklagte zunächst schweigt, sich aber später zur Sache äußern möchte.[292] Aber auch nach einer erfolgten Aussage in der Vernehmung kann sich der Angeklagte durch eine Erklärung nach § 257 Abs. 1 StPO, im Schlußvortrag (§ 258 Abs. 1 StPO) oder im letzten Wort (§ 258 Abs. 3 StPO) einlassen.[293] § 243 Abs. 4 StPO bezweckt nur, daß der Angeklagte in jedem Fall als erster das Wort hat.[294]

Die auf die Vernehmung nach § 243 Abs. 4 StPO folgenden Erklärungsrechte bieten die Möglichkeit zur inhaltlichen Ergänzung und Vervollständigung, Berichtigung, Zurücknahme der ersten Aussage oder aber einer ersten Einlassung nach anfänglichem Schweigen.[295]

a) Erklärung zur Beweiserhebung

Das Erklärungsrecht nach § 257 Abs. 1 StPO wird häufig als „Ergänzung der Vernehmung zur Sache" bezeichnet.[296] Dies läßt einen falschen Eindruck entstehen, da der Angeklagte sich auch auf bloße Prozeßerklärungen beschränken kann. § 257 Abs. 1 StPO verbessert die Verteidigungsmöglichkeit des Angeklagten. Eine unmittelbar dem Beweismittel folgende Einlassung ist häufig eindrucksvoller und auch wirksamer, da sie einer vorschnellen Fixierung des Gerichts auf das Beweisergebnis entgegenwirkt.[297] Der Verteidiger hat seit 1964 ein eigenes Erklärungsrecht (§ 257 Abs. 2 StPO), das aber nicht das Recht zum Sachvortrag erfaßt.

Inhaltliche Grenzen des Erklärungsrechts bestehen zum einen in Form des sich aus dem Wortlaut des § 257 Abs. 1, 2 StPO ergebenden notwendigen Bezugs zur unmittelbar vorangegangenen Beweiserhebung („dazu"), zum anderen des

---

292 BGH NStZ 1986, 370.
293 Vgl. auch BGH NStZ 2000, 217.
294 *Schroeder*, Rn. 205; BGH NJW 1957, 1527 f.; BGH NStZ 1986, 370; BGH NStZ 2000, 217.
295 Anschaulich RGSt 44, 285; BGH NStZ 1986, 370; KK-*Diener*, § 257, Rn. 1, § 258, Rn. 14, 21.
296 KK-*Diemer*, § 257, Rn. 1; *Hohmann*, StraFo 1999, 15.
297 LR-*Gollwitzer*, § 257, Rn. 1; *Hammerstein*, FS Rebmann, S. 233.

aus § 257 Abs. 3 StPO folgenden Verbots, den Schlußvortrag vorwegzunehmen.[298] Durch § 257 Abs. 3 StPO wollte der Gesetzgeber auf Mißbrauchsfälle reagieren, hat aber ein weitgehend untaugliches Instrument geschaffen.[299]

b) Schlußvortrag

Nach § 258 Abs. 1 StPO kann sich der Angeklagte am Ende der Beweisaufnahme, unmittelbar vor dem Urteil inhaltlich weitgehend frei abschließend äußern. Der Angeklagte kann eine Äußerung zur Sache vornehmen, muß dies aber nicht. § 258 Abs. 3 StPO ist zu entnehmen, daß der Verteidiger für den Angeklagten den Schlußvortrag halten kann. Damit ist aber noch nicht gesagt, ob dies auch für Sacherklärungen oder aber nur für Prozeßerklärungen, d. h. Plädoyers zulässig ist.

c) Letztes Wort

Der Angeklagte hat das Recht, vor der Urteilsberatung als letzter zu sprechen (§ 258 Abs. 2 Hs. 2, Abs. 3 StPO).[300] § 258 Abs. 3 StPO regelt das Verhältnis zwischen Angeklagtem und Verteidiger bei gemeinsamer Abwehr der Anklage. Er will sicherstellten, daß der Angeklagte persönlich *als letzter* zu Wort kommt, auch wenn zuvor ein Verteidiger für ihn aufgetreten ist.[301] Das Gericht ist daher nicht verpflichtet, dem Verteidiger des nicht anwesenden Angeklagten das letzte Wort zu übertragen.[302] Inhaltlich steht es dem Angeklagten frei, was er vorbringen möchte.[303]

---

[298] Weiterführend *Fahl*, S 389 f.; gegen jede inhaltliche Begrenzung *Hohmann*, StraFo 1999, 155.

[299] *Fahl*, S. 391.

[300] BGH StV 1999, 5.

[301] RGSt 64, 134; BGHSt 18, 86 f., BGHSt 20, 273; BGH StV 1999, 5; LR-*Gollwitzer*, § 258, Rn. 28; SK-*Schlüchter*, § 258, Rn. 24.

[302] BGH MDR 1978, 460; BayObLG VRS 61, 128; KK-*Engelhardt*, § 258, Rn. 14; *Eisenberg*, Rn. 810; *Meyer-Goßner*, § 258, Rn. 20; HK-*Julius*, § 258, Rn. 13; zw. LR-*Gollwitzer*, § 258, Rn. 28.

[303] BGH StV 1985, 355.

3. Teil
Abgabe mündlicher Sacherklärungen durch den Verteidiger

Bei mündlichen Erklärungen des Strafverteidigers zur Sache ist zu unterscheiden zwischen solchen, die er für den *nicht anwesenden* und solchen, die er für den *anwesenden* Angeklagten abgibt.[304] Nur für das Verfahren gegen den nicht anwesenden Angeklagten läßt das Gesetz eine Vertretung zu.

A. Mündliche Sacherklärungen für den nicht anwesenden Angeklagten

Die StPO sieht an mehreren Stellen ausdrücklich eine Hauptverhandlung gegen den nicht anwesenden Angeklagten vor, in der sich der Angeklagte durch einen mit einer Vollmacht versehenen Verteidiger vertreten lassen kann bzw. sogar muß. Fraglich ist, ob die Vertretungsmacht den Verteidiger auch zur Abgabe von Sacherklärungen für den nicht anwesenden Angeklagten berechtigt.

I. Fälle der Verhandlung gegen den nicht anwesenden Angeklagten

Das Recht des Angeklagten zur Anwesenheit in der Hauptverhandlung (Art. 14 Abs. 3d IPBPR) ist in der StPO nicht gesondert geregelt, sondern ergibt sich daraus, daß das Gesetz die Fälle einer Entziehung einzeln abschließend regelt.[305] Es sichert das Recht auf rechtliches Gehör (Art. 103 Abs. 1 GG) und materielle Verteidigung (Art. 6 Abs. 3c EMRK).[306]

Mit dem Recht zur Anwesenheit korrespondiert eine weitgehende Anwesenheitspflicht (§§ 230 Abs. 1, 231 Abs. 1, 285 StPO), die neben der Sicherung des rechtlichen Gehörs auch der Wahrheitsermittlung dient.[307] Die Person des Ange-

---

[304] So schon RGSt 18, 141.

[305] *Rieß*, ZStW 90 Beiheft, 182.

[306] *Schroeder*, Rn. 217.

[307] BGHSt 26, 90; *Schroeder*, Rn. 217; *Henkel*, 1953, S. 379; *Rieß*, JZ 1975, 266 f.; *ders.*, ZStW 90 Beiheft, 182; *Eisenberg*, Rn. 755; a. A. *Stern*, ZStW 97, 329 f., nach dem sich die Anwesenheitspflicht allein aus dem staatlichen Interesse an der Vermeidung von Fehlurteilen rechtfertigt.

klagten ist für den persönlichen Eindruck des Richters nur schwer zu ersetzen.[308] Selbst aus der Anwesenheit des vollständig schweigenden Angeklagten ergibt sich ein für den Richter wichtiger Eindruck. Bei Anwesenheit des Angeklagten besteht zudem die Möglichkeit, daß er sich aufgrund des Verlaufs der Beweisaufnahme entgegen einer anfänglichen Absicht zu schweigen doch noch zur Aussage entschließt.[309] „Die Dynamik der persönlichen Begegnung“ besitzt überdies eine „starke Erlebnisintensität“[310] mit einer besonderen spezialpräventiven Wirkung.

Gegen einen ausgebliebenen Angeklagten findet grundsätzlich keine Hauptverhandlung statt (§ 230 Abs. 1 StPO). § 230 Abs. 2 StPO enthält besondere Zwangsmittel zur Sicherung der Anwesenheit.[311] Der Angeklagte kann auf das Anwesenheitsrecht nicht verzichten, selbst wenn er zu schweigen beabsichtigt.[312] Die Möglichkeit, aus eigenen Stücken fernzubleiben, ist auf wenige eng auszulegende[313] Ausnahmen begrenzt. Wegen des Vorrangs der Wahrheitsermittlung, die dem Unmittelbarkeitsgrundsatz zugrunde liegt, muß das Verfahren ohne den Angeklagten immer eine Notlösung sein.

Die Ausnahmen vom Grundsatz des § 230 Abs. 1 StPO lassen sich zum einen unterteilen nach dem materiellen Grund (Verzicht, eigenes Verschulden, Wahrheitsfindung und Vermeidung von Nachteilen für Zeugen oder Angeklagte).[314] Während für den Verzicht die Befreiung des Angeklagten von der Anwesenheitspflicht aufgrund einer Verhältnismäßigkeitsabwägung maßgeblich ist, will die Verhandlung ohne den Angeklagten in den übrigen Kategorien die Funktionsfähigkeit des Strafverfahrens sichern, die durch ein strikt angewandtes Anwesenheitsprinzip bedroht wäre.[315] Bei den Fällen des Verzichts ist die Beschränkung der Straferwartung charakteristisch.

Zum anderen erfolgt eine Systematisierung danach, ob die Anwesenheitspflicht aufgehoben oder nur gelockert ist. Im ersten Fall ist die Vertretung des nicht anwesenden Angeklagten möglich, aber nicht notwendig, da die Verhandlung auch

---

308 BGHSt 3, 190; 26, 90; *Geppert*, S. 158 f.; *Schroeder*, Rn. 217; *Hahn*, Abt. 1, S. 187.
309 *Hahn*, Abt. 1, S. 185 ff.; *Geyer*, S. 672; *Gollwitzer*, FS Tröndle, S. 461.
310 *Kühne*, Strafverfahren als Kommunikationsproblem, S. 17.
311 Weiterführend *Schroeder*, JZ 1985, 1031.
312 BGHSt 25, 318.
313 *Geppert*, S. 159; BGHSt 26, 90; BGH NJW 1977, 1928.
314 *Schroeder*, Rn. 226.
315 *Rieß*, ZStW 90 Beiheft, 199 f.

ohne Angeklagten und Verteidiger stattfindet (§ 234 StPO; § 329 Abs. 1 S. 1 i. V. m. § 234 StPO; § 329 Abs. 2 S. 1 StPO). Im zweiten Fall muß der Angeklagte die Anwesenheitspflicht zwar nicht persönlich erfüllen. Erscheint er aber nicht selbst und läßt sich auch nicht durch einen Verteidiger vertreten, knüpft das Gesetz daran eine Säumnisfolge (§ 411 Abs. 2 StPO; § 329 Abs. 1 i. V. m. § 411 Abs. 2 StPO; § 387 Abs. 1 StPO).

1. Außer Betracht bleibende Fälle

Die Verhandlung gegen den „nicht anwesenden" Angeklagten (auch „ohne den Angeklagten", „ohne Anwesenheit des Angeklagten" oder gegen den „ausgebliebenen Angeklagten") ist trotz der sprachlichen Umständlichkeit begrifflich zu trennen von dem Verfahren gegen den „*abwesenden* Angeklagten";[316] denn „abwesend" ist ein Beschuldigter nach der Legaldefinition des § 276 StPO nur, wenn sein Aufenthalt unbekannt ist oder er sich im Ausland aufhält und seine Gestellung undurchführbar oder unangemessen erscheint. Das Abwesenheitsverfahren nach §§ 276 ff. StPO ist für diese Untersuchung nicht relevant, da nach Aufhebung der §§ 276 Abs. 2, 277-284 StPO a. F. durch Art. 21 Nr. 74 f. EGStGB eine Hauptverhandlung gegen einen Abwesenden und daher auch eine Vernehmung nach § 243 Abs. 4 S. 2 StPO nicht mehr stattfinden (§ 285 Abs. 1 S. 1 StPO; vgl. § 205 StPO).[317]

Außer Betracht bleibt zudem der Ausschluß des Angeklagten bei einzelnen Beweisaufnahmeakten in der Hauptverhandlung nach § 247 StPO, da für den nach § 247 StPO zeitweise ausgebliebenen Angeklagten die Vertretungsregelung des § 234 StPO nicht gilt.[318] Dies ergibt sich aus dem Wortlaut des § 234 StPO, der von einem gänzlichen Ausbleiben ausgeht, und der systematischen Stellung im Gesetz mehrere Paragraphen vor § 247 StPO. Zudem besteht beim nur zeitweise nicht anwesenden Angeklagten kein Bedürfnis für eine

---

[316] *Eb. Schmidt* II, § 234, Rn. 1; SK-*Schlüchter*, § 234, Rn. 2; KK-*Engelhardt*, § 276, Rn. 2; *Gollwitzer*, FS Tröndle, S. 458; unzutreffend daher *Park*, StV 1998, 60 und StV 2001, 594, der von dem Verhandeln gegen den nicht anwesenden Angeklagten als „gesetzlich geregeltem Abwesenheitsverfahren" spricht; ebenso mißverständlich *Eisenberg/Pincus*, JZ 2003, 402.

[317] Weiterführend *Schroeder*, Rn. 222, 164; zum erledigten Streit, ob der Verteidiger zur Abgabe von Sacherklärungen nach § 281 StPO a. F. berechtigt war: *Spendel*, JZ 1959, 640, Rn. 37 m. w. N.; *Eb. Schmidt* II, § 281, Rn. 1-6.

[318] RGSt 18, 140 f.; *Strate*, NJW 1979, 910; SK-*Schlüchter*, § 234, Rn. 2; vgl. KK-*Tolksdorf*, § 234a, Rn. 2.

Vertretung, da ihm nach Wiedererscheinen alles, was in seiner Abwesenheit verhandelt wurde, mitzuteilen ist (§ 247 S. 4 StPO) und er dazu selbst sachlich Stellung nehmen kann.[319]

Eine Vertretung des Angeklagten scheidet ferner im Fall des § 231c StPO aus, da die Beurlaubung von der Anwesenheitspflicht auf Antrag nur für Verhandlungsteile einer gegen mehre Angeklagte stattfindenden Hauptverhandlung erfolgt, von denen der Antragsteller nicht einmal mittelbar betroffen ist (§ 231c S. 1 a. E. StPO).[320]

Keine Rolle spielt schließlich die Möglichkeit des Angeklagten, sich in der Revisionsverhandlung durch den Verteidiger vertreten zu lassen (§ 350 Abs. 2 S. 1 StPO). Eine Einlassung zur Sache ist in der Revisionsinstanz nicht möglich, da weder eine Neuverhandlung der Sache, noch eine Wiederholung der Beweisaufnahme wie bei der Berufung (§ 324 Abs. 2 StPO) stattfindet. Das Revisionsgericht prüft das Urteil ausschließlich auf Rechtsfehler (§ 337 StPO).

2. Fälle des § 234 StPO

In folgenden Fällen erlaubt § 234 StPO eine Vertretung durch den Verteidiger, ohne daß diese für die Verhandlung ohne Angeklagten erforderlich wäre.

a) § 232 StPO i. V. m. § 234 StPO

Bei *kleineren Straftaten* (Bagatellsachen) kann zur Vereinfachung des Strafverfahrens ohne den Angeklagten verhandelt werden, wenn er ordnungsgemäß geladen und auf die Möglichkeit der Abwesenheitsverhandlung hingewiesen wurde (§ 232 Abs. 1 StPO). Maximalstrafe ist eine Geldstrafe von 180 Tagessätzen; Freiheitsstrafe darf nicht verhängt werden.[321] Hierbei handelt es sich um ein Ungehorsamsverfahren, d. h. eine Verhandlung gegen den nicht anwesenden

[319] RGSt 18, 140. Eine ergänzende Befragung ist zulässig: BGHSt 22, 296; BGH NJW 1985, 1478.

[320] Vgl. KK-*Tolksdorf*, § 234a, Rn. 2.

[321] Zur Entwicklung dieser ursprünglich auf Vergehen sowie Geldstrafe oder Freiheitsstrafe bis zu 6 Wochen beschränkten Vorschrift, die u. a. mit § 232 StPO zusammengefaßt und wieder getrennt wurde, SK-*Schlüchter*, § 232, Rn. 1; *Eb. Schmidt* II, § 232, Rn. 1.

Angeklagten ist nach h. M. aufgrund eigenen Verschuldens des Angeklagten möglich.[322]

b) § 233 StPO i. V. m. § 234 StPO

Bei *etwas schwereren Straftaten* (Straftaten von geringer Bedeutung) kann das Gericht den Angeklagten auf Antrag, d. h. aufgrund Verzichts auf das Anwesenheitsrecht, durch Beschluß von der Anwesenheitspflicht entbinden (§ 233 StPO). Voraussetzung ist die vorherige Vernehmung des Angeklagten über die Anklage durch einen beauftragten oder ersuchten Richter als vorweggenommener Teil der Hauptverhandlung (§ 233 Abs. 2 S. 1 StPO).[323] Höchstmögliche Strafe ist eine Freiheitsstrafe von sechs Monaten[324]; Entzug der Fahrerlaubnis ist möglich. Wie bei § 232 StPO ist die Überschreitung der Höchststrafe Revisionsgrund (§ 338 Nr. 5 StPO).[325]

c) § 231 Abs. 2 StPO i. V. m. § 234 StPO

Nach § 231 Abs. 2 StPO kann ohne den Angeklagten, der eigenmächtig, d. h. ohne Rechtfertigungs- oder Entschuldigungsgrund, und wissentlich seine Anwesenheitspflicht verletzt, verhandelt werden, wenn er über die Anklage schon vernommen war und das Gericht seine weitere Anwesenheit nicht für erforderlich hält. § 231 Abs. 2 StPO schützt vor verfahrenslähmender und -verzögernder Manipulation. Er gestattet die Verhandlung ohne den Angeklagten wegen eigenen Verschuldens.

d) § 231a StPO i. V. m. § 234 StPO

Eine Verhandlung ohne den Angeklagten ist nach § 231a Abs. 1 S. 1 Alt. 1 StPO[326] aufgrund eigenen Verschuldens möglich, wenn sich der Angeklagte vorsätzlich und schuldhaft in einen die Verhandlungsfähigkeit ausschließenden

---

322 *Schroeder*, Rn. 226; *Eb. Schmidt* II, § 232, Rn. 1; KK-*Tolksdorf*, § 232, Rn. 1; SK-*Schlüchter*, § 232, Rn. 1; a. A.: *Rieß*, ZStW 90 Beiheft, S. 175; KMR-*Paulus*, § 232, Rn. 2 (Verzicht).

323 BGHSt 25, 42.

324 Zur historischen Entwicklung SK-*Schlüchter*, § 233, Rn. 1; *Eb. Schmidt* II, § 233, Rn. 1.

325 *Schroeder*, Rn. 218; a. A. OLG Hamm JR 1978, 120.

326 Zum politischen Hintergrund dieser Vorschrift *Schroeder*, Rn. 219.

Zustand versetzt und dadurch wissentlich die ordnungsgemäße Durchführung der Hauptverhandlung in seiner Gegenwart verhindert. Voraussetzung ist, daß der Angeklagte Gelegenheit hatte, sich vor dem Gericht oder einem beauftragten Richter zu äußern (§ 231a Abs. 1 S. 2 StPO). Nach der Rechtsprechung genügt bezüglich der Versetzung in einen verhandlungsunfähigen Zustand bedingter Vorsatz.[327] § 231a StPO stellt eine Ergänzung und Weiterentwicklung des § 231 Abs. 2 StPO dar:[328] § 231a StPO ist eine Mußbestimmung für das Stadium bis zum vollständigen Abschluß der Vernehmung, ab dem eine Verhandlung ohne den Angeklagten nur noch nach § 231 Abs. 2 StPO möglich ist.

e) § 231 b StPO i. V. m. § 234 StPO

Das Gericht kann gegen einen Angeklagten weiter verhandeln, der wegen ordnungswidrigen Benehmens nach § 177 GVG, d. h. eigenen Verschuldens, und der Befürchtung schwerwiegender Beeinträchtigung des Ablaufs der Hauptverhandlung durch die Anwesenheit des Angeklagten entfernt wurde.

3. Privatklage (§ 387 Abs. 1 StPO)

In der Hauptverhandlung nach Privatklage besteht für den Angeklagten eine Anwesenheitspflicht. Der Angeklagte hat aber die Möglichkeit, sich durch einen mit schriftlicher Vollmacht bevollmächtigten Rechtsanwalt vertreten zu lassen (§ 387 Abs. 1 StPO). Berücksichtigt man, daß 2003 bundesweit nur 0,09 % (823)[329] aller Verfahren vor den Amtsgerichten durch Privatklage eingeleitet wurden[330] und davon in nur 25,39 % (209) eine Hauptverhandlung stattfand, ist diese Vertretungsmöglichkeit von geringer Relevanz.[331] Aufgrund des Wortlauts des § 387 Abs. 1 StPO wird die Vertretung durch Hochschullehrer (§ 138 Abs. 1 StPO) oder Personen nach § 138 Abs. 2 StPO für unzulässig erachtet.[332] Jedoch ist auch der Hochschullehrer als Verteidiger und Vertreter des Angeklagten

---

327 BGHSt 26, 240; *Schlüchter*, Rn. 444, Fn. 87; a. A.: zutreffend *Schroeder*, Rn. 219, der unter Verweis auf die Gesetzesbegründung dolus directus fordert; *Rieß*, JZ 1975, 269; *Roxin*, § 42 F II 3b.

328 *Rieß*, JZ 1975, 269.

329 Die Zahlen in Klammern stellen die entsprechenden absoluten Zahlen dar.

330 Statistisches Bundesamt, Rechtspflege 2003, Fachserie 10 / Reihe 2.3, S. 14, 18.

331 Statistisches Bundesamt, Rechtspflege 2003, Fachserie 10 / Reihe 2.3, S. 26.

332 *Meyer-Goßner*, § 387, Rn. 2; KK-*Senge*, § 387, Rn. 4; HK-*Kurth*, § 387, Rn. 2; OLG Hamburg, MDR 1966, 256.

zuzulassen, da kein sachlicher Grund besteht, dem Angeklagten die Wahlmöglichkeit, die er im Offizialverfahren hat, vorzuenthalten.[333] Ist der Angeklagte weder erschienen, noch wirksam vertreten, so darf gegen ihn nur verhandelt werden, wenn die Voraussetzungen des § 232 Abs. 1 S. 2 StPO vorliegen oder er nach § 233 StPO von der Anwesenheitspflicht entbunden ist, da die §§ 230 - 233 StPO auch im Privatklageverfahren gelten (§ 384 Abs. 1 S. 1 StPO). Gegen den ausbleibenden Angeklagten kann nur ein Vorführungsbefehl erlassen werden (§ 387 Abs. 3 StPO). Nach § 387 Abs. 3 StPO kann das Gericht das persönliche Erscheinen des Angeklagten entsprechend § 236 StPO anordnen. Ist der Angeklagte Berufungsführer, hat das Ausbleiben die Folge des § 329 StPO.

4. Einspruchsverfahren nach Strafbefehl (§ 411 Abs. 2 StPO)

Größte Relevanz hat das Verfahren nach Einspruch gegen einen Strafbefehl. Nach § 411 Abs. 2 S. 1 StPO kann der Angeklagte in der Hauptverhandlung entweder selbst erscheinen oder sich durch einen mit schriftlicher Vollmacht versehenen Verteidiger vertreten lassen. Bleibt er selbst aus und läßt sich auch nicht vertreten, so wird sein Einspruch ohne Verhandlung zur Sache durch ein prozessuales Formalurteil verworfen (§§ 412 Abs. 1, 329 Abs. 1 S. 1 StPO); dabei handelt sich um den im Strafprozeß seltenen Fall eines Versäumnisurteils.[334] Es besteht also eine Anwesenheitspflicht, die der Angeklagte aber nicht persönlich erfüllen muß. Zweck des § 411 Abs. 2 StPO ist insoweit aber nur eine Entbindung von der Anwesenheitspflicht, nicht die Beschneidung des Anwesenheitsrechts.[335] §§ 411 f. StPO sind auch anwendbar, wenn der Strafbefehl nach § 408a StPO erlassen wurde, nicht aber im Falle einer nach § 408 Abs. 3 S. 2 StPO eingeleiteten Hauptverhandlung.[336]

Die Vertretungsregelung des § 411 Abs. 2 StPO gilt für das gesamte weitere Verfahren, so daß auch im Berufungsverfahren die Vertretung durch einen Verteidiger die Verwerfung nach § 329 Abs. 1 StPO verhindert.[337] Während die §§ 411 Abs. 2, 412 Abs. 1 StPO den § 232 StPO als Sonderregeln verdrängen, ist § 233 StPO auch im Einspruchsverfahren anwendbar. Das Gericht kann das

---

[333] *Rieß*, ZStW 90 Beiheft, 203 Fn. 97; *Schlüchter*, Rn. 819 Fn. 38; LR-*Hilger*, § 387, Rn. 19 ff.
[334] *Schroeder*, Rn. 221.
[335] Vgl. OLG Karlsruhe, StV 1986, 288; KK-*Fischer*, § 411, Rn. 14.
[336] LR-*Gössel*, § 411, Rn. 1; § 412, Rn. 3; BayObLGSt 22, 49.
[337] LR-*Gössel*, § 411, Rn. 35 m. w. N.

persönliche Erscheinen des Angeklagten nach § 236 StPO anordnen, da kein Grund ersichtlich ist, weshalb diese Befugnis entfallen sollte, wenn der Hauptverhandlung ein Strafbefehl vorausgegangen ist.[338]

Das Strafbefehlsverfahren dient der Verfahrensökonomie. 2003 wurden von den 4.766.070 von den Staatsanwaltschaften bundesweit erledigten Verfahren 26,72 % (1.273.673) nach § 170 Abs. 2 StPO eingestellt, 12,66 % (603.399) durch Antrag auf Erlaß eines Strafbefehls erledigt und 12,03 % (573.345) angeklagt.[339] Zwar ist ein kontinuierlicher Anstieg der Ermittlungsverfahren festzustellen. Die Anzahl der Strafbefehlsanträge ist aber über die Jahre bezeichnend zurückgegangen.[340] Nicht einmal in einem Drittel aller Fälle legt der Beschuldigte Einspruch ein: Von den 2003 vor den Amtsgerichten erledigten Verfahren wurden 170.630 (19,42 %) durch Einspruch gegen den Strafbefehl eingeleitet.[341] Bei zulässigem Einspruch wird Termin zur Hauptverhandlung anberaumt (§ 411 Abs. 1 S. 2 StPO), der Strafbefehl übernimmt die Funktion des Eröffnungsbeschlusses,[342] und das Strafbefehlsverfahren geht – mit vereinfachter Beweisaufnahme (§§ 411 Abs. 2 S. 2, 420 StPO) und der Besonderheit der §§ 411 Abs. 3, 303 StPO – in das normale Verfahren über. Die Verhandlung gewährt dem Angeklagten rechtliches Gehör (§ 411 Abs. 1 StPO).[343]

Durch den Strafbefehl können eine Geldstrafe von bis zu 360 Tagessätzen (§ 407 Abs. 2 S. 1 Nr. 1 StPO), gegen einen verteidigten Angeklagten Freiheitsstrafe von bis zu einem Jahr auf Bewährung (§ 407 Abs. 2 S. 2 StPO) festgesetzt werden.[344] Da § 411 Abs. 4 StPO die reformatio in peius erlaubt, sind im Einspruchsverfahren auch Freiheitsstrafen ohne Aussetzung zur Bewährung bis zu vier Jahren (§ 24 Abs. 2 GVG) denkbar.[345] Der Grundsatz des fairen Verfahrens macht hier jedoch einen Hinweis an den Angeklagten erforderlich,

---

[338] BGHSt 9, 356; LR-*Gössel*, § 411, Rn. 5; LR-*Gollwitzer*, § 236, Rn. 5; *Rieß*, ZStW 90 Beiheft, 202.

[339] *Statistisches Bundesamt*, Rechtspflege 2003, Fachserie 10/Reihe 1, S. 37.

[340] LR-*Gössel*, Vor § 407, Rn. 16.

[341] *Statistisches Bundesamt*, Rechtspflege 2003, Fachserie 10/Reihe 1, S. 38.

[342] BGHSt 23, 330; *Schroeder*, Rn. 194.

[343] Vgl. aber EGMB, NJW 1993, 717 f., der rechtsstaatliche Bedenken gegen das Strafbefehlsverfahren wegen des Mangels rechtlichen Gehörs äußert (Art. 6 Abs. 1 EMRK).

[344] Der Vorschlag der 76. Justizministerkonferenz im Beschluß zur Großen Justizreform, das Strafbefehlsverfahren auf eine Freiheitsstrafe von zwei Jahren mit Strafaussetzung zur Bewährung zu erweitern, wird von der BRAK zu Recht abgelehnt, BRAK-Papier zur Großen Justizreform, S. 22.

[345] *Meyer-Goßner*, § 411, Rn. 11; *Rieß*, ZStW 90 Beiheft, 202.

soweit nicht schon § 244 Abs. 2 StPO die Anordnung des persönlichen Erscheinens gebietet.[346]

5. Berufungsverhandlung (§ 329 Abs. 1 S. 1 StPO)

Ein Verhandeln ohne den Angeklagten ist in der Berufungsverhandlung möglich, wenn ein „Vertreter des Angeklagten erschienen (ist)" (§ 329 Abs. 1 S. 1 StPO). Die Voraussetzungen für die Vertretung ergeben sich nicht aus § 329 StPO, sondern § 329 StPO i. V. m. § 332 StPO setzt die Zulässigkeit der Vertretung nach anderen Vorschriften wie § 234 StPO oder § 411 Abs. 2 S. 1 StPO voraus.[347] Die Säumnis des nicht von der Anwesenheitspflicht nach § 233 StPO befreiten und nicht vertretenen Angeklagten stellt eine Verwirkung des Rechts auf Berufung dar,[348] so daß das Berufungsgericht die Berufung verwirft (§ 329 Abs. 1 S. 1 StPO). Eine Ausnahme gilt nach einer Zurückverweisung durch das Revisionsgericht (§ 329 Abs. 1 S. 2 StPO). Diese Sanktionierung eines Verstoßes gegen die Anwesenheitspflicht durch Verlust des Rechtsmittels[349] stellt wie die Verwerfung nach §§ 412 Abs. 1, 329 Abs. 1 S. 1 StPO eine Besonderheit im deutschen Strafprozeß dar.[350]

Bei Berufung der Staatsanwaltschaft oder des Nebenklägers kann dagegen ohne den unentschuldigt ausgebliebenen Angeklagten verhandelt werden (§ 329 Abs. 2 StPO). Das Anwesenheitsprinzip wird hier zum bloßen Anwesenheitsrecht des Angeklagten reduziert.[351] Die Anordnung des persönlichen Erscheinens und dessen Erzwingung durch Haft- oder Vorführungsbefehl bleiben aber zulässig (§ 329 Abs. 4 StPO).

---

[346] *Meyer-Goßner*, § 411, Rn. 11; a. A. *Rieß*, ZStW 90 Beiheft, 203, der eine teleologische Reduktion auf die Strafgrenzen der §§ 232, 233 StPO fordert, wenn der Angeklagte selbst nicht anwesend ist.

[347] *Roxin*, § 52, Rn. 22; *Pfeiffer*, § 329, Rn. 5.

[348] Ausführlich *Schroeder*, NJW 1973, 308 f. m. w. N.; BGHSt 27, 236, 239; LR-*Gössel*, § 329, Rn. 77; a. A. *Meyer-Goßner*, § 329 Rn. 2 (Verzicht).

[349] *Schroeder*, NJW 1973, 308.

[350] *Schroeder*, in: Zweites deutsch-sowjetisches Kolloquium, S. 335.

[351] *Rieß*, ZStW 90 Beiheft, 204.

6. Praktische Relevanz

Der angesichts des optischen Übergewichts der die Verhandlung ohne den Angeklagten regelnden Vorschriften entstehende Eindruck, das Verhandeln gegen den nicht anwesenden Angeklagten sei eine alltägliche Erscheinung, ist unrichtig.[352] Von den 625.858 im Jahr 2003 bundesweit vor den Amtsgerichten erledigten Verfahren, in denen überhaupt eine Hauptverhandlung stattfand, erfolgte in nur 6,55 % (41.002) der Fälle eine Hauptverhandlung ohne Anwesenheit des Angeklagten.[353] Bei den im Jahr 2003 von den Landgerichten erstinstanzlich erledigten Verfahren mit Hauptverhandlung waren es nur 0,01 % (110),[354] bei den erledigten Verfahren in der Berufungsinstanz mit Hauptverhandlung immerhin 10,36 % (4333).[355] Im Vergleich zu den von *Rieß* vorgelegten Zahlen von 1975[356] ist ein zunehmender Anteil an Hauptverhandlungen ohne den Angeklagten vor dem Amtsgericht und dem Landgericht als Berufungsgericht sowie ein stark gesunkener Anteil beim Landgericht in erster Instanz festzustellen.

Aber selbst wenn die Verhandlung ohne den Angeklagten stattfindet, ist das Bedürfnis, für den Angeklagten Erklärungen zur Sache abzugeben, gering:

Zum ersten sehen die §§ 231 Abs. 2, 231a Abs. 1 S. 2, 231b Abs. 1 S. 2 und 233 Abs. 2 StPO zwingend eine vorherige Vernehmung des Angeklagten vor. Vernehmung bedeutet in allen Fällen nur, daß dem Angeklagten Gelegenheit gegeben werden muß, sich zur Anklage zu äußern, nicht aber daß er tatsächlich Angaben machen muß. Dies ergibt sich aus § 136 StPO, der von Vernehmung spricht, auch wenn der Beschuldigte schweigt. Zugleich bedarf es einer erneuten Vernehmung, wenn der Angeklagte zu erkennen gibt, daß er seine Angaben ergänzen will.[357] Es verbleiben damit nur die Bagatellsachen des § 232 StPO, denn § 232 Abs. 3 StPO besagt nur, daß das entsprechende Protokoll zu verlesen ist, falls eine Vernehmung erfolgt, und die Fälle des Strafbefehlsverfahrens (§ 411 Abs. 2 StPO), in denen noch nicht die Möglichkeit einer Äußerung durch den Angeklagten selbst bestand.

---

352 So schon *Rieß*, ZStW 90 Beiheft, 176 f.

353 *Statistisches Bundesamt*, Rechtspflege 2003, Fachserie 10 / Reihe 2.3, S. 26.

354 *Statistisches Bundesamt*, Rechtspflege 2003, Fachserie 10 / Reihe 2.3, S. 60.

355 *Statistisches Bundesamt*, Rechtspflege 2003, Fachserie 10 / Reihe 2.3, S. 80.

356 *Rieß*, ZStW 90 Beiheft, 178.

357 LR-*Gollwitzer*, § 233, Rn. 19; *Meyer-Goßner*, § 233, Rn. 16; SK-*Schlüchter*, § 233, Rn. 15, 26; BayObLGSt 56, 20.

Zum zweiten gebietet die Instruktionsmaxime (§ 244 Abs. 2 StPO) häufig die Anordnung des persönlichen Erscheinens des Angeklagten nach § 236 StPO oder dessen kommissarische Einvernahme. § 236 StPO erlaubt dem Gericht zur optimalen Aufklärung die Anwesenheit des Angeklagten anzuordnen, selbst wenn eine Verhandlung in seiner Abwesenheit möglich wäre.[358] Dies betrifft vor allem Fälle unklarer Beweislage, da dann der Angeklagte häufig selbst als unmittelbares und daher besseres Beweismittel an Stelle des Verteidigers zu hören ist.[359]

II. Zulässigkeit

Die o. g. Vorschriften ermächtigen den Verteidiger, der grundsätzlich nur als Beistand aus eigenem Recht und in eigenem Namen neben dem Angeklagten handelt, ausnahmsweise zur Vertretung des nicht anwesenden Angeklagten. Die Begriffe Verteidigung und Vertretung sind voneinander zu trennen,[360] wie § 387 Abs. 1 StPO deutlich macht. Weder ist der Verteidiger ohne weiteres Vertreter, noch ist die Vertretung des Beschuldigten im Strafverfahren ein Vorbehaltsrecht der Verteidigung, wie sich aus §§ 116a Abs. 3, 286 S. 2 StPO ergibt.[361]

Ausgehend von der Doppelstellung des Angeklagten als Prozeßsubjekt und Beweismittel haben wir unterschieden zwischen Verfahrenserklärungen, die der Angeklagte als bloßes Prozeßsubjekt abgibt, und Erklärungen zur Sache, durch die er sich zusätzlich zum Beweismittel gegen sich selbst macht.

Bezüglich der Verfahrenserklärungen besteht Einigkeit, daß der Verteidiger über seine eigenen Befugnisse als Beistand hinausgehend den Anklagten in seiner Eigenschaft als *Prozeßsubjekt* im Willen und der Erklärung vertreten, also *Verfahrenserklärungen* abgeben und auch empfangen (Passivvertretung) darf.[362] Hiergegen bestehen keine Bedenken, da es keinen Unterschied macht, ob der Verteidiger oder der Angeklagte selbst sie abgeben. Die Zulässigkeit läßt sich

---

358 KK-*Tolksdorf*, § 236, Rn. 1; LR-*Gollwitzer*, § 236, Rn. 1.

359 KK-*Tolksdorf*, § 236, Rn. 1, 3; SK-*Schlüchter*, § 236, Rn. 1.

360 RGSt 66, 209; BGHSt 9, 357; 12, 367.

361 RGSt 66, 211; *Schorn*, JR 1966, 8.

362 *Löwe*, § 136, Anm. 7a; *Fezer*, JR 1980, 84; SK-*Schlüchter*, § 234, Rn. 11; AK-*Keller*, § 234, Rn. 3; *Meyer-Goßner*, § 234, Rn. 9; LR-*Gollwitzer*, § 234, Rn. 11, 12; *Weber*, S. 53 ff., 70 f.; RGSt 1, 198; 66, 211; BGHSt 12, 369 f.; s. auch *Schroeder/Meindl*, F. 12, Rn. 14 ff.

auch aus §§ 234a, 258 Abs. 3 StPO und vor allem § 297 StPO entnehmen. Der Wortlaut von § 297 StPO ist nur vor dem Hintergrund einer allgemeinen ungeschriebenen Regel sinnvoll, die den Verteidiger als berechtigt ansieht, generell die prozessualen Rechte des Beschuldigten unabhängig von dessen Willen wahrzunehmen.[363]

Streitig ist dagegen, ob die im Gesetz vorgesehene Vertretung auch die des Angeklagten als *persönliches Beweismittel* erfaßt, der Verteidiger also auch *Erklärungen zur Sache* mit Wirkung für den nicht anwesenden Angeklagten abgeben darf.

1. Vertretung

Die ganz überwiegende Meinung in Literatur[364] und Rechtsprechung[365] spricht sich für die Zulässigkeit der Vertretung auch bei Erklärungen zur Sache aus (sog. Vertretungslösung)[366].

a) Für die Zulässigkeit sprechen folgende Überlegungen:

Maßgebend für die Auslegung einer Gesetzesbestimmung ist der in der Norm zum Ausdruck kommende objektivierte Wille des Gesetzgebers, wie er sich aus dem Wortlaut der Vorschriften und dem Sinnzusammenhang ergibt.[367] Die

---

[363] *Rieß*, NJW 1977, 883.

[364] AK-*Stern*, Vorbem. § 137, Rn. 31; AK-*Keller*, § 234, Rn. 4; *Burhoff*, Hauptverhandlung, Rn. 1041; *Eisenberg/Pincus*, JZ 2003, 403; *Eisenberg*, Rn. 833; *Fezer*, F. 11 Rn. 88; HK-*Julius*, § 234a, Rn. 3; *Meyer-Mews*, JR 2003, 362; *Meyer-Goßner*, § 234, Rn. 10, § 411, Rn. 6; *Park*, StV 1998, 60; *ders.*, StV 2001, 594; KMR-*Paulus*, § 234, Rn. 12, 15; KK-*Tolksdorff*, § 243, Rn. 45, § 234, Rn. 6; LR-*Dünnebier*, 23. Aufl., Vor § 137, Rn. 5; LR-*Gollwitzer*, § 234, Rn. 11, 16; *Pfeiffer*, § 234, Rn. 1, § 243, Rn. 11; *Schäfer*, FS Dahs, S. 451; *Schlothauer*, Rn. 77e; *Eb. Schmidt* II, § 234, Rn. 4; *Schorn*, JR 1965, 376; *ders.*, JR 1966, 9; SK-*Wohlers*, Vor § 137, Rn. 55; *Dahs*, Rechtliches Gehör, S. 55 Fn. 2; *Spendel*, JZ 1959, 739 f. (der entgegen der Ansicht *Gepperts*, FS Rudolphi, S. 656 Fn. 57 jedenfalls die Abgabe von Geständnissen des Verteidigers für den nicht anwesenden Angeklagten zuläßt, sofern dieses nicht mit einer vorausgegangenen Vernehmung in Widerspruch steht).

[365] OLG Hamm JMBl NRW 1964, 214 (a. A. OLG Hamm JMBl NRW 1953, 276); KG Berlin VRS 33, 448; BayObLGSt 1955, 186; BayObLGSt 1970, 231 = VRS 40, 271; BayObLGSt 1974, 36 = VRS 47, 115; BayOblGSt 1981, 11; BayObLGSt 1982, 156 f.= VRS 64, 134 = NJW 1983, 896 = MDR 1983, 429; BayObLG VRS 91, 47.

[366] Diese Begrifflichkeit verwendet *Geppert*, FS Rudolphi, S. 656.

[367] BVerfGE 1, 312; 11, 132; 105, 157.

grammatikalische Auslegung der Vorschriften, die von Vertretung sprechen, läßt offen, ob auch eine Vertretung bei der Abgabe von Einlassungen zur Sache zulässig ist. Allgemein wird unter dem Rechtsbegriff der Vertretung, so z. B. im BGB, in der ZPO sowie der VwGO (§§ 67, 173 VwGO i. V. m. §§ 78 f. ZPO), die Abgabe einer eigenen Erklärung des Vertreters mit Wirkung für und gegen den Vertretenen, also die Vertretung *im Willen* verstanden. Da keine gesetzliche Definition der Vertretung vorliegt, ist dieses Verständnis auf die StPO zu übertragen.[368] Allerdings besagt dies noch nichts über die Zulässigkeit der Vertretung in der Sacherklärung. Auch daß der Gesetzgeber die Möglichkeit kennt, daß der Verteidiger „für" den Angeklagten spricht, wie § 258 Abs. 3 StPO belegt, hilft nicht weiter.

Für die Zulässigkeit der Vertretung auch bei der Sacherklärung sprechen aber die Motive zum heutigen § 234 StPO, nach denen „es in dem Wesen der ... Vertretung liegt, daß die Erklärungen des Vertreters als Erklärungen des Angeklagten selbst behandelt werden müssen, und zwar auch insoweit, als sie Zugeständnisse enthalten".[369] Zugeständnisse seien nichts anderes als Geständnisse, und was für Geständnisse gelte, müsse, da die StPO keine Sonderstellung von Geständnissen bei der Einlassung kennt, auch für jede andere Erklärung zur Sache gelten.[370]

Als weiteres Argument wird angeführt, das Verfahren bei Strafsachen mit geringerer Straferwartung würde in ungerechtfertigter Weise eingeengt, wenn die Vertretung bei der Sacherklärung unzulässig wäre.[371] Bei Fehlen hinreichend anderer Beweismittel könnte die Hauptverhandlung ohne vorherige richterliche Vernehmung nicht durchgeführt werden. Sinn der Verfahren ohne den Angeklagten sei es aber gerade, eine funktionsfähige Rechtspflege zu gewährleisten.

Schließlich wird vorgebracht, eine Unterscheidung zwischen Prozeßsubjekt und Beweismittel sei nur eingeschränkt durchsetzbar, da die Übergänge fließend seien, so daß Äußerungen des Angeklagten untrennbar Beweismittel und Mittel der Prozeßführung zugleich seien.[372] Dies rechtfertige eine andere Sicht der

---

[368] *Weber*, S. 76 ff.; *Eb. Schmidt* II, § 234, Rn. 4; BGHSt 9, 357.
[369] *Hahn*, Abt. 1, S. 188.
[370] OLG Hamm JMBl NRW 1964, 214.
[371] OLG Hamm JBMl NRW 1964, 214.
[372] *Eisenberg/Pincus*, JZ 2003, 403; LR-*Gollwitzer*, § 243, Rn. 16.

Zulässigkeit als bei der Zeugenaussage, die ausschließlich Beweismittel sei und bei der eine Vertretung unstreitig ausgeschlossen ist.[373]

b) Allerdings begegnet die Vertretungslösung in mehrfacher Hinsicht Bedenken.

Eine Mindermeinung erachtet daher die Vertretung in der Erklärung zur Sache als unzulässig.[374]

Zunächst wird angeführt, der Schluß aus den Motiven sei unzulässig oder jedenfalls nicht zwingend.[375] Denn die Motive würden den Begriff „Zugeständnis" nicht als Synonym für „Geständnis" verwenden, sondern damit nur ausdrücken, daß die Vertretung bei *prozessualen* Erklärungen mit nachteiliger Wirkung für den Angeklagten, wie z. B. beim Einverständnis nach § 245 Abs. 1 S. 2 StPO, zulässig sei. Diese Auslegung der Motive erscheint jedoch rabulistisch. Der Wortsinn legt nahe, daß unter Zugeständnissen vielmehr verfahrensrechtliche wie auch materielle Geständnisse zu fassen sind.[376] Etwas anderes ergibt sich auch nicht aus dem Argument *Webers*, daß die StPO kein der *guilty plea* im angloamerikanischen Strafprozeß entsprechendes dispositives Geständnis kennt.[377] In der StPO wird der Terminus „Geständnis" ungeachtet dessen sehr wohl eigenständig verwendet (§ 254 StPO).

Gegen die Ansicht, daß der Begriff die Vertretung auch die Vertretung in der Sacherklärung erfaßt, könnte zudem die Verwendung des Begriffs der Vertretung in § 350 Abs. 2 S. 1 StPO sprechen. In der Revisionsverhandlung, in der die Entscheidung nur auf Rechtsfehler geprüft wird, ist schon eine Einlassung und daher erst recht eine Vertretung darin nicht möglich. Dieser Einwand greift aber nicht, da es sich hierbei um einen unzulässigen Schluß von einer Ausnahme auf die Regel handelt. Im übrigen sind auch in der Revision

---

[373] LR-*Gollwitzer*, § 234, Rn. 16.

[374] OLG Hamm JMBl NRW 1953, 276; OLG Hamm, Urt. v. 01.04.1955 – 3 Ss 121/55; *Beling*, S. 310, 181; *von Kries*, S. 233; *Glaser* I, S. 624 f., II S. 225, 246; *Spendel*, JZ 1959, 737; *Weber*, S. 75 ff., 110 ff.; *Geppert*, FS Rudolphi, S. 657; SK-*Schlüchter*, § 234, Rn. 10; *dies.*, Rn. 467 S. 480; zw. *Fezer*, JR 1980, 83 f. (anders aber *ders.*, F. 11, Rn. 88); *Michel*, MDR 1994, 468 hält eine Vertretung bei der Vernehmung nach § 243 Abs. 4 S. 2 StPO aufgrund der Höchstpersönlichkeit für unzulässig, äußert sich aber nicht, ob dies auch für das Verfahren gegen den nicht anwesenden Angeklagten gilt.

[375] *Glaser* I, S. 625; *von Kries*, S. 233 Fn. 3 (= S. 234): Motive seien „unrichtig"; *Beling*, S. 181; *Weber*, 74 f., 131 ff.

[376] Vgl. KK-*Tolksdorf*, § 234, Rn. 5; *Dencker*, ZStW 102, 54.

[377] *Weber*, S. 74 f.

Sacherklärungen des Angeklagten zu im Freibeweis zu klärenden Umständen denkbar.

Nicht überzeugend ist schließlich das für die Zulässigkeit der Vertretung in der Einlassung angeführte Argument, die Rolle des Angeklagten als Prozeßsubjekt und diejenige als Beweismittel könnten nicht voneinander getrennt werden. Zwar ist zutreffend, daß der Angeklagte, der sich zur Sache äußert, dies als Prozeßsubjekt tut und sich damit *zugleich* zum Beweismittel macht.[378] Dementsprechend ist jede Sacherklärung auch eine Prozeßerklärung. Wie oben gezeigt, ist eine Differenzierung aber durchaus möglich,[379] indem eine Vertretung stets dann ausscheidet, wenn der Angeklagte sich durch eine Erklärung *auch* zum Beweismittel macht, d. h. nicht ausschließlich als Prozeßsubjekt eine Prozeßerklärung abgibt.

Gegen die Vertretungslösung könnten überdies die beweisspezifischen Schwächen einer von einem Vertreter abgegebenen Einlassung sprechen. Wie bei der Aussage eines Zeugen vom Hörensagen muß das Gericht mit der Wiedergabe dessen, was der Verteidiger vom Angeklagten als unmittelbarer Auskunftsperson erfahren hat, Vorlieb nehmen. Derartige Mitteilungsketten bergen aber nicht nur die Gefahren unbewußter Sachverhaltsverfälschung.[380] Sie erschweren auch die Beweiswürdigung. Denn das Gericht muß nicht nur die Glaubwürdigkeit des Vertreters als faktisch mittelbare Auskunftsperson mitberücksichtigen, sondern auch durch dessen Brille die Wahrheitsliebe und -fähigkeit des Angeklagten beurteilen.[381] Daraus könnte man folgern, das Gebot der optimalen Wahrheitserforschung zwinge dazu, die Aussage des Angeklagten selbst zu hören. Zwar ist zuzugestehen, daß eine durch den Vertreter abgegebene Einlassung schlechtere Qualität hat. Dies macht es jedoch nicht notwendig, die Vertretung in der Sacherklärung grundsätzlich auszuschließen. Die geringere Beweisqualität wäre allenfalls ein Argument gegen die Zulässigkeit des

---

[378] Ebenso *Schlüchter*, Rn. 86, S. 95, nach der der Beschuldigte stets Prozeßsubjekt ist, auch wenn er sich durch Erklärung zur Sache zum Beweismittel macht; *Fezer*, JR 1980, 83, nach dem der Angeklagte bei der Einlassung als Prozeßsubjekt von seinem Grundrecht des Art. 103 Abs. 1 GG Gebrauch macht und „durch seine Worte ... gleichzeitig zum Beweismittel“ wird; ferner SK-*Rudolphi*, Vor § 133, Rn. 122; *Henkel*, S. 171 f.; *Kühne*, Rn. 401; *Peters*, S. 203.

[379] So auch *Weber*, S. 49 f.

[380] *Geppert*, Jura 1991, 539 in bezug auf den Zeugen vom Hörensagen.

[381] *Geppert*, Jura 1991, 539; *Seebode/Sydow*, JZ 1980, 509 ff. in bezug auf den Zeugen vom Hörensagen.

Verfahrens ohne den Angeklagten an sich, nicht aber gegen die Zulässigkeit der Vertretung in der Sacherklärung. Zugleich ließe ein solcher Schluß außer Acht, daß das Verfahren gegen den nicht anwesenden Angeklagten gerade für einfache Fälle geschaffen ist, in der die Beweislage klar ist, so daß die Aussage des Angeklagten für die Wahrheitsermittlung oft gar keine Bedeutung hat. Ist dies ausnahmsweise nicht der Fall, gebietet ohnehin die Instruktionsmaxime, das mit Zwangsmitteln durchsetzbare persönliche Erscheinen des Angeklagten anzuordnen. Überdies hat das Gericht die geringere Beweisqualität bei der Beweiswürdigung zu berücksichtigen.

Nicht zutreffend ist ferner der Einwand, die „Vertretung im Willen sei bei der Einlassung im Strafprozeß aufgrund des nemo-tenetur-Prinzips unzulässig, weil der Beschuldigte ein Schweigerecht habe und nicht verpflichtet sei, die Tätigkeit seines Verteidigers entsprechend § 85 I 2 ZPO zu überwachen ...“[382]. Das nemo-tenetur-Prinzip besagt nur, daß der Angeklagte nicht zu einer aktiven Aussage gezwungen werden darf, der Angeklagte also schweigen und zur Vermeidung eines mittelbaren Zwangs das Schweigen als solches nicht gegen ihn verwertet werden darf. Wenn der Angeklagte nun freiwillig seinen Verteidiger zur Vertretung in der Sache bevollmächtigt, kann von Zwang und einem Verstoß gegen das nemo-tenetur-Prinzip keine Rede sein.

Der zentrale Kritikpunkt an der Vertretungslösung ist vielmehr die Unzulässigkeit der Vertretung des Angeklagten als Beweismittel. Die Sacherklärung des Angeklagten ist wie die Aussage eines Zeugen eine Wissenserklärung mit Beweismittelcharakter, die von der Auskunftsperson nur *höchstpersönlich* abgegeben werden kann; eine Vertretung darin ist grundsätzlich unzulässig.[383] Dies ist nicht nur für die Zeugenaussage im Strafprozeß unbestritten,[384] sondern entspricht auch einem das Verfahrensrecht allgemein beherrschenden Grundsatz. So ist auch bei der Parteivernehmung im Zivilprozeß (§§ 451, 395 Abs. 1,

---

[382] *Park*, StV 1998, 60 Fn. 14.

[383] OLG Hamm JMBl NRW 1953, 276; *von Kries*, S. 233 („überhaupt undenkbar“); *Glaser* I, S. 624; *ders.* II, S. 246; *Fezer*, JR 1980, 83; *Peters*, S. 215; *Michel*, MDR 1994, 468; *Geppert*, FS Rudolphi, S. 656; inkonsequent KMR-*Paulus*, § 234, Rn. 11, 7, der eine Vertretung des Angeklagten in höchstpersönlichen Verfahrenserklärungen ausschließt, aber ohne Begründung die Zulässigkeit der Vertretung bei Abgabe von Sacherklärungen für den Angeklagten bejaht.

[384] *Fezer*, JR 1980, 83; *Michel*, MDR 1994, 468.

Abs. 2 S. 1, 396 ZPO) eine Vertretung durch den Prozeßbevollmächtigten ausgeschlossen.[385]

Unzutreffend ist indes die Gleichsetzung des Geständnisses nach § 58 S. 2 ZPO i. V. m. § 288 Abs. 1 ZPO mit der geständigen Einlassung des Angeklagten nach § 243 Abs. 4 S. 2 StPO, woraus in einem Erst-recht-Schluß die Zulässigkeit der Vertretung in der Sacheinlassung des Angeklagten hergeleitet wird.[386] Diese Ansicht verkennt den Unterschied zwischen dem im Zivilprozeß geltenden Beibringungsgrundsatz und der Instruktionsmaxime des Strafprozesses. Der Tatsachenvortrag und das Geständnis (§§ 288 Abs. 1, 138 Abs. 1 bis 3, 85 Abs. 1 S. 2 ZPO) im Zivilprozeß stellen keine Wissenserklärungen dar, die der richterlichen Beweiswürdigung unterliegen. Durch den Tatsachenvortrag legen die Parteien, denen die Disposition über den Streitgegenstand zusteht, überhaupt erst in für das Gericht rechtlich bindender Weise fest, worüber Beweis zu erheben ist. Bei einem Geständnis berücksichtigt das Zivilgericht die zugestandene Tatsache ungeprüft als wahr, ohne daß darüber eine Beweiserhebung erfolgt. Der Sacheinlassung des Angeklagten im Strafprozeß entspricht, wenn man diesen Vergleich schon vornehmen will, die Aussage bei der Parteivernehmung nach §§ 446 ff. ZPO, die, wie § 451 ZPO zeigt, wie auch der zivilprozessuale Zeugenbeweis Beweiserhebung über eine Wissenserklärung einer Auskunftsperson ist.[387]

2. *Vertretung nur in der Erklärung*

Die Problematik der Höchstpersönlichkeit versucht eine Mindermeinung zu lösen, indem sie als Spielform der Vertretungslösung nicht die Vertretung im Willen, sondern nur die *Vertretung in der Erklärung* für zulässig erachtet.[388] Ausführlich äußert sich hierzu insbesondere *Park.*

a) *Park* greift auf die Stellvertretungsregelungen der §§ 164 ff. BGB zurück, die wie sich aus § 85 ZPO ergebe, nicht nur auf zivilprozessuale Sachäußerungen,

[385] *Spendel*, JZ 1959, 739; *Weber*, S. 87; Stein/Jonas-*Bork*, Vor § 78 ZPO, Rn. 9.
[386] *Park*, StV 1998, 594.
[387] Thomas/Putzo-*Reichold*, Vorbemerkung § 445, Rn. 1 f.
[388] *Park*, StV 1998, 60 f.; *ders.*, StV 2001, 594 f.; *Schlothauer*, Rn. 77e; von einer Vertretung nur in der Erklärung spricht auch LR-*Gollwitzer*, § 243, Rn. 100; § 234, Rn. 16, ohne allerdings ausdrücklich auf die zivilrechtliche Theorie abzustellen.

sondern wegen der Einheit der Rechtsordnung auch auf strafprozessuale übertragbar seien. Im Zivilrecht sei bei höchstpersönlichen Willenserklärungen zwar nicht eine Vertretung im Willen, aber eine Vertretung *in der Erklärung* zulässig. Durch die Übertragung dieser Konstruktion auf die Einlassung des Angeklagten im Strafprozeß könnten die Bedenken beseitigt werden, die einer Vertretung durch den Verteidiger entgegenstehen. Dieser Ansatz wurde, was *Park* verschweigt, bereits erstmals 1982 von *Weber* diskutiert.[389]

b) Dieser Ansatz begegnet in mehrfacher Hinsicht Bedenken.

aa) So ist bereits das Institut der Vertretung nur in der Erklärung als solches fragwürdig.

Im Zivilrecht erkennt eine Mindermeinung den „Vertreter in der Erklärung" als dritte Kategorie zwischen Stellvertreter und Boten an. Eine Vertretung in der Erklärung liegt danach vor, wenn der Vertreter hinsichtlich des Erklärungsinhalts und der Modalitäten der Abgabe durch Weisungen des Vollmachtgebers so stark gebunden ist, daß er zwar den Vollmachtgeber bei der Erklärungsabgabe noch repräsentiert, aber zugleich wie ein Erklärungsbote wirkt.[390] Die Vertretung in der Erklärung hat ihren Ursprung im kanonischen Recht des Mittelalters, das eine Eheschließung durch Stellvertreter vorsah, und wurde von der Rechtsprechung aus rein praktischen Bedürfnissen in der Nachkriegszeit für die Willenserklärung bei Adoptionsverträgen, bei denen wegen § 1750 BGB a. F. Stellvertretung und Botenschaft unzulässig waren, anerkannt.[391] Zweck war es, den „lästigen Ausschluß" der Vertretung durch das Formprinzip der Höchstpersönlichkeit zu umgehen.[392]

Die heute h. M. lehnt die Vertretung in der Erklärung als dogmatisch nicht begründbaren und für Einzelfälle entwickelten „Fehlbegriff" zutreffend ab.[393] Es gibt nur zwei Möglichkeiten, eine Willenserklärung durch einen anderen

---

389 *Weber*, S. 109.

390 Vgl. Staudinger-*Schilken*, Vorbem zu §§ 164 ff, Rn. 82; Soergel-*Leptien*, Vor § 164, Rn. 47.

391 BGHZ 5, 349; 30, 311. Nach dem heutigen § 1750 Abs. 3 S. 1 BGB ist für eine Vertretung in der Erklärung kein Raum: MüKo-*Schramm*, Vor § 164, Rn. 62; Staudinger-*Schilken*, Vorbem zu §§ 164 ff., Rn. 83.

392 *Bucher*, JZ 1954, 22.

393 *Bucher*, JZ 1954, 22; Staudinger-*Schilken*, Vorbem zu §§ 164 ff., Rn. 84; MüKo-*Schramm*, Vor § 164, Rn. 63; Soergel-*Leptien*, Vor § 164, Rn. 47; *Flume*, § 43, Rn. 5; *Larenz/Wolf*, § 46, Rn. 40; *Lipp*, JuS 2000, 268.

abzugeben: Entweder bildet dieser einen eigenen Willen und sei es nur bezüglich Nebenpunkten, d. h. er gibt eine eigene Erklärung ab, oder er überbringt lediglich einen bereits gebildeten fremden Willen.[394] Im ersten Fall handelt es sich um Vertretung, im zweiten um Botenschaft. Eine dritte Kategorie, die ihre Berechtigung nur aus dem praktischen Bedürfnis für eine Vertretung schöpft, gibt es nicht. Wer mit Wirkung für einen Dritten nach außen eine eigene Erklärung abgibt, im Innenverhältnis aber weisungsgebunden (§ 166 Abs. 2 BGB) ist, ist Vertreter, wenn auch „mit gebundener Marschroute".

bb) Ungeachtet der Frage, ob eine dritte Kategorie neben Stellvertretung und Botenschaft anzuerkennen ist, handelt es sich bei einer Einlassung, die der Verteidiger für den Angeklagten abgibt, schon tatbestandlich nicht um eine Vertretung in der Erklärung. Denn die Einlassung durch den Verteidiger stellt stets eine Vertretung des Angeklagten *im Willen* dar.

Der Einwand, der Verteidiger könne nur das mitteilen, was er vom Angeklagten erfahren habe,[395] ist unzutreffend. Denn eine eigene Willensbildung liegt schon in der Entscheidung des Verteidigers darüber, was er mitteilt und wie er es mitteilt. Die teilweise Mitteilung des vom Angeklagten anvertrauten Wissens ist dabei eine Aussage mit anderem Inhalt, also *aliud* und nicht *minus* zur umfassenden Weitergabe. Nicht ohne Grund wird das Mitteilen der „halben Wahrheit" vom Volksmund als Darstellung eines anderen Geschehens empfunden. Im übrigen kann der Verteidiger ebenso Wissen, das er von Dritten oder anderen Quellen erfahren hat, dem Gericht anstelle des Angeklagten preisgeben.[396]

Auch das Argument, der Verteidiger sei nicht Vertreter im Willen, da er durch die inhaltlichen Vorgaben des Angeklagten und die Wahrheitspflicht beschränkt sei,[397] greift nicht durch:

Zunächst ist schon die Annahme praxisfern, der juristisch ungebildete und persönlich betroffene Angeklagte sei – so autonom er dem Rechte nach ist – überhaupt in der Lage, dem Verteidiger so detaillierte Vorgaben bezüglich des Inhalts der Aussage zu machen. Insbesondere wird der Angeklagte nicht jede Eventualität der Verhandlung und den Verlauf der Beweisaufnahme vorhersehen und bei seiner Weisung berücksichtigen können. Dies gilt erst recht für Fragen

394 *Bucher*, JZ 1954, 23; *Hueck*, AcP 152, 432.
395 LK-*Gollwitzer*, § 234, Rn. 16; ihm folgend *Schlothauer*, Rn. 77e.
396 *Schorn*, JR 1965, 376.
397 *Park*, StV 1998, 61; *ders.*, StV 2001, 595.

des Gerichts. Zwar soll sich der Angeklagte, also auch der Verteidiger als Vertreter, bei der Vernehmung „im Zusammenhang" äußern dürfen;[398] mangels einer § 69 StPO entsprechenden Vorschrift liegt die Gestaltung aber im Ermessen des Gerichts, so daß eine Vernehmung in Form von Frage und Antwort zulässig ist.[399]

Zudem widerspricht es der Stellung eines nach h. M. unabhängigen und in der Wahl der Verteidigungsstrategie vom Angeklagten freien[400] Verteidigers, daß er bei der Vertretung in der Erklärung zur Sache auf einmal an Weisungen des Angeklagten gebunden sein soll.[401] Entsprechend seines Auftrags, stets zum Vorteil des Mandanten zu handeln, kann und muß der Verteidiger den Angeklagten ggf. auch gegen dessen Willen bei Sacherklärung so vertreten können, wie er es für sinnvoll hält. Selbst nach der Vertretertheorie, die den Verteidiger als Vertreter des Angeklagten ansieht, ist der Verteidiger von Weisungen des Angeklagten unabhängig.[402] So hat auch das OLG Frankfurt[403] festgestellt, es liege in der freien Entscheidung des Verteidigers, für einen Mandanten auch ein Geständnis abzugeben. Selbst wenn der Angeklagte anwesend ist und dem Geständnis widerspricht, so daß die Einlassung des Verteidigers unberücksichtigt bleibt, sei ein Widerruf der Pflichtverteidigerbestellung nicht möglich.

Schließlich ist auch die Annahme, der Angeklagte wüßte besser als der Verteidiger, welche Aussage in der konkreten Situation strategisch sinnvoll sei, verfehlt. Der Angeklagte hat es in der Hand, ob er den Verteidiger zur Vertretung bevollmächtigt. Tut er dies, muß er die Strategie der Verteidigung auch hinsichtlich der Sacheinlassung dem Verteidiger überlassen.

Selbst wenn man grundsätzlich eine Bindung des Verteidigers an Weisungen des Angeklagten annähme, verbliebe dem Verteidiger stets ein *Ermessensspielraum*. So erkennt selbst *Lüderssen*, der die Stellung des Verteidigers allein aus der vertraglichen Beziehung zwischen dem Verteidiger und dem Mandanten

---

398 BGHSt 13, 360; BGHR § 243 IV StPO Äußerung 1; BGH StV 2001, 548; *Meyer-Goßner*, § 243, Rn. 31; *Pfeiffer*, § 243, Rn. 10.

399 KK-*Tolksdorf*, § 243, Rn. 444; *Meyer-Goßner*, § 243, Rn. 30; BGH NStZ 2000, 549; RGSt 58, 111; OLG Köln MDR 1956, 645.

400 S. oben S. 49.

401 Vgl. OLG Celle, StV 1988, 425.

402 *von Kries*, S. 244; *Geyer*, S. 433.

403 OLG Frankfurt NStZ-RR 1996, 236.

herleitet und eine Bindung an Weisungen bejaht, wegen der „Sach- und Fachkenntnisse" des Verteidigers einen solchen „eigenverantwortlichen Entscheidungsspielraum" an.[404]

Letztlich führt *Park* seine Theorie selbst ad absurdum, indem er gegen eine Botenstellung des Verteidigers anführt, der Verteidiger gebe eine „eigene Erklärung" ab, da er nach „eigenem Ermessen" entscheiden könne, was er von dem vom Mandanten erfahrenen Wissen dem Gericht mitteilt.[405] Dies bedeutet aber nichts anderes als eine Vertretung im Willen.

Im übrigen betrifft die Frage der Beschränkungen im Rahmen des Geschäftsbesorgungsvertrages zwischen Mandant und Verteidiger nur das vom Gericht nicht überprüfbare Innen-, nicht aber das Außenverhältnis, um das es hier geht. Eine Verletzung der Weisung zöge als Pflichtverletzung allenfalls eine zivilrechtliche Schadensersatzpflicht (§ 280 Abs. 1 BGB) nach sich.

3. Sacherklärung nur durch den Angeklagten selbst

Vor allem das ältere Schrifttum zieht aus der Höchstpersönlichkeit der Erklärung zur Sache den Schluß, der Verteidiger könne eine Sacherklärung weder als Vertreter noch in sonstiger Funktion wirksam für den Angeklagten abgeben.[406] Konsequenz sei, daß entweder der Angeklagte selbst zur Hauptverhandlung erscheine[407] oder die Vernehmung des Angeklagten eben vollständig entfalle.[408]

Weber begründet dies zudem mit der unlösbaren Kollision zwischen der Wahrheitspflicht des Verteidigers[409] und dem Gebot optimaler Interessenwahrung, denn eine Vertretung in der Aussage ließe die Distanz zwischen Angeklagtem und Verteidiger „auf Null schrumpfen"[410]. Diese Bedenken greifen aber nicht durch. Da der Verteidiger nicht an Weisungen des Angeklagten gebunden ist, muß er keine Angaben machen, von denen er weiß, daß sie falsch sind. Seine Unabhängigkeit erlaubt es ihm vielmehr, frei zu entscheiden, was er zur Sache

404 LR-*Lüderssen*, Vor § 137, Rn. 60 ff.
405 *Park*, StV 1998, 61; *ders.*, StV 2001, 594 f.
406 *Beling*, S. 310; *von Kries*, S. 233; *Weber*, S. 59 ff., 75 ff., 110 ff.
407 *Weber*, S. 63.
408 *von Kries*, S. 234; *Weber*, S. 116.
409 *Weber*, S. 61 ff.
410 *Weber*, S. 63.

sagt, soweit es zum Vorteil des Angeklagten ist. Aus diesem Grund ist auch nicht eine mangelnde Distanz zum Angeklagten zu befürchten. Im übrigen erweist sich die Begründung *Webers* mit dem Lügeverbot als Zirkelschluß: Die Wahrheitspflicht soll den Verteidiger gerade davor bewahren, Unwahres zu sagen, und ist kein Grund, ihn von der Vertretung in der Sacherklärung grundsätzlich auszuschließen. Schließlich unterliegt auch der Zeuge der Wahrheitspflicht.

4. Übermittlung der Sacherklärung

Ein Teil derer, die die Vertretung in der Erklärung zur Sache durch den Verteidiger ablehnen, rechnet durch die sog. Übermittlungslösung[411] die Erklärung des Verteidigers gleichwohl dem Angeklagten zu.[412] Die Übermittlungslösung wird vor allem für die Abgabe von Sacherklärungen für den anwesenden Angeklagten vertreten.[413]

a) Sie gestattet es dem Verteidiger, Erklärungen für den Angeklagten zur Sache zu übermitteln. Der Verteidiger gibt dabei eine *eigene* Erklärung ab.[414] Was genau unter der Übermittlungslösung zu verstehen ist, bleibt meist unklar. Lediglich *Geppert* führt dies näher aus, indem er eine Parallele zum Zeugen vom Hörensagen zieht, bei dem Personalbeweis durch Personalbeweis ersetzt wird: Der Verteidiger sei aber gerade nicht Zeuge, sondern bringe kraft einer dem Privatkläger, der ebenfalls Erklärungen zur Sache abgeben kann, ähnlichen Stellung als „selbständiger Verfahrensbeteiligter" Erklärungen zur Sache ein.[415] Dieser Ansatz räumt dem Verteidiger eine Stellung sui generis mit dem Recht ein, Erklärungen zur Sache abzugeben, die dem Angeklagten als eigene zugerechnet werden.

b) Gegen diese Lösung sprechen mehrere Argumente. Da ihr bei der Abgabe von Sacherklärungen für den anwesenden Angeklagten die größere Bedeutung zukommt und er daher dort ausführlich behandelt wird,[416] folgendes vorweg:

---

411 Diese Begrifflichkeit verwendet *Geppert*, FS Rudolphi, S. 656 f.
412 SK-*Schlüchter*, § 234, Rn. 10; § 243, Rn. 48; § 232, Rn. 20; § 233, Rn. 23; *Schlüchter*, Rn. 467 Fn. 183; *Geppert*, FS Rudolphi, S. 657.
413 S. unten S. 132 Fn. 563.
414 SK-*Schlüchter*, § 234, Rn. 10; § 232, Rn. 20; § 233, Rn. 23; *Schlüchter*, Rn. 467 Fn. 183; *Geppert*, FS Rudolphi, S. 657.
415 *Geppert*, FS Rudolphi, S. 657.
416 S. unten S. 132 ff.

Erstens ist die Lösung unlogisch. Wenn der Verteidiger eine eigene Erklärung übermittelt, kann sie dem Angeklagten nur zugerechnet werden, wenn dieser sie als eigene übernimmt. So wird dies auch allgemein von den Vertretern der Übermittlungslösung für den anwesenden Angeklagten gesehen.[417] Es ist allerdings unklar, wie der Angeklagte dies tun soll, wenn er in der Hauptverhandlung gerade nicht anwesend ist. Die Antwort bleibt auch *Geppert* schuldig.

Zweitens ist nicht erkennbar, worin der Unterschied zwischen dem *Übermitteln* der Erklärung zur Vertretung besteht. Bei beiden gibt der Vertreter eine eigene Erklärung ab. Der Ansatz der Übermittlungslösung läuft auch auf das gleiche Ergebnis wie die Vertretungstheorie, nämlich das Ersetzen der Erklärung des Angeklagten, hinaus. Beweismittel bei der Sacherklärung ist schließlich der Angeklagte selbst und nicht die Aussage.[418] Insofern bleibt unklar, wie durch die Konstruktion der Übermittlung das Problem der Höchstpersönlichkeit gelöst werden soll.

5. *Eigener Ansatz: Zulässigkeit der Vertretung aufgrund einer Abwägung zwischen bestmöglicher Sachaufklärung und Prozeßökonomie (Abwägungstheorie)*

Die Untersuchung hat gezeigt, daß das Kernproblem der Vertretungslösung die Höchstpersönlichkeit der Sacherklärung ist, das auch nicht durch die Annahme einer bloßen Vertretung in der Erklärung gelöst werden kann. Auch die Übermittlungslösung stellt keinen dogmatisch überzeugenden Ansatz dar. Eine Einlassung in der Hauptverhandlung durch den Verteidiger gänzlich auszuschließen, ist wenig befriedigend.

Folgende Erwägungen sprechen jedoch dafür, trotz dieser Bedenken eine Vertretung des nicht anwesenden Angeklagten in der Sacherklärung zuzulassen.

Zunächst muß man sich den Hintergrund für das Verfahren gegen den nicht anwesenden Angeklagten vor Augen führen. Bei dem Verfahren gegen den nicht anwesenden Angeklagten und dem Strafbefehlsverfahren handelt es sich um Bagatell- oder kleinere Strafsachen mit einer eng begrenzten Straferwartung. Geht es um größere Strafsachen, ist eine vorangegangene Vernehmung des

---

417 *Geppert*, FS Rudolphi, S. 658; *Eisenberg/Pincus*, JZ 2003, 403; BayObLG VRS 60, 121; MDR 1981, 516; BayObLGSt 1982, 156, 157; OLG Düsseldorf NJW 2002, 2728.

418 ANM, S. 167; *Rogall*, S. 34; *Henkel*, S. 172; BGHSt 20, 298, 300.

Angeklagten selbst erforderlich (§§ 231 Abs. 2, 231a Abs. 1 S. 2, 231b Abs. 1 S. 2, 233 Abs. 2 S. 1 StPO). Ist die Beweislage unklar, gebietet die der Wahrheitserforschung dienende Instruktionsmaxime (§ 244 Abs. 2 StPO) die Anordnung des persönlichen Erscheinens. Meist ist die Beweislage aber klar, wie die Motive belegen:

> „Gerade bei den am häufigsten vorkommenden Vergehensarten (Diebstahl, Unterschlagung u. s. w.) kann die Strafe in einem Tage Gefängnis bestehen.“[419] „Dabei muß … hervorgehoben werden, wie überaus zahlreich die Fälle sind, in denen sich schon auf Grund der Anklage mit Sicherheit vorhersehen läßt, daß wegen der in die Augen springenden Geringfügigkeiten der That entweder auf die niedrigste Strafe oder doch auf ein die letztere nur wenig überschreitendes Strafmaß zu erkennen sein wird.“[420]

Der Gesetzgeber hat das Verfahren gegen den nicht anwesenden Angeklagten zum Zwecke einer funktionierenden Strafrechtspflege zugelassen, aber – gerade für Fälle, die wie § 231 StPO ein Ungehorsamsverfahren darstellen – den vollständigen Entzug des Anspruchs auf rechtliches Gehör als unzumutbare Härte für den Angeklagten angesehen. Aus diesem Grund hat er eine Vertretung des Angeklagten in der Erklärung zur Sache durch einen Verteidiger, der diese Funktion erfahrungsgemäß besser ausübt als juristische Laien, zugelassen.[421] Die Möglichkeit der Vertretung ist also gerade rechtsstaatliche Voraussetzung für ein Verfahren ohne den Angeklagten.

Die Höchstpersönlichkeit der Einlassung zur Sache ist kein Selbstzweck. Die Einlassung dient der Verteidigung und der Wahrheitserforschung gleichermaßen. Um den Teilzweck der *optimalen Sachverhaltsaufklärung* bei der Einlassung zu realisieren, ist es grundsätzlich erforderlich, daß die Einlassung höchstpersönlich erfolgt und daher eine Vertretung unzulässig ist. Niemand kann besser zur Wahrheitserforschung beitragen als der *anwesende* Angeklagte durch seine Aussage selbst.

In den für die Verhandlung ohne den Angeklagten verbleibenden Fällen fällt die Abwägung zwischen der bestmöglichen objektiven Wahrheitsermittlung und der Verfahrensbeschleunigung bzw. der Funktionsfähigkeit der Strafrechtspflege,

---

419 *Hahn*, Abt. 1, S. 187 Fn. 1 (inzwischen überholt).
420 *Hahn*, Abt. 1, S. 188.
421 *Hahn*, Abt. 1, S. 187 f.

die Bestandteil des Rechtsstaatsprinzips ist (Art. 20 Abs. 3, 28 Abs. 1 GG),[422] zugunsten letzterer aus. Denn hier ist die Bedeutung einer Sacheinlassung in der Hauptverhandlung für die Sachverhaltsaufklärung gering. Die Abwägung dieser Prinzipien ist dem Verfahrensrecht nicht fremd. So schränkt § 74 Abs. 1 OWiG für das Bußgeldverfahren den der Wahrheitserforschung dienenden Unmittelbarkeitsgrundsatz zugunsten der Verfahrensökonomie ein. Eine vereinfachte Beweisaufnahme sehen auch § 420 StPO und § 411 Abs. 2 StPO i. V. m. § 420 StPO vor.

Zu Gunsten der Verfahrensbeschleunigung ist daher mit dem Willen des Gesetzgebers eine Ausnahme vom Grundsatz der höchstpersönlichen Abgabe von Erklärung zur Sache zu machen.

Soweit der Verteidiger den nicht anwesenden Angeklagten als Beweismittel bei der Einlassung vertritt, ist er zur Abgabe von Sacherklärungen aber nicht nur im Rahmen des § 243 Abs. 4 S. 2 StPO, sondern insbesondere auch nach § 257 Abs. 1 StPO oder nach § 258 StPO befugt.[423] Die Darstellungen in der Literatur, die auf der einen Seite eine Vertretung des nicht anwesenden Angeklagten bei der Einlassung zulassen, auf der anderen Seite aber insbesondere § 257 Abs. 1 StPO als höchstpersönliches Recht ansehen, bei dem eine Vertretung unzulässig und überdies wegen § 257 Abs. 2 StPO überflüssig sei,[424] ist inkonsequent. Die widersinnige Folge wäre, daß der Verteidiger nur während der Vernehmung (§ 243 Abs. 4 S. 2 StPO) und keinesfalls mehr später eine Einlassung für den Angeklagten abgeben könnte. Dies widerspricht aber dem Zweck der Vernehmung, der darin besteht, daß der Angeklagte in der Hauptverhandlung als erster zu Wort kommt. Im Verfahren gegen den nicht anwesenden Angeklagten (§§ 234, 411 Abs. 2 StPO) ist vielmehr eine Vertretung in der Sacherklärung durch den Verteidiger auch im Rahmen der Erklärungsrechte nach §§ 257 Abs. 1, 258 StPO zulässig.

---

422 BVerfGE 42, 216.

423 Das erst durch Art. 7 Nr. 11 des Gesetzes zur Änderung der Strafprozeßordnung und des Gerichtsverfassungsgesetzes vom 19.12.1964 geschaffene Erklärungsrecht des Verteidigers nach § 257 Abs. 2 StPO beinhaltet anders als § 257 Abs. 1 StPO nicht das Recht zur Abgabe von Sacherklärungen. Soweit es sich nicht um Sacherklärungen, sondern nur um Prozeßerklärungen handelt, sind keine Fälle vorstellbar, bei denen es entscheidend ist, ob der Verteidiger diese nach § 257 Abs. 1 StPO als Vertreter des Angeklagten oder aus eigenem Recht nach § 257 Abs. 2 StPO abgibt; s. auch *Dahs*, S. 92 ff. und *Weber*, S. 167.

424 KMR-*Stuckenberg*, § 257, Rn. 11; LR-*Gollwitzer*, § 257, Rn. 7. Die Entscheidung RGSt 44, 284, auf die jeweils – fälschlicherweise – bezug genommen wird, betrifft dagegen den Normalfall der Hauptverhandlung gegen den anwesenden Angeklagten.

An diesem Beispiel zeigt sich erneut, daß die Literatur noch immer nicht alle aus dem Anspruch auf rechtliches Gehör folgenden Sacherklärungsrechte des Angeklagten gleich behandelt, sondern der Frage der Übertragbarkeit der Sacherklärung auf den Verteidiger ausschließlich für den Fall des § 243 Abs. 4 StPO nachgeht. Dadurch ergeben sich Widersprüche wie, daß das Erklärungsrecht nach § 257 Abs. 1 StPO anders als die Erklärung zur Sache bei der Vernehmung ein höchstpersönliches Recht sei.

III. Voraussetzungen

Die Zulässigkeit der Vertretung bei der Erklärung zur Sache alleine genügt nicht, um eine Erklärung des Verteidigers dem Angeklagten als eigene zuzurechnen. Zum Schutz des Angeklagten bedarf es weiterer Voraussetzungen.

1. Vertretungsvollmacht

Die Vertretungsvorschriften (§§ 234, 350 Abs. 2 S. 1, 387 Abs. 1, 411 Abs. 2 S. 1 StPO) sehen für die Vertretung eine schriftliche Vertretungsvollmacht des Verteidigers vor. Wie Verteidigung und Vertretung strikt voneinander zu trennen sind, ist auch die Wahl bzw. Bestellung zum Verteidiger von der Bevollmächtigung als Vertreter des Angeklagten zu unterscheiden.

a) Wahl bzw. Bestellung als Verteidiger

Durch seine Wahl bzw. Bestellung erhält der Verteidiger nur die Rechte und Pflichten als Beistand, die er aus eigenem Recht wahrnimmt, nicht aber darüber hinausgehende Vertretungsrechte.[425]

Die *Wahl* als Verteidiger (§ 138 Abs. 1 StPO) kommt bei entgeltlicher Verteidigung durch Einigung, d. h. Angebot und Annahme, mittels zweier übereinstimmender Willenserklärungen (§ 151 BGB) als Dienstvertrag mit einer

[425] Vgl. BGHSt 12, 367.

Geschäftsbesorgung (§ 675 BGB) zustande.[426] Dies ergibt sich auch aus § 143 StPO. Der Vertragsschluß ist formfrei. Nach anderer Ansicht erlangt der Beauftragte erst durch sein Auftreten als Verteidiger gegenüber Ermittlungsbehörden oder Gericht den Status als Verteidiger, wogegen jedoch spricht, daß dann der den Angeklagten im Vorfeld beratende Anwalt oder Rechtslehrer nicht als Verteidiger tätig werden würde.[427]

Beim *Pflichtverteidiger* existiert kein zivilrechtliches Rechtsverhältnis zwischen Angeklagtem und Verteidiger; statt dessen entsteht ein öffentlich-rechtliches Rechtsverhältnis durch die *Bestellung* von Amts wegen (§ 141 Abs. 1 StPO).

Weder die Wahl als Wahlverteidiger, noch die Bestellung als Pflichtverteidiger setzen entgegen verbreiteter unzutreffender Meinung, die von „Verteidigungsvollmacht spricht",[428] eine Vollmacht voraus.[429] Eine Vollmacht stellt nach dem allgemeinen Sprachgebrauch die rechtsgeschäftliche Verleihung einer Vertretungsmacht dar, die der Verteidiger als bloßer Beistand aber gerade nicht hat.

Eine andere Frage ist, wie im Außenverhältnis, d. h. gegenüber Ermittlungsbehörden und Gericht, die Verteidigerwahl – für die Bestellung als Pflichtverteidiger stellt sich dieses Problem nicht – *nachgewiesen* wird.[430] Ein solcher Nachweis ist grundsätzlich nicht erforderlich; ein wirksamer Geschäftsbesorgungsvertrag wird vielmehr vermutet.[431] Gebietet die Aufklärungspflicht bei Zweifeln die Prüfung, so ist der Nachweis der Verteidigerwahl mangels anderslautender Vorschriften formfrei möglich. Die in der Praxis fälschlicherweise als „Verteidigervollmacht" bezeichnete, dem Mandanten zur Unterschrift vorgelegte Urkunde erweist sich dann aber als nützlich, da sie als schriftlicher „Verteidigerausweis" vorgelegt werden kann.

---

[426] BGH NJW 1964, 2402; *Weiß*, NJW 1983, 89 f.; *Schnarr*, NStZ 1986, 489; *Pfeiffer*, Vor § 137, Rn. 2; *Meyer-Goßner*, Vor § 137 StPO, Rn. 4, der offenbar ausgehend vom Wortlaut des § 143 StPO die Annahme des Verteidigers (§ 151 BGB) als entscheidend ansieht, damit aber verkennt, daß das Angebot ebenso vom Verteidiger ausgehen kann; die standesrechtliche Besonderheit, die dies verbietet, gilt nur für Rechtsanwälte und berührt im übrigen nicht die zivilrechtliche Wirksamkeit; SK-*Wohlers*, § 137, Rn. 5.

[427] BVerfGE 43, 94 = NJW 1977, 100.

[428] So z. B. *Park*, StV 1998, 61, der wie im Zivilprozeß von einer Verteidigungsvollmacht ausgeht; vor einem „tückischen Sprachgebrauch" warnt zu Recht *Weiß*, NJW 1983, 91 f.

[429] *Pfeiffer*, Vor § 137, Rn. 2; *Meyer-Goßner*, Vor § 137, Rn. 9; *Weiß*, NJW 1983, 91; *Schnarr*, NStZ 1986, 490.

[430] *Weiß*, NJW 1983, 90; *Meyer-Goßner*, Vor § 137, Rn. 9.

[431] BayObLGSt 1980, 70 = MDR 1981, 161.

b) Bevollmächtigung des Verteidigers als Vertreter

Soweit der Verteidiger den Angeklagten im Verfahren ohne den Angeklagten *vertreten* will, bedarf er einer Vollmacht (vgl. §§ 166 Abs. 2, 164 Abs. 1 BGB). Als Vertreter kann der Verteidiger alle dem Angeklagten zustehenden Rechte wahrnehmen, soweit dies mit deren Wesen vereinbar ist.[432] Es genügt, daß die Vollmacht zur „Vertretung" bevollmächtigt;[433] eine ausdrückliche Klarstellung, daß die Vertretung im Verfahren gegen den nicht anwesenden Angeklagten erfolgen soll, ist nicht erforderlich. Es ist Aufgabe des Verteidigers, seinen Mandanten über Inhalt und Tragweite der Vollmacht zu informieren. Rügt der Angeklagte in der Revision, das Gericht habe die Vertretung durch den Verteidiger nicht berücksichtigt, muß er die Tatsache der Erteilung der Vertretungsvollmacht vortragen.[434]

Wie die Verteidigerbestellung ist auch die *Bevollmächtigung* formfrei.[435] Für die Vertretung des nicht anwesenden Angeklagten verlangt das Gesetz als „*Nachweis* der Vertretungsmacht"[436] die Vorlage einer *schriftlichen Vertretungsvollmacht.*[437] Dies ist notwendig zum Schutz des Angeklagten, „da er … wichtige Verfahrensrechte – Anwesenheit, rechtliches Gehör – in die Hände seines Vertreters legt, der an seine Stelle tritt."[438] Der Nachweis kann auch durch eine nach Überzeugung des Gerichts gleichwertige Erklärung, wie eine schriftliche Mitteilung des Angeklagten an das Gericht[439] oder die Erklärung des Angeklagten zu Protokoll[440], geführt werden.[441]

---

432 *Meyer-Goßner*, Einl. 84.
433 BGHSt 9, 356; OLG Zweibrücken StV 1981, 539; LR-*Gollwitzer*, § 234, Rn. 1 m. w. N.
434 OLG Köln, StV 1981, 119.
435 *Mannheimer*, MDR 1954, 454; *Weiß*, NJW 1983, 91; LR-*Gollwitzer*, § 234, Rn. 1; RGSt 66, 210; 74, 69; BayObLG NJW 1963, 872.
436 So schon RGSt 66, 210 (Hervorhebung durch den Verfasser); LR-*Gollwitzer*, § 234, Rn. 1; nach a. A. unterliegt die Bevollmächtigung dem Formzwang der Schriftform.
437 *Weiß*, NJW 1983, 91.
438 BGHSt 9, 357; s. auch *Hahn*, Abt. 1, S. 188.
439 OLG Hamburg NJW 1968, 1687; OLG Düsseldorf NStZ 1984, 254.
440 OLG Hamm NJW 1954, 1856.
441 *Schnarr*, NStZ 1986, 490 stellt insoweit zutreffend fest, daß die in der Praxis von den Verteidigern verwendete formularmäßige „Vollmacht" eine dreifache Aufgabe hat: Sie ist Antrag zum Abschluß des Verteidigervertrags, eine Art Ausweispapier zur Legitimation des Verteidigers nach außen und enthält eine *Vertretungs*vollmacht.

2. *Voraussetzungen der Zurechnung*

Allein die Vertretungsvollmacht genügt jedoch entgegen der Ansicht der Literatur und Rechtsprechung, die nur bei der Abgabe der Erklärungen für den anwesenden Angeklagten weitere Erfordernisse aufstellt, nicht, um die Erklärung des Verteidigers als Einlassung des Angeklagten zu werten.

Es besteht die Gefahr, daß der Verteidiger in seinen Erklärungen spekulative Darstellungen, die er aus eigenem Recht wie z. B. § 257 Abs. 2 StPO abgibt, mit Einlassungen zur Sache, die er als Vertreter des Angeklagten z. B. nach §§ 243 Abs. 4 S. 2, 257 Abs. 1 StPO abgibt, mischt.[442] Das Risiko, daß das Gericht eine Erklärung des Verteidigers entgegen dessen Absicht als Einlassung wertet, ist noch höher als bei einer Einlassung für den anwesenden Angeklagten. Um eine unmißverständliche Abgrenzung zu ermöglichen, hat daher das Gericht den Verteidiger nicht nur bei Unklarheiten, bei denen sich diese Pflicht bereits aus § 244 Abs. 2 StPO ergibt, sondern *stets* zu befragen, ob und welche seiner Erklärungen er als Einlassung des Angeklagten verwertet haben möchte. Eine Verwertung als Einlassung des Angeklagten ist nur möglich, wenn der Verteidiger dies ausdrücklich bestätigt.

Die Einhaltung dieser Voraussetzungen (Frage des Gerichts und Bestätigung des Verteidigers) und der Umstand, daß eine Einlassung durch den Verteidiger erfolgt, sind als wesentliche Förmlichkeit nach § 273 StPO zu protokollieren. Dies ist unabhängig von der Pflicht des Gerichts, die Tatsache zu protokollieren, daß erstmals eine Einlassung zur Sache erfolgt ist.

IV. Sonderprobleme

Ungeachtet dessen, ob man nun eine Vertretung oder eine Übermittlung der Einlassung durch den Verteidiger für den nicht anwesenden Angeklagten zuläßt, stellen sich eine Reihe an Sonderproblemen.

---

[442] So OLG Hamm JR 1980, 82 zur Vertretung des *anwesenden* Angeklagten.

1. Vertretung des freiwillig anwesenden Angeklagten

Problematisch ist, ob der Verteidiger auch in Vertretung des Angeklagten Sacherklärungen abgeben kann, wenn der Angeklagte freiwillig in der Hauptverhandlung anwesend ist. Der Angeklagte ist zur Anwesenheit berechtigt, auch wenn ausnahmsweise keine Anwesenheitspflicht besteht.[443] Erscheint z. B. der nach § 233 StPO entbundene Angeklagte gleichwohl in der Hauptverhandlung, stellt sich die Frage, ob der Verteidiger weiterhin nach der gesetzlichen Ausnahmeregelung des § 234 StPO zur Vertretung in der Einlassung befugt ist.

a) *Schlüchter* bejaht die Möglichkeit der Sacherklärung durch den Verteidiger bei dem gleichwohl erschienenen Angeklagten, indem sie auf den Wortlaut des § 234 StPO abstellt, in dem es heißt, „soweit die Hauptverhandlung ohne Anwesenheit des Angeklagten stattfinden *kann*".[444]

b) Mit der wohl h. M. ist die Anwendbarkeit der Vertretungsregelungen (§§ 234, 329 Abs. 1 S. 1, 387 Abs. 1, 411 Abs. 2 StPO) und damit eine Vertretung des ohne Verpflichtung erschienenen Angeklagten in der Sacherklärung jedoch aus folgenden Erwägungen zu verneinen:[445]

Zunächst kann schon nicht allein § 234 StPO für die Lösung des Problems entscheidend sein. Die weiteren Vertretungsregelungen, wie z. B. § 411 Abs. 2 StPO, dagegen stützen die vom Wortlaut des § 234 StPO her entwickelte Ansicht nicht, daß eine Vertretung auch beim freiwilligen Erscheinen möglich sein soll. Da kein sachlicher Anhaltspunkt dafür besteht, daß die Ausnahmevorschriften, die eine Vertretung des nicht anwesenden Angeklagten regeln, ein unterschiedliches Ergebnis bezwecken, ist vielmehr anzunehmen, daß es sich beim Wortlaut des § 234 StPO um ein gesetzgeberisches Versehen handelt.

Das von der h. M. für ihre Ansicht ins Feld geführte Argument, eine Vertretung sei überflüssig, da ohnehin eine Erklärung des Verteidigers dem Angeklagten im Anwesenheitsverfahren zugerechnet werden könne,[446] erweist sich dagegen als

---

443 BGHSt 26, 234; 28, 37; BGH StV 1981, 510.

444 SK-*Schlüchter*, § 234, Rn. 3.

445 AK-*Keller*, § 234, Rn. 1 a. E.; *Meyer-Goßner*, § 234, Rn. 3; KK-*Tolksdorf*, § 234, Rn. 1 (unter Zitierung der nicht einschlägigen Entscheidung BGHSt 39, 305); KMR-*Paulus*, § 234, Rn. 5; *Pfeiffer*, § 234, Rn. 1; offenlassend LR-*Gollwitzer*, § 234, Rn. 3.

446 *Meyer-Goßner*, § 234, Rn. 4; LR-*Gollwitzer*, § 234, Rn. 3.

Zirkelschluß. Auch wenn man diese Möglichkeit bejaht, bestehen allein innerhalb der Rechtsprechung ganz unterschiedliche Voraussetzungen für eine derartige Zurechnung, so daß die Frage sehr wohl klärungsbedürftig ist.

Gleichwohl verdient diese Auffassung Zustimmung, da nur so dem Sinn und Zweck der Vertretungsvorschriften entsprochen wird. Der Gesetzgeber wollte durch die Gestattung der Vertretung in der Erklärung zur Sache den in der Ausübung seines Anspruchs auf rechtliches Gehör benachteiligten nicht anwesenden Angeklagten besserstellen.[447] Ist der Angeklagte aber tatsächlich anwesend, so entfällt das Bedürfnis für die Stärkung des Verteidigungsrechts. Erscheint der Angeklagte in der Hauptverhandlung freiwillig, so weicht seine Stellung nicht von der des Angeklagten ab, der im normalen Verfahren seiner Anwesenheitspflicht Folge geleistet hat. Deshalb sind auch Erklärungen, die der Verteidiger in der Hauptverhandlung, in der der Angeklagte nur *freiwillig* erscheint, gleich zu beurteilen wie Erklärungen, die der Verteidiger für den anwesenden Angeklagten im ganz normalen Verfahren abgibt.[448]

Der Wortlaut des § 234 StPO ist insoweit teleologisch zu reduzieren. De lege ferenda sollte § 234 StPO zudem insoweit geändert werden, daß es heißt: „Soweit die Hauptverhandlung ohne den Angeklagten stattfindet ...“.

2. *Vertretung des aufgrund einer Anordnung nach § 236 StPO erschienenen Angeklagten*

An diese Problematik knüpft die Frage an, ob der Verteidiger den Angeklagten, der in einer Hauptverhandlung, die ohne seine Anwesenheit stattfinden könnte, aufgrund der Anordnung des persönlichen Erscheinens erschienen ist, in der Erklärung zur Sache vertreten darf.

Sie darf zum einen nicht verwechselt werden mit dem Streit, ob eine Verwerfung des Einspruchs nach § 411 Abs. 2 StPO oder der Berufung nach § 329 Abs. 1 StPO *allein* aufgrund der Nichtbeachtung der Anordnung des persönlichen Erscheinens durch den Angeklagten zulässig ist, obwohl ein mit Vertretungsvollmacht ausgestatteter Verteidiger auftritt. Zum anderen ist sie zu unterscheiden von der Frage, ob die Anordnung des persönlichen Erscheinens die *Befugnis* des Gerichts zur Durchführung einer Verhandlung ohne den – der

---

[447] *Hahn*, Abt. 1, S. 186.
[448] Dazu unten S. 115 ff.

Anordnung nach § 236 StPO zuwider nicht erschienenen – Angeklagten hindert und *insoweit* die Vertretung ausschließt.[449] Diese Probleme, bei denen es darum geht, ob der Angeklagte trotz Anordnung seines persönlichen Erscheinens in seiner *Anwesenheit* durch den Verteidiger vertreten werden kann, haben für die vorliegende Arbeit keine Bedeutung..

Das Gericht hat nach § 236 StPO die Möglichkeit, die Anwesenheit des Angeklagten anzuordnen, wenn es zwar ohne den Angeklagten verhandeln könnte, aber den persönlichen Eindruck des Angeklagten für entscheidend hält. § 236 StPO dient der Wahrheitsfindung.[450] Die Entscheidung erfolgt nach pflichtgemäßem Ermessen unter Berücksichtigung der Belange des Angeklagten, der Bedeutung der Sache, des Verhältnismäßigkeitsgrundsatzes und des Übermaßverbots.[451] Da das Gericht sich nach § 244 Abs. 2 StPO selbst instruiert, ist der ex ante zu beurteilende Ermessensspielraum, wann eine Aufklärung durch den Angeklagten zu erwarten ist, groß. Die Grenze kann erst der Mißbrauch sein,[452] da allein durch die Anwesenheit als solche schon ein für das Gericht wichtiger Eindruck entsteht. Ein Ermessensfehler liegt noch nicht deshalb vor, weil die Anordnung sich im Nachhinein als sinnlos herausstellt. Die Ankündigung des Angeklagten, in der Hauptverhandlung nicht auszusagen, kann der Anordnung nicht entgegenstehen,[453] da der Angeklagte überhaupt nur in den Grenzen des § 233 StPO einen Anspruch auf ein Verfahren ohne ihn hat und auch nie vorhergesehen werden kann, wie sich der Angeklagte in der Verhandlung wirklich verhält.

Hält man die Vertretung in der Sacherklärung für den freiwillig erschienenen Angeklagten für unzulässig,[454] so ist es konsequent, dies erst recht für den Fall anzunehmen, daß der Angeklagte aufgrund einer Anordnung des persönlichen Erscheinens erscheint. Zweck der Anordnung ist es gerade, daß die Ausnahme der Verhandlung ohne den Angeklagten entfällt und es bei der Grundregel

---

[449] Wenn Rechtsprechung und Literatur feststellen, die Anordnung des § 236 StPO schließe die Vertretung aus, betrifft dies genau diese Fälle; SK-*Schlüchter*, § 236, Rn. 12; KK-*Tolksdorf*, § 234, Rn. 2 a. E.; LR-*Gollwitzer*, § 236, Rn. 3; *Meyer-Goßner*, § 236, Rn. 1.

[450] KK-*Tolksdorff*, § 236, Rn. 1; SK-*Schlüchter*, § 236, Rn. 1.

[451] BGHSt 30, 172; LR-*Gollwitzer*, § 236, Rn. 9.

[452] A. A. SK-*Schlüchter*, § 236, Rn. 6 f.

[453] BGHSt 38, 257; OLG Stuttgart NStE Nr. 1; *Meyer-Goßner*, § 236, Rn. 5; KK-*Tolksdorf*, § 236, Rn. 5; *Pfeiffer*, § 236, Rn. 2; a. A.: BayOblGSt 1983, 48 = JR 1983, 522 m. abl. Anm. *Göhler*; SK-*Schlüchter*, § 236, Rn. 6; LR-*Gollwitzer*, § 236 Rn. 9 u. w. H. in Fn. 16.

[454] S. oben S. 108 f.

bleibt, daß der Angeklagte selbst erscheint. Die Zulässigkeit der Vertretung in der Sacherklärung des aufgrund § 236 StPO erschienenen Angeklagten ist also genauso zu beurteilen wie bei einem im normalen Verfahren aufgrund der Anwesenheitspflicht anwesenden Angeklagten.[455]

3. *Pflicht zur Verlesung von Niederschriften richterlicher Vernehmungen des Angeklagten bei Sachäußerung des Verteidigers*

Während § 231 Abs. 2 StPO nur einschlägig ist, wenn eine Vernehmung des Angeklagten in der Hauptverhandlung stattgefunden hat, gebietet § 231a Abs. 1 S. 2 StPO, der § 231 Abs. 2 StPO für den Fall ergänzt, daß eine Vernehmung noch nicht erfolgt ist, eine gerichtliche Vernehmung des vernehmungsfähigen Angeklagten außerhalb der Hauptverhandlung. § 232 Abs. 3 StPO besagt nicht, daß eine richterliche Vernehmung stattfinden muß, sondern nur, daß die Niederschrift zu verlesen ist, falls der Angeklagte außerhalb der Hauptverhandlung durch einen Richter vernommen wurde. § 233 Abs. 2 S. 1, Abs. 3 S. 2 StPO schreibt zwingend eine richterliche Vernehmung als vorweggenommenen Teil der Hauptverhandlung[456] und die Verlesung der darüber gefertigten Niederschrift vor. Diese Regelungen dienen der Sicherung des rechtlichen Gehörs des Angeklagten und der Wahrheitsfindung. Die Möglichkeit des Verteidigers, als Vertreter Sacherklärungen für den Angeklagten abzugeben, bleibt davon unberührt. Fraglich ist, ob die Niederschriften über die richterlichen Vernehmungen stets verlesen werden müssen, d. h. auch wenn der Verteidiger sich für den Angeklagten in der Hauptverhandlung nach § 234 StPO zur Sache geäußert hat.

a) § 231a StPO sieht eine Verlesung nicht ausdrücklich vor. Gleichwohl ist der h. M. zuzustimmen, daß die Verlesung der entsprechend §§ 168, 168a StPO gefertigten Niederschrift, die die Vernehmung in der Hauptverhandlung ersetzt,[457] zwingend ist.[458] Der Zweck der Norm würde entwertet, wenn der Inhalt der Vernehmung nicht in die Hauptverhandlung eingeführt werden müßte. Die Verlesungspflicht gewährleistet zudem die Zuverlässigkeit des Verfahrens und sichert die Information der Öffentlichkeit. Das Fehlen einer den §§ 232 Abs. 3, 233 Abs. 3 S. 2 StPO entsprechenden Vorschrift, die die Verlesung als Aus-

---

[455] Dazu unten S. 115 ff.
[456] BGHSt 25, 42; BayObLG 1974, 37 = VRS 47, 117.
[457] LR-*Gollwitzer*, § 231a, Rn. 17.
[458] *Meyer-Goßner*, § 231a, Rn. 13; KK-*Tolksdorf*, § 231a, Rn. 16; KMR-*Paulus*, § 231a, Rn. 20; *Gollwitzer*, FS Tröndle, S. 462 f.; *Rieß*, JZ 1975, 270.

nahme zu § 250 StPO gestatten,[459] ist auf ein gesetzgeberisches Versehen zurückzuführen, das de lege ferenda beseitigt werden sollte. De lege lata ist die planwidrige Lücke durch eine Analogie zu § 233 Abs. 3 S. 2 StPO zu schließen.

b) Auch für § 233 Abs. 3 S. 2 StPO ist es h. M., daß eine Verlesung der Niederschrift als Ersatz der Vernehmung des Angeklagten in jedem Fall erfolgen muß, unabhängig davon, ob der vertretungsberechtigte Verteidiger sich in der Hauptverhandlung zur Sache äußert.[460]

c) Bezüglich § 232 Abs. 3 StPO ist dagegen streitig, ob das Gericht das Protokoll über eine gerichtliche Vernehmung des Angeklagten zu verlesen hat, wenn der Verteidiger für den Angeklagten eine Sacherklärung nach § 234 StPO abgibt.

Die vorherrschende Ansicht verneint dies.[461] Das BayObLG führt an, bei Anwesenheit eines vertretungsbefugten Verteidigers handle es sich schon nicht um ein Verfahren gegen einen ausgebliebenen Angeklagten,[462] was mit dem Verständnis des Gesetzgebers nicht vereinbar ist. § 234a StPO macht deutlich, daß ein Verfahren, in dem nur ein als Vertreter bevollmächtigter Verteidiger anwesend ist, sehr wohl ein Verfahren ohne den Angeklagten ist. Für eine Verlesungspflicht spricht schon der eindeutige Gesetzeswortlaut.[463] Auch die Zuverlässigkeit des Verfahrens und die Information der Öffentlichkeit erfordern eine Verlesung. Überdies kann für § 232 Abs. 3 StPO nichts anderes gelten als für § 233 Abs. 3 S. 2 StPO. Die Tatsache, daß eine vorherige Vernehmung – anders als bei § 233 StPO – keine Voraussetzung für die Verhandlung gegen den nicht anwesenden Angeklagten ist, vermag einen Unterschied nicht zu rechtfertigen.

d) Im übrigen kommt es für die Zulässigkeit der Verlesung nicht auf § 254 StPO an.[464] Die §§ 232 Abs. 3, 233 Abs. 3 S. 2 StPO sind wie § 254 StPO eine

---

459 *Geppert*, FS Rudolphi, S. 644; SK-*Schlüchter*, § 250, Rn. 6; *Pfeiffer*, Einleitung, Rn. 8.

460 KK-*Tolksdorf*, § 232, Rn. 18; *Meyer-Goßner*, § 233, Rn. 20; SK-*Schlüchter*, § 232, Rn. 20; *Pfeiffer*, § 233, Rn. 5; LR-*Gollwitzer*, § 234, Rn. 18; *Spendel*, JZ 1959, 739 f.; dahin tendierend auch BayObLGSt 1974, 37.

461 KK-*Tolksdorf*, § 232, Rn. 14; *Meyer-Goßner*, § 232, Rn. 15; BayObLGSt 1974, 36 f. = VRS 47, 115.

462 BayObLGSt 1974, 36 = VRS 47, 115.

463 So auch *Eb. Schmidt* II, § 232, Rn. 16; SK-*Schlüchter*, § 232, Rn. 20; LR-*Gollwitzer*, § 232, Rn. 28 hält dies lediglich für „angezeigt".

464 So aber KK-*Tolksdorf*, § 232, Rn. 14.

gesetzliche Ausnahme zu dem für den Angeklagten geltenden Verbot des § 250 S. 2 StPO, das die Verlesung des Protokolls als Urkunde als Ersatz der Vernehmung des Angeklagten verbietet.[465] Daraus folgt aber auch, daß nur Niederschriften über die jeweils zugelassenen richterlichen Vernehmungen und nicht sonstige schriftliche Äußerungen verlesen werden können, da letztere nicht vom Verbot des § 250 S. 2 StPO befreit sind.[466]

4. *Widersprüche und Lücken zwischen früheren Aussagen des Angeklagten und Sacherklärung des Verteidigers*

Der Verteidiger ist nach § 234 StPO unabhängig davon, ob der Angeklagte sich zuvor schon entsprechend der Möglichkeiten der §§ 231a ff. StPO eingelassen hat, berechtigt – nicht verpflichtet –, als sein Vertreter in der Hauptverhandlung Erklärungen zur Sache abzugeben. Er tritt an die Stelle des Angeklagten, der seine Aussage auch jederzeit ergänzen und berichtigen kann.

Die Instruktionsmaxime nach § 244 Abs. 2 StPO gebietet es, soweit es nicht ohnehin gesetzlich angeordnet ist (§§ 232 Abs. 3, 233 Abs. 2 S. 1 StPO), vorhandene Protokolle über die richterliche Vernehmung des Angeklagten nach § 254 StPO zu verlesen, um Lücken zu schließen und Widersprüche aufzuklären. § 244 Abs. 2 StPO ist dagegen kein Gebot zu entnehmen, stets das Protokoll als sachnäheres und daher besseres Beweismittel zu verlesen. Das Protokoll ist als mittelbares Beweismittel ebenso weit entfernt vom Angeklagten als unmittelbarem Beweismittel wie der Verteidiger als Vertreter, auch wenn dieser nur faktisch ein Beweismittel ist. Allerdings können die Äußerungen des Verteidigers als Vertreter auch nicht grundsätzlich die protokollierten Einlassungen des Angeklagten verdrängen.[467] Bei Widersprüchen gebietet die Instruktionsmaxime (§ 244 Abs. 2 StPO) im Einzelfall, das persönliche Erscheinen des Angeklagten (§ 236 StPO) anzuordnen, um eine Aufklärung durch eine Vernehmung des Angeklagten in der Hauptverhandlung als unmittelbare Auskunftsperson zu ermöglichen. Gelingt dies nicht, etwa weil der Angeklagte zur Sache schweigt, so unterliegt es der richterlichen Beweiswürdigung (§ 261 StPO) in

---

465 Zutreffend SK-*Schlüchter*, § 232, Rn. 21; § 250, Rn. 6. Dies verkennt KK-*Tolksdorff*, § 232, Rn. 14, der das Verbot des Verlesens nichtrichterlicher Protokolle und schriftlicher Erklärungen des Angeklagten nicht § 250 S. 2 StPO, sondern § 232 Abs. 3 StPO entnimmt. Vgl. auch *Geppert*, FS Rudolphi, S. 644; *Pfeiffer*, Einleitung, Rn. 8.

466 Statt aller: SK-*Schlüchter*, § 232, Rn. 21.

467 Zutreffend SK-*Schlüchter*, § 234, Rn. 10.

gleicher Weise wie bei sich widersprechenden Einlassungen des Angeklagten selbst zu beurteilen, welche Äußerungen es für glaubhaft hält und im Ergebnis folgt.

5. Beweiswert

Gibt der Verteidiger als Vertreter des Angeklagten eine Sacherklärung ab, handelt es sich um eine mit dem Zeugen vom Hörensagen vergleichbare Problematik. Zwar ist der Verteidiger nicht Zeuge im formellen Sinn, aber er trägt wie ein Zeuge vom Hörensagen dem Gericht vor, was er vom Angeklagten erfahren hat. Durch das Dazwischentreten des Verteidigers als weiteres Glied in der Beweiskette wird die Beweisqualität in der Regel reduziert,[468] da dem Gericht der persönliche Eindruck des Angeklagten fehlt und es durch die Brille des Verteidigers Glaubwürdigkeit und Konstanz der Einlassung des Angeklagten beurteilen muß. Dieser faktische Mangel an Unmittelbarkeit ist bei der Beweiswürdigung nach § 261 StPO zu berücksichtigen.[469]

Allerdings darf nicht übersehen werden, daß sich das Gericht auf einem schmalen Grat befindet. Hat es den Eindruck, daß der Angeklagte selbst besser als der Verteidiger Angaben zur Sache machen kann, so gebietet es § 244 Abs. 2 StPO, das persönliche Erscheinen des Angeklagten anzuordnen.

---

[468] LR-*Gollwitzer*, § 234, Rn. 16.
[469] Ebenso AK-*Keller*, § 234, Rn. 4.

B. Mündliche Sacherklärungen für den anwesenden Angeklagten

Fraglich ist, ob und ggf. unter welchen Voraussetzungen der Verteidiger auch für den anwesenden Angeklagten eine Sacherklärung abgeben kann, die diesem als eigene zugerechnet wird. Die Übertragung der mündlichen Einlassung auf den Verteidiger ist in der Praxis weit verbreitet, und ihre Zulässigkeit wird angesichts jüngster BGH-Entscheidungen nur selten hinterfragt. Die wenigen Abhandlungen in der Literatur belegen aber, wie problematisch und hoch umstritten die Frage der grundsätzlichen Übertragbarkeit und die dogmatische Konstruktion sind.

I. Überblick über die Rechtsprechung

Während die frühere Rechtsprechung noch eine restriktive Auffassung vertrat, hat sich in den letzten 30 Jahren eine Rechtsprechung entwickelt, die mehr oder weniger stillschweigend von der Zulässigkeit der Abgabe von Erklärungen des Verteidigers für den anwesenden Angeklagten ausgeht.[470] Insbesondere die Entscheidungen des BGH lassen eine tiefere Auseinandersetzung mit der Problematik vermissen. Auch nach einer Stellungnahme zur dogmatischen Konstruktion ist vergeblich zu suchen. Da die Entscheidungen des BGH und der Oberlandesgerichte überdies stark kasuistisch geprägt sind und die Ansichten je nach Oberlandesgerichtsbezirk stark variieren, wird zunächst ein kurzer Überblick über die höchstrichterliche und obergerichtliche Rechtsprechung vorangestellt.

1. Rechtsprechung des RG

Das RG hat die Aussage zur Sache sowohl bei der Vernehmung nach § 243 Abs. 4 S. 2 StPO als auch bei einer Erklärung nach § 257 Abs. 1 StPO als höchstpersönliche Pflicht angesehen, der alleine der Angeklagte selbst nachkommen könne.[471]

---

[470] Auch *Schlothauer*, Rn. 77e kritisiert, bei praktisch allen Entscheidungen bleibe mangels Begründung unklar, ob der Verteidiger als Vertreter oder als bloßer Übermittler anzusehen ist.

[471] RGSt 44, 285.

2. *Rechtsprechung des BGH*

Die höchstrichterliche Rechtsprechung des BGH ist uneinheitlich. Sie läßt zudem den Eindruck entstehen, problematisch sei nicht die Zulässigkeit der Übertragbarkeit der Sacherklärung auf den Verteidiger, sondern seien alleine die Voraussetzungen für die Zurechnung.

a) Der 1. Senat stellt in einer Entscheidung vom 30.01.1959 noch obiter dictu fest, bei einer Anhörung des Angeklagten nach § 136 StPO sei eine Vertretung unzulässig und die persönliche Verteidigung durch den Angeklagten unerläßlich.[472]

b) In einer Entscheidung vom 29.05.1990[473] führt dagegen der 4. Senat zu der Frage, ob aus einer in einem Beweisantrag des Verteidigers enthaltenen Tatsachenbehauptung eine Sacherklärung des Angeklagten konstruiert werden könne, obiter dictu aus:

> „... wenn der Verteidiger Äußerungen zur Sache abgibt, dürfen diese nur als Einlassung eines Angaben verweigernden Angeklagten verwertet werden, wenn durch *Erklärung des Angeklagten oder des Verteidigers klargestellt* wird, daß der Angeklagte diese Äußerungen als eigene verstanden wissen will ..."[474]

Diese Ansicht, nach der die bloße Erklärung des Verteidigers für eine Zurechnung genügt, hat der 4. Senat in zwei Folgeentscheidungen vom 24.07.1991[475] und 29.10.1992[476] bestätigt.

c) Sehr weit geht die Auffassung des 1. Senats. In dem der Entscheidung vom 22.03.1994[477] zugrundeliegenden Sachverhalt hatte der Verteidiger in der erstinstanzlichen Hauptverhandlung erklärt, „die Vorwürfe würden in vollem Umfang eingeräumt, auf weitere Fragen würde der Angeklagte keine Auskünfte geben"[478]. Diese Äußerung ist nach Ansicht des Senats dem vollständig

---

472 BGHSt 12, 370.
473 BGH NStZ 1990, 447 = StV 1990, 394 = BGHR StPO § 243 Abs. 4 Äußerung 2.
474 BGH NStZ 1990, 447 f. (Hervorhebungen durch den Verfasser).
475 BGHR StPO § 243 Abs. 4 Äußerung 4.
476 BGH, Urt. v. 29.10.1992 – 4 StR 353/92, Ziff. II. 3. a) bb) (insoweit unveröffentlicht und nicht abgedruckt in BGHSt 38, 381).
477 BGH NStZ 1994, 352 = StV 1994, 467 = BGHR StPO § 261 Überzeugungsbildung 23.
478 BGH NStZ 1994, 352.

schweigenden Angeklagten als eigene zurechenbar. Aus dem „*Gesamtzusammenhang*“ ergebe sich, daß nicht eine Erklärung des Verteidigers, sondern eine des Angeklagten vorliege, mit der dieser „das vortragen lassen (hat), was er zur Sache sagen wollte“.[479] Eine ausdrückliche Erklärung des Angeklagten oder des Verteidigers, wie sie der 4. Senat fordert,[480] sei nicht erforderlich. Als Begründung führt der Senat wenig überzeugend an, der Unterschied zur Entscheidung des 4. Senats sei, daß dort der Angeklagte die Einlassung zur Sache verweigert hätte.

d) Der 1. Senat geht mit seiner Entscheidung vom 14.08.1997[481] noch einen Schritt weiter: Er stellt die „apodiktische Behauptung“[482] auf, Sacherklärungen, die der Verteidiger für den anwesenden Angeklagten abgebe, der selbst keine Angaben zur Sache mache, könnten „*ohne weiteres*“ als Einlassung des Angeklagten verwertet werden. Eine Begründung ist in der Entscheidung nicht enthalten. Der Senat begnügt sich mit dem Hinweis, die Entscheidung des 4. Senats[483] sei nicht vergleichbar, da sie die Frage betreffe, ob aus einem Beweisantrag eine Sacherklärung hergeleitet werden könne. Dies verkennt, daß sich der 4. Senat sehr wohl obiter dictu dazu äußerte, unter welchen Voraussetzungen eine Sacherklärung des Verteidigers dem Angeklagten als eigene zurechenbar sei. Zugleich waren dem Senat offensichtlich die o. g. Folgeentscheidungen des 4. Senats unbekannt. Zu Recht stößt diese Entscheidung daher in der Literatur auf breite Ablehnung.[484]

e) Mit einer jüngsten Entscheidung vom 23.02.2000[485] scheint der 1. Senat wieder einer etwas restriktiveren Ansicht zu folgen.[486] Ohne sich mit seiner bisherigen Auffassung und Gegenmeinungen auseinanderzusetzen, führt er aus:

---

479 BGH NStZ 1994, 352.

480 BGH NStZ 1990, 447.

481 BGH StV 1998, 59 m. abl. Anm. *Park* = NStZ-RR 1998, 51.

482 *Park*, StV 1998, 59.

483 BGH NStZ 1990, 447.

484 *Park*, StV 1998, 59, 61 („entschieden entgegenzutreten“); *Geppert*, FS Rudolphi, S. 658 („eindeutig verfehlt“); *Eisenberg/Pincus*, JZ 2003, 403; *Schroeder/Meindl*, F. 3, Rn. 2; KK-*Tolksdorf*, § 243, Rn. 45; *Schurig*, S. 57; HK-*Julius*, § 243, Rn. 18; zustimmend *Schäfer*, FS Dahs, S. 455.

485 BGH, Beschluß vom 23.02.2000 – 1 StR 605/99, NStZ-RR 2001, 131 mit teilweisem Abdruck der Gründe = NStZ-RR 2000, 210 LS (Hervorhebungen durch den Verfasser). Abl.: *Eisenberg/Pincus*, JZ 2003, 403; *Geppert*, FS Rudolphi, S. 658 Fn. 69.

486 Eine Bestätigung der Entscheidung des 1. Senats vom 14.08.1997 ist in dieser Entscheidung entgegen der Ansicht *Schäfers*, FS Dahs, S. 453 nicht zu sehen.

„Die ... Erklärung des Verteidigers in seinem Schlußvortrag, der Angeklagte habe über die eingestandenen Fälle hinaus ... Bestechungsgelder erhalten, durfte die Kammer ... als Geständnis des Angeklagten verwerten. Der Verteidiger hatte die Äußerung *ausdrücklich für* den Angeklagten *abgegeben*, und dieser hatte sich im letzten Wort den Ausführungen seines Verteidigers *angeschlossen* (vgl. BGH StV 1998, 59; BGHR StPO § 243 Abs. 4 Äußerung 2 und 4 sowie § 261 Überzeugungsbildung 23)."

f) Mit der zuletzt ergangenen höchstrichterlichen Entscheidung des 3. Senats vom 23.06.2005[487] wird die Kasuistik um eine weitere Variante bereichert. Damit eine Sacherklärung des Verteidigers als eine des Angeklagten verwertet werden könne, sei es grundsätzlich notwendig, daß der Angeklagte den Verteidiger „ausdrücklich bevollmächtigt oder die Erklärung nachträglich genehmigt". Es hat den Anschein, als wenn der Senat damit eine Vertretung in der Sacheinlassung als zulässig ansieht. Allerdings führt das Gericht dann aus, daß der von seinem Schweigerecht Gebrauch machende Angeklagte sich im vorliegenden Fall die teilgeständige Erklärung seiner Verteidigerin „zu eigen gemacht hat", indem er gegenüber den anwesenden Eltern des Nebenklägers ausführte, „es tue ihm leid, was passiert sei".[488]

Angesichts der in diesem Beschluß geforderten Voraussetzungen und der ausdrücklichen Ablehnung der vom 1. Senat[489] vertretenen Auffassung, daß Erklärungen des Verteidigers „ohne weiteres" zurechenbar seien, ist – auch wenn dieser Entscheidung aus verschiedenen Gründen nicht zuzustimmen ist – spätestens mit diesem Beschluß eine „Kehrtwende in der Rechtsprechung"[490] festzustellen. Von einer Grundsatzentscheidung kann freilich noch immer nicht gesprochen werden.

487 BGH, Beschluß vom 28.06.2005 – 3 StR 176/05, JZ 2006, 204 m. abl. Anm. *Olk* = NStZ 2005, 204 = NStZ-RR 2005, 353 = StV 2005, 536 = NJW 2005, 3508 LS.
488 BGH JZ 2006, 204.
489 BGH StV 1998, 59.
490 *Olk*, JZ 2006, 205.

3. OLG-Rechtsprechung

Die Obergerichte der Länder vertreten eine deutlich strengere Auffassung. Die Entscheidungen sind jedoch sehr uneinheitlich. Trotz der Abweichung von der höchstrichterlichen Rechtsprechung ist es zum einem Vorlageverfahren nach § 121 Abs. 2 GVG bislang nicht gekommen.[491]

a) OLG Celle

Das OLG Celle, das über die Verlesbarkeit eines Sachäußerungen enthaltenden Schriftsatzes des Verteidigers zu entscheiden hatte, führt als Argument für die Nichtverlesbarkeit eines solchen Schriftsatzes an, daß auch die Vertretung bei der mündlichen Einlassung im Rahmen einer Vernehmung unzulässig sei.[492]

b) OLG Hamm, OLG Köln und OLG Zweibrücken

Eine ähnliche Position vertreten die Oberlandesgerichte Hamm, Köln und Zweibrücken.

aa) Das OLG Hamm gestattet es dagegen dem anwesenden Angeklagten, sich bei der Sacherklärung durch den Verteidiger vertreten zu lassen.[493] Voraussetzung sei aber, daß das Gericht den Verteidiger auf die Möglichkeit der Verwertung der Aussage als eine des Angeklagten *hinweist* und auf ausdrückliche *Befragung* des *Verteidigers* weder der Verteidiger, noch der Angeklagte *widersprechen.*[494] Die Beachtung dieser Anforderungen sei als wesentliche Förmlichkeit zu protokollieren (§§ 273, 274 StPO).[495] Diese Auffassung hat das OLG Hamm in einer kürzlich ergangenen Entscheidung bestätigt, ohne sich aber nochmals dezidiert dazu äußern, ob es sich dogmatisch um eine Vertretung handelt.[496]

---

[491] Zutreffend *Schäfer*, FS Dahs, S. 454.
[492] OLG Celle StV 1988, 425 = NStZ 1988, 421= NJW 1989, 992.
[493] OLG Hamm JR 1980, 82 = VRS 57, 427 = NJW 1979, 1373 LS = MDR 1979, 780 Nr. 104 LS.
[494] OLG Hamm JR 1980, 82.
[495] OLG Hamm JR 1980, 82.
[496] OLG Hamm StV 2002, 187, 188 = NStZ 2002, 184 = NStZ-RR 2002, 14 mit Bspr. *Müller-Christmann*, JuS 2002, 1104 f. mit falscher Fundstellenangabe in Fn. 33.

bb) Das OLG Köln folgt der Auffassung des OLG Hamm, wenn es feststellt, eine vom Verteidiger ohne Widerspruch des Angeklagten getätigte Sacherklärung sei nicht als in Vertretung des Angeklagten abgegeben anzusehen, wenn das Protokoll keinen entsprechenden Vermerk darüber enthalte.[497]

cc) Das OLG Zweibrücken läßt in einer neuesten Entscheidung zwar offen, ob die Vertretung bei der Einlassung grundsätzlich zulässig ist.[498] Gestatte man aber eine Vertretung, so genüge bei vollständigem Schweigen des Angeklagten für die Zurechnung von Verteidigererklärungen nicht das bloße Vorliegen einer Vertretungsvollmacht.[499] Auch im Schweigen sei keine ausdrückliche Zustimmung zu sehen. Vielmehr sei der Verteidiger *oder* der Angeklagte vom Vorsitzenden zu befragen, ob die Erklärung des Verteidigers als eine des Angeklagten anzusehen sei, und auf die Möglichkeit der Verwertung hinzuweisen. Nur wenn Verteidiger *oder* Angeklagter der Zurechnung zustimmen, dürfe die Erklärung des Verteidigers als eine des Angeklagten bei der Beweiswürdigung verwertet werden.[500] Die Beachtung dieser Förmlichkeiten könne nur durch das Sitzungsprotokoll bewiesen werden (§§ 273, 274 StPO).[501]

c) BayObLG, OLG Stuttgart und OLG Düsseldorf

Strenger sind in Teilen die Auffassungen des BayObLG, des OLG Stuttgart und des OLG Düsseldorf:

aa) Das BayObLG verneint die Möglichkeit einer Vertretung bei der Sacheinlassung, hält es aber für zulässig, daß der anwesende Angeklagte dem Verteidiger die Formulierung und Kundgabe der Angaben, die er machen will, überlassen kann.[502] Für eine Zurechnung als eigene Erklärung sei aber erforderlich, daß sich der Angeklagte die vom Verteidiger abgegebene

---

[497] OLG Köln VRS 1980, 350.

[498] OLG Zweibrücken, Beschluß v. 14.09.2005 – Ss 29/05 (38/05), NStZ 2006, 182 (allerdings unter Verweis auf die unveröffentlichte Entscheidung desselben Senats des OLG Zweibrücken, Beschluß v. 28.04.2003 – SS 33-34/2003, nach dem eine Vertretung zulässig sei).

[499] OLG Zweibrücken NStZ 2006, 183.

[500] OLG Zweibrücken NStZ 2006, 183.

[501] OLG Zweibrücken NStZ 2006, 183.

[502] BayObLG VRS 60, 121 = BayObLGSt 1980, 111 = NJW 1981, 412 LS = NStZ 1981, 76 LS; MDR 1981, 516.

Erklärung durch eine „*ausdrückliche Erklärung*“ oder *Äußerungen,* „die *jeden Zweifel ... ausschließen*“, zu eigen macht.[503]

In einer neueren Entscheidung hingegen läßt das BayObLG offen, ob an dieser Ansicht festzuhalten ist.[504]

bb) Das OLG Stuttgart verlangt dagegen die *ausdrückliche Zustimmung* des *Angeklagten.*[505]

cc) Das OLG Düsseldorf wiederum folgt der Auffassung des BayObLG.[506] Danach habe der Vorsitzende sowohl den Verteidiger zu befragen, ob seine Erklärung als solche des Angeklagten anzusehen sei, als auch auf die Möglichkeit der Verwertung hinzuweisen. Nur bei einer ausdrücklichen oder einer jeden Zweifel ausschließenden konkludenten Äußerung des Angeklagten bestehe die für eine Verwertung erforderliche Klarheit. Sämtliche Voraussetzungen seien als wesentliche Förmlichkeiten (§§ 273, 274 StPO) zu protokollieren.

II. Zulässigkeit

Die entscheidende Frage ist, ob es grundsätzlich zulässig ist, eine vom Verteidiger für den anwesenden Angeklagten abgegebene Sacherklärung diesem als eigene zuzurechnen. Die neuere Rechtsprechung verleitet – mit Ausnahme vor allem der Entscheidungen des OLG Hamm[507] und des BayObLG[508] – zu der irrigen Annahme, dies sei dogmatisch völlig unproblematisch.[509]

1. Vertretung

Denkbar erscheint, eine Vertretung des anwesenden Angeklagten bei der Sacherklärung durch den Verteidiger zuzulassen, wie dies der h. M. für den nicht anwesenden Angeklagten entspricht (sog. Vertretungslösung).

---

[503] BayObLG VRS 60, 121; MDR 1981, 516; so obiter dictu auch BayObLGSt 1982, 156, 157 = VRS 64, 134 = MDR 1983, 429.
[504] BayObLG NStZ 2003, 388 = BayObLGSt 2002, 120 = StV 2003, 320 = VRS 104, 305.
[505] OLG Stuttgart NZV 1989, 203.
[506] OLG Düsseldorf StV 2002, 411 = NJW 2002, 2728.
[507] OLG Hamm JR 1980, 82.
[508] BayObLG VRS 60, 121; MDR 1981, 516.
[509] So schon die Kritik bei *Fezer*, JR 1980, 84; *Park*, StV 1998, 60.

a) Die Vertretungslösung wird von einer Mindermeinung vertreten.[510] Der Verteidiger gibt danach eine eigene Erklärung zur Sache ab, die für und gegen den Angeklagten wirkt. Diese Ansicht hat – soweit ersichtlich – erstmals in Rechtsprechung und Literatur das OLG Hamm in einer Aufsehen erregenden Entscheidung vom 27.03.1979 vertreten:[511] Um eine Sacherklärung des schweigenden Angeklagten handele es sich auch, „wenn sich der Angeklagte … seines Verteidigers als Vertreter bezüglich der Abgabe einer … Erklärung bedient".[512]

Zuvorderst wird hierfür das Argument angeführt, das Recht, sich aufgrund des „sprachlichen Vermögens oder der forensischen Geschicklichkeit" bei der Sacheinlassung durch den Verteidiger „beraten und auch *vertreten*" zu lassen, folge aus dem Anspruch des Angeklagten auf rechtliches Gehör (Art. 103 Abs. 1 GG).[513] Dieser beinhalte nicht nur die Befugnis des Angeklagten, sich bezüglich des ob, sondern auch bezüglich des *wie* der Einlassung und daher auch für eine Vertretung durch den Verteidiger frei zu entscheiden.[514]

Das Recht zu Vertretung ergebe sich zudem aus dem nemo-tenetur-Grundsatz: Da der Angeklagte zum Schweigen berechtigt sei, stehe ihm als Minus der „Mittelweg einer ‚stellvertretenden' Gegenrede" zu.[515]

Ferner spreche für eine Zulässigkeit der Vertretung der Erst-recht-Schluß aus den Vertretungsvorschriften für das Verfahren gegen den nicht anwesenden Angeklagten. Ansonsten würde der nicht anwesende Angeklagte, der sich in der Einlassung vertreten lassen dürfe, besser stehen als der anwesende, wofür es keinen sachlichen Grund gebe und was mit der Subjektstellung des Angeklagten nicht vereinbar sei.[516]

---

[510] OLG Hamm JR 1980, 82 = VRS 57, 427 = NJW 1979, 1373 LS = MDR 1979, 780 Nr. 104 LS; OLG Zweibrücken, Beschluß vom 28.04.2003 – Ss 33-34/2003 (unveröffentlicht); *Burhoff*, Hauptverhandlung, Rn. 1041; *Salditt*, StV 1993, 443; eine Vertretung nur in der Erklärung und nicht im Willen bejahen *Park*, StV 1998, 61; *ders.*, StV 2001, 594; *Schlothauer*, Rn. 77e; LR-Gollwitzer, § 243, Rn. 100; SK-*Schlüchter*, § 243, Rn. 48 (a. A. *dies.*, Rn. 467 Fn. 183).

[511] OLG Hamm JR 1980, 82.

[512] OLG Hamm JR 1980, 82.

[513] OLG Hamm JR 1980, 82 (Hervorhebungen durch den Verfasser).

[514] OLG Hamm, JR 1980, 81; *Park*, StV 1998, 60; *Schlothauer*, Rn. 77e.

[515] *Salditt*, StV 1993, 443; *Park*, StV 1998, 60.

[516] *Park*, StV 1998, 61; *ders.*, StV 2001, 594; vgl. auch *Eisenberg/Pincus*, JZ 2003, 402.

b) Die Vertretungslösung ist jedoch mit der h. M.[517] abzulehnen.

aa) Nach der zutreffenden Organtheorie der h. M. ist der Verteidiger grundsätzlich nicht Vertreter des Angeklagten, sondern nur dessen Beistand. Eine ausdrückliche Vorschrift, die wie für das Verfahren gegen den nicht anwesenden Angeklagten eine Bevollmächtigung zur Vertretung zuläßt, besteht nicht.

bb) Der Wortlaut der die Vernehmung in der Hauptverhandlung regelnden §§ 243 Abs. 4 S. 1 und 2, 244 Abs. 1 StPO spricht von der Vernehmung des *Angeklagten*.

(1) Maßgebend für die Auslegung einer Gesetzesbestimmung ist der in der Norm zum Ausdruck kommende objektivierte Wille des Gesetzgebers, wie er sich aus dem Wortlaut der Vorschrift und dem Sinnzusammenhang ergibt. Die auf den ersten Blick klar gegen eine Vertretung sprechende grammatikalische Auslegung führt hier alleine nicht weiter, denn die StPO verwendet den Begriff des Angeklagten nicht immer einheitlich. In einzelnen Vorschriften, wie z. B. §§ 219, 255, 258 Abs. 1 StPO, stellt der Terminus „Angeklagter" eine verkürzte Ausdrucksweise dar, die den Angeklagten *und* den Verteidiger meint,[518] was auch hier der Fall sein könnte (vgl. § 258 Abs. 3 StPO).

(2) Die Zulässigkeit der Vertretung des anwesenden Angeklagten bei der Sacherklärung paßt aber nicht in die Systematik des Gesetzes. Die StPO sieht nur ausnahmsweise für besondere Fälle (§§ 145a, 234, 329 Abs. 2 S. 1, Abs. 1 S. 1, 350 Abs. 2, 387 Abs. 1 und 411 Abs. 2 StPO) eine Vertretung vor. Im Gegenschluß ist die Vertretung daher immer, wenn das Gesetz nicht eine Vertretungsregelung vorsieht, also auch bei der Sacherklärung des anwesenden Angeklagten, unzulässig.[519]

---

517 So schon *Löwe*, § 136, Anm. 7b; *Spendel*, JZ 1959, 739; *Fezer*, JR 1980, 83; *ders.*, F. 11, Rn. 14; BayObLG VRS 60, 121 (Vertretung des nicht anwesenden Angeklagten jedoch zulassend); OLG Celle NStZ 1988, 426; *Weber*, S. 75 ff., 110 ff.; *Michel*, MDR 1994, 248; *Eisenberg/Pincus*, JZ 2003, 402; *Geppert*, FS Rudolphi, S. 656 f.; KMR-*Sax*, Einl. IV, Rn. 36; *Schlüchter*, Rn. 467 Fn. 183; KK-*Tolksdorf*, § 243, Rn. 45; § 234, Rn. 2; AK-*Keller*, § 234, Rn. 1 a. E.; *Meyer-Goßner*, § 234, Rn. 4; § 243, Rn. 27; *Schäfer*, FS Dahs, S. 455; vgl. auch SK-*Schlüchter*, § 234, Rn. 10; zw. auch *Meyer-Mews*, JR 2003, 363 („dogmatisch bedenklich").

518 *Schroeder/Meindl*, F. 12, Rn. 14.

519 *Schlüchter*, Rn. 102, Fn. 308d; *Fezer*, JR 1980, 84; BayObLGSt 1982, 158 = VRS 64, 134 = NJW 1983, 896 = MDR 1983, 429.

Diesem Einwand wird von den Befürwortern der Vertretungslösung entgegengehalten, die expliziten Vorschriften zur Vertretung hätten keinen Ausnahmecharakter. Es handle sich vielmehr um eine Klarstellung des Gesetzgebers, die diesem nur angesichts der größeren Gefahr für die Interessenswahrnehmung des in der Hauptverhandlung nicht anwesenden Angeklagten geboten erschien.[520] Für diese Deutung ergibt sich jedoch weder aus dem Gesetz, noch aus den Gesetzesmaterialien ein Hinweis. Sie überzeugt auch in der Sache nicht, da die Vertretungsregelungen im Verfahren gegen den nicht anwesenden Angeklagten für einfachere Sachen mit geringerer Straferwartung unter Abwägung zwischen den Bedürfnissen der optimalen Wahrheitsermittlung und einer funktionsfähigen Rechtspflege geschaffen wurden, also ein sachlicher Grund für eine Differenzierung besteht.

(3) Gegen die Zulässigkeit einer Vertretung des anwesenden Angeklagten in der Sacherklärung durch den Verteidiger spricht zudem die historische Auslegung des heutigen § 243 StPO (= § 205 StPO-Entwurf[521] = § 242 RStPO[522]) anhand der Gesetzesmaterialien. Der in der Vorlage des Reichsjustizministeriums enthaltene § 205 StPO-Entwurf enthielt noch folgenden Abs. 4:

> „Der Vertheidiger ist befugt, nachdem der Angeklagte gehört worden ist, die Auslassung desselben in Beziehung auf Thatsachen zu vervollständigen.“[523]

Die Begründung zu diesem Entwurf stellte dagegen bereits einschränkend fest, der Verteidiger dürfe tatsächliche Angaben des Angeklagten

> „nicht ändern, sondern nur erläutern ..., da die eigenen Angaben des Angeklagten entscheiden.“[524]

In der Ersten Lesung strich die Kommission schließlich auf Antrag mehrerer Abgeordneter § 205 Abs. 4 StPO-Entwurf ohne weitere Begründung ganz,[525] was dafür spricht, daß eine Vertretung in der Erklärung grundsätzlich nicht zulässig sein sollte.

---

[520] *Park*, StV 1998, 61, Fn. 23.
[521] RT-Ds. 1874, Nr. 5.
[522] RGBl. 1877, Nr. 8, S. 253.
[523] *Hahn*, Abt. 2, S. 2250.
[524] *Hahn*, Abt. 1, S. 191.
[525] *Hahn*, Abt. 1, S. 842, 844.

(4) Zu diesem Ergebnis kommt auch die objektiv-teleologische Methode, die nach Sinn und Zweck fragt. Die Vernehmung dient nicht nur der Ermöglichung des rechtlichen Gehörs des Angeklagten, sondern gleichberechtigt auch der Sachverhaltsaufklärung.[526] Es ist anerkannt, daß die Auskunftsperson als unmittelbares das zuverlässigere und qualitativ bessere Beweismittel darstellt.

cc) Gegen die Vertretungslösung könnte zudem sprechen, daß die StPO keine allgemeinen Regeln zur Vertretung enthält. Der Schluß, daß der StPO deshalb eine Vertretung grundsätzlich fremd ist, ist jedoch nicht zutreffend. Die Vertretung ist vielmehr wie überall im Recht zulässig, soweit sie mit Wesen und Struktur des Strafverfahrens und des Strafprozesses vereinbar ist.[527] Die StPO erkennt dies stillschweigend an, indem sie für einzelne Prozeßhandlungen Vertretungsvorschriften enthält.[528]

dd) Das Argument, das Vertretungsrecht ergebe sich aus dem Anspruch auf rechtliches Gehör (Art. 103 Abs. 1 GG), überzeugt nicht. Dieser gewährt dem Angeklagten nur die Gelegenheit, sich zu dem einer Entscheidung zugrundeliegenden Sachverhalt vor deren Erlaß zu äußern und damit das Gericht in seiner Willensbildung zu beeinflussen. Das Gericht darf seiner Entscheidung dementsprechend nur Tatsachen und Beweisergebnisse zugrunde legen, zu denen der Beschuldigte Stellung nehmen konnte. Art. 103 Abs. 1 GG garantiert dabei nach h. M. aber gerade nicht das Gehör durch Vermittlung eines Anwalts.[529]

Soweit zu lesen ist, der Verteidiger habe als Organ der Rechtspflege neben dem Angeklagten einen eigenen Anspruch auf rechtliches Gehör,[530] ist dies mißverständlich. Der Verteidiger hat insoweit kein Recht, sich zur Sache einzulassen, d. h. sich wie der Angeklagte durch die Aussage selbst zum Beweismittel zu machen, sondern nur, prozessuale Erklärungen, insbesondere Ausführungen plädoyerhafter Art, abzugeben, die bei der Beweiswürdigung allein in ihrer argumentativen Bedeutung berücksichtigt werden dürfen.

---

[526] S. oben S. 75.

[527] So schon zutreffend RGSt 66, 211.

[528] RGSt 66, 211.

[529] BVerfGE 9, 132; 31, 301; 38, 118; BVerfG NStZ 1984, 176; BayObLG NJW 1995, 3134; KK-*Pfeiffer*, Einleitung, Rn. 26.

[530] *Beulke*, Verteidiger im Strafverfahren, S. 198 f.; a. A. *Henkel*, S. 251.

ee) Ein Recht auf Vertretung folgt schließlich nicht aus der Überlegung, der anwesende Angeklagte würde andernfalls gegenüber dem nicht anwesenden Angeklagten schlechter gestellt.

Zunächst setzt dies schon voraus, daß man überhaupt die Vertretung des nicht anwesenden Angeklagten in der Einlassung für zulässig erachtet. Aber selbst dann greift dieses Argument nicht, da es das in der StPO enthaltene Regel-Ausnahme-Verhältnis verkennt. Eine Vertretung ist nach dem eindeutigen Wortlaut des Gesetzes nur im Verfahren gegen den nicht anwesenden Angeklagten, d. h. in Fällen kleinerer Kriminalität, möglich, soweit nicht eine Abwägung zwischen dem Gebot der Wahrheitsermittlung und der Prozeßökonomie die Anordnung des persönlichen Erscheinens (§ 236 StPO) gebietet. Zudem ist die Annahme falsch, eine Vertretung in der Erklärung zur Sache sei stets ein Vorteil („Besserstellung") für den Angeklagten. Durch das Dazwischenschalten des Verteidigers als weiteres Glied in der Mitteilungskette besteht die nicht unerhebliche Gefahr einer, wenn auch unbewußt, falschen Aussage zu Lasten des Angeklagten.[531] Für die Differenzierung des Gesetzgebers zwischen nicht anwesendem und anwesendem Angeklagten besteht auch insofern ein sachlicher Grund (Art. 3 Abs. 1 GG), als die Vertretung in der Sacherklärung beim nicht anwesenden Angeklagten besser ist als gar keine Möglichkeit zur Äußerung in der Verhandlung.

ff) Das entscheidende Argument gegen die Zulässigkeit der Vertretung in der Sacherklärung ist die Höchstpersönlichkeit der Äußerung zur Sache, die nach allgemeinem Rechtsverständnis eine Vertretung ausschließt.

Bereits das RG hat die Aussage zur Sache als höchstpersönliche Pflicht angesehen, der allein der Angeklagte selbst nachkommen könne. In einer beachtenswerten Entscheidung vom 03.02.1911 führt es zu der Frage, ob § 256 StPO a. F. (= § 257 Abs. 1 StPO h. F.) das Recht des Verteidigers beinhalte, für den Angeklagten Sacherklärungen abzugeben, aus:

> „Demselben Zwecke [wie die Vernehmung nach § 243 Abs. 4 S. 2 StPO] dient die Befragung nach § 256 ... Der Angeklagte kann eine vorher abgelehnte Erwiderung auf die Anklage nachholen. Ihm steht frei, seine früheren Angaben zu vervollständigen, aufzuklären, zu berichtigen, zurückzunehmen... Alle solchen Erklärungen ... stehen sachlich denjenigen gleich, die bei der ‚Vernehmung' erfolgen. Sie

[531] Vgl. *Weber*, S. 106.

> müssen daher von dem Angeklagten *persönlich abgegeben* werden. Ihn hierbei zu vertreten, hat der Verteidiger, dessen Beistandes sich der Angeklagte bedienen kann (§ 137 StPO), ebensowenig ein Recht wie bei der Vernehmung. In § 256 StPO sind die Worte ‚der Angeklagte' auf diesen selbst zu beschränken..."[532]

Auch der 1. Senat des BGH stellt in einer Grundsatzentscheidung zur Vertretung bei der Abgabe prozessualer Erklärungen vom 30.01.1959 fest, die StPO

> „gestattet es ..., *abgesehen* von den Fällen, in denen die *persönliche* Verteidigung des Beschuldigten ... unerläßlich ist (z. B. *Anhörung nach § 136 StPO*), daß der Beschuldigte sich zur Abgabe seiner Erklärung eines Vertreters bedient...".[533]

In der obergerichtlichen Rechtsprechung gelangt das OLG Celle, das über die Verlesbarkeit eines Sachäußerungen enthaltenden Schriftsatzes des Verteidigers zu entscheiden hatte, zu dem Ergebnis,

> „eine ‚Vertretung' ... bei der Abgabe von schriftlichen Erklärungen zur Sache i. S. des § 163a I 2 StPO kommt ebensowenig in Betracht wie bei einer *Vernehmung zur Sache*".[534]

In der Literatur hat sich schon früh *Eb. Schmidt* mit dieser Frage beschäftigt und festgestellt, die Vertretung sei dort „völlig unzulässig", „wo es nach dem Sinn und der Struktur des Strafverfahrens auf den Beschuldigten persönlich ankomme, insbesondere bei allen Vernehmungen durch den Richter, sei es in der Hauptverhandlung, sei es sonst in richterlichen Terminen."[535]

Die Erklärung des Angeklagten zur Sache ist mit der Aussage des Zeugen vergleichbar.[536] Angeklagter und Zeuge sind beide persönliche Beweismittel.

Ihre Aussage enthält jeweils die Wahrnehmung von Tatsachen. Der Bewertungsmaßstab für die Beurteilung der Einlassung des Angeklagten und der eines

---

532 RGSt 44, 285 (Hervorhebungen durch den Verfasser).
533 BGHSt 12, 370 (Hervorhebungen durch den Verfasser).
534 OLG Celle StV 1988, 425 = NStZ 1988, 421= NJW 1989, 992 (Hervorhebungen durch den Verfasser).
535 *Eb. Schmidt* II, Vorbem. § 137 StPO, Rn. 33.
536 BGHSt 2, 270; *von Hippel*, S. 276, 230 mit Fn. 2; *Fezer*, JR 1980, 83; *Michel*, MDR 1994, 684; *Meyer-Mews*, JR 2003, 362; *Geppert*, FS Rudolphi, S. 656.

Zeugen sind gleich.[537] Anders als bei Mitteln des Sachbeweises und beim Sachverständigenbeweis hängt der Beweiswert von Umständen ab, die in der Aussageperson selbst begründet sind:[538]

> „Der Zeuge hat ... über Vorgänge zu berichten, die abgeschlossen in der Vergangenheit liegen. Er gibt aber nicht die Vorgänge selbst wieder, sondern nur die Wahrnehmungen, die er über sie gemacht hat. Hierbei kommt es ganz wesentlich auf das Auffassungsvermögen, das Urteil und die Gedächtnisstärke des Zeugen an, sowie auf seine Fähigkeit, streng sachlich zu berichten, auf seine persönliche Zuverlässigkeit und Glaubwürdigkeit ... Das Ergebnis der Wahrnehmung und ihre Wiedergabe sind m. a. W. regelmäßig durchaus persönlicher Art. Ein Zeuge kann daher ... nicht durch einen anderen Zeugen und zumeist auch nicht durch ein anderes Beweismittel beliebig ersetzt werden, ist in diesem Sinne vielmehr unersetzbar." [539]

Für den Zeugen ist es unstreitig, daß dieser seine Aussage (§ 69 StPO) nur selbst abgeben kann.[540] Ein Rechtsbeistand, auf dessen Beiziehung der Zeuge bei allen Vernehmungen ein Recht hat (vgl. § 68 b StPO),[541] darf den Zeugen nur beraten, für ihn Anträge stellen und prozessuale Erklärungen abgeben, ihn aber gerade nicht bei der Aussage vertreten oder für ihn eine solche übermitteln.[542]

Auch bei der Parteivernehmung im Zivilprozeß (§§ 445 ff., 478 ZPO) ist es ganz h. M., daß nur die Partei selbst eine Aussage machen kann und diese nicht der Prozeßbevollmächtigte für die Partei übernehmen darf.[543] Gleiches gilt für den Verwaltungsprozeß, bei dem nur die Parteivernehmung eines Beteiligten persönlich (§ 98 VwGO i. V. m. §§ 445 ff. ZPO) zulässiges Beweismittel ist.[544]

Es ist daher konsequent, daß auch der Angeklagte die Sacherklärung nur persönlich abgeben kann. Eine Vertretung des Angeklagten ist nur zulässig, wenn er Prozeßsubjekt ist, d. h. reine Prozeßerklärungen abgibt, nicht aber, wenn er auch

---

537 *Prüfer*, S. 3.
538 BGHSt 32, 127.
539 RGSt 47, 104 f.; so auch BGHSt 22, 348; 32, 127.
540 *Fezer*, JR 1980, 83; *Michel*, MDR 1994, 648.
541 BVerfGE 38, 105; SK-*Rogall*, Vor § 48, Rn. 110.
542 Ganz h. M.: LR-*Dahs*, Vor § 48, Rn. 10 a. E.; KMR-*Neubeck*, Vor § 48, Rn. 17; *Meyer-Goßner*, Vor § 48, Rn. 11; *König*, FS Rieß, S. 255.
543 Stein/Jonas-*Bork*, Vor § 78 ZPO, Rn. 9.
544 *Kopp/Schenke*, § 98, Rn. 20; § 86, Rn. 14.

Beweismittel ist.[545] Das für eine Aussage erforderliche Wissen des Angeklagten ist als untrennbarer Bestandteil der Gesamtpersönlichkeit nicht auf einen anderen übertragbar. Dem Verteidiger verbleibt die Aufgabe, die Aussage des Angeklagten „wie die gesamte sonstige Beweisaufnahme zu bewerten".[546]

ff) Wenig überzeugend ist schließlich das Argument, aus dem Recht, zur Sache zu schweigen, folge die Freiheit der Entscheidung, nicht nur über das ob, sondern auch über das wie der Einlassung zu bestimmen.

Der verfassungsrechtlich geschützte nemo-tenetur-Grundsatz, der dem Schweigerecht zugrunde liegt, beinhaltet lediglich eine globale Garantie negativer Mitwirkungsfreiheit, die darauf beschränkt ist, daß niemand verpflichtet ist, zur eigenen Überführung tätig zu werden und an einer Untersuchungshandlung *aktiv* mitzuwirken.[547] Dieses Recht zur Passivität korreliert mit einem negativen Abwehrrecht des Bürgers, sich vom Staat nicht zur Selbstbelastung zwingen zu lassen.[548] Die Freiheit, daß keiner tun muß, was er nicht will, heißt aber nicht, daß jeder tun kann, was er will.[549] Die Vertretung in der Sacherklärung ist kein minus zum Schweigerecht, sondern ein aliud.

Überdies ist auch nicht ersichtlich, weshalb der Grundsatz der Aussagefreiheit „nahezu leerliefe"[550]. Der Angeklagte hat schließlich auch bei Unzulässigkeit der Vertretung bei der Einlassung die Wahl, zu schweigen oder aber persönlich zur Sache auszusagen. Aus diesem Wahlrecht ergibt sich aber, wie gesagt, nicht die Befugnis, die prozessualen Modalitäten selbst festzulegen.

gg) Letztlich birgt die Zulässigkeit der Vertretung bei der Einlassung auch die Gefahr, die Effektivität der Strafverteidigung zu schwächen. Ein Verteidiger, der „mit der Zunge des Mandaten"[551] spricht, wird leicht von Gericht und Staatsanwaltschaft nicht mehr als glaubwürdig angesehen.

---

545 RGSt 44, 285; OLG Hamm JMBlNRW 1953, 276 (für den Fall der Vertretung des nicht anwesenden Angeklagten); *Dahs*, NJW 1962, 2239 f.; *Fezer*, JR 1980, 83; *ders.*, F. 11, Rn. 14; *Michel*, MDR 1994, 648; *Schorn*, JR 1965, 376; *Spendel*, JZ 1959, 739; *von Hippel*, S. 291 mit Fn. 6 a. E.; *Meyer-Mews*, JR 2003, 362; *Geppert*, FS Rudolphi, S. 656.
546 *Von Hippel*, S. 291.
547 BVerfGE 56, 37 ff.; BGHSt 34, 46.
548 *Geppert*, FS Spendel, S. 668.
549 *Geppert*, FS Spendel, S. 669; *ders.*, FS Rudolphi, S. 655.
550 *Park*, StV 1998, 60.
551 *Hohmann*, Handbuch FA Strafrecht, Teil B, Kap. 3, Rn. 33.

Eine Beeinträchtigung der Unabhängigkeit des Verteidigers vom Angeklagten ist dagegen nicht zu befürchten, da der Verteidiger, wie oben bei der Abgabe von Erklärungen für den nicht anwesenden Angeklagten erörtert, auch wenn er ausnahmsweise Vertreter ist, nicht den Weisungen seines Mandanten unterliegt.[552] Auch die Wahrheitspflicht des Verteidigers steht der Vertretung nicht entgegen, weil sie nur die wissende Äußerung falscher Tatsachen verbietet und der Verteidiger stets frei ist, Tatsachen, an deren Richtigkeit er Zweifel hat, nicht in Vertretung des Angeklagten vorzutragen.

2. *Vertretung nur in der Erklärung*

Nach einer bereits für die Abgabe von Erklärungen für den nicht anwesenden Angeklagten dargestellten Meinung[553] darf der Verteidiger den anwesenden Angeklagten nicht im Willen, sondern nur in der Erklärung vertreten.[554] Diese Auffassung vertreten insbesondere *Gollwitzer, Park* und *Schlüchter.*

a) Dieser Ansatz überzeugt, wie oben untersucht, bereits im Grundsatz nicht, da die Abgabe von Sacherklärungen stets eine Vertretung im Willen darstellt und eine dritte Kategorie zwischen Vertretung und Botenschaft überdies weder im Zivilrecht noch im Strafprozeßrecht anzuerkennen ist.

b) In den Darstellungen der einzelnen Autoren ergeben sich zudem mehrfache Widersprüche:

aa) So ist *Schlüchter* in ihrer Kommentierung im Systematischen Kommentar der Ansicht, der *anwesende* Angeklagte könne sich von seinem Verteidiger in der Erklärung vertreten lassen, was aber – so ihre Einschränkung – nur bei Antworten auf einzelne Fragen der Fall sei.[555] Damit gibt sie ohne Begründung die von ihr in ihrem Lehrbuch vertretene Übermittlungslösung auf, nach der die Vertretung des anwesenden Angeklagten bei der Sacherklärung wegen der höchstpersönlichen Rechtsnatur generell unzulässig sei, der Angeklagte sich jedoch eine vom Verteidiger übermittelte Einlassung zu eigen machen könne.[556]

---

[552] S. oben S. 99.
[553] S. oben S. 95 ff.
[554] *Park*, StV 1998, 60 f.; *ders.*, StV 2001, 594 f.; LR-*Gollwitzer*, § 243, Rn. 100; § 234, Rn. 16; *Schlothauer*, Rn. 77e; SK-*Schlüchter*, § 243, Rn. 48.
[555] SK-*Schlüchter*, § 243, Rn. 48.
[556] *Schlüchter*, Rn. 467 mit Fn. 183; Rn. 102 Fn. 308d.

Der Widerspruch ergibt sich nun vor allem zu den Ausführungen *Schlüchters* im Systematischen Kommentar zur Vertretung des *nicht anwesenden* Angeklagten (§ 234 StPO etc.).[557] Die Vertretung des nicht anwesenden Angeklagten bei der Einlassung sei, obwohl die StPO für diesen anders als für den anwesenden Angeklagten eine ausdrückliche Vertretungsreglung enthält, unzulässig. Der Verteidiger dürfe für den nicht anwesenden Angeklagten nur eine Erklärung *überbringen*. Damit verdreht Schlüchter die dem Gesetz zu entnehmende Systematik – Vertretung des nicht anwesenden Angeklagten als gesetzliche Ausnahme zur Regel, nach der eine Vertretung des anwesenden Angeklagten nicht möglich ist – in ihr Gegenteil, ohne hierfür eine Begründung zu geben.

bb) Auch die Ansicht *Gollwitzers* ist nicht widerspruchsfrei. Einerseits erlaubt er die Vertretung des anwesenden Angeklagten in der Erklärung bei der Einlassung nach § 243 Abs. 4 S. 2 StPO.[558] Andererseits sieht er unter Verweis auf RGSt 44, 284 – das aber generell die Vertretung bei der Einlassung auch im Rahmen der Vernehmung für unzulässig ansieht – eine nach § 257 Abs. 1 StPO erfolgende Sacherklärung als höchstpersönlich an, so daß eine Vertretung ausscheidet.[559]

Wenn der Verteidiger den anwesenden Angeklagten aber grundsätzlich in der Einlassung vertreten darf, wie dies *Gollwitzer* fordert, so muß dies nicht nur für die Vernehmung nach § 243 Abs. 4 S. 2 StPO, sondern für alle Sacherklärungen, ungeachtet aus welchem Recht (§§ 243 Abs. 4 S. 2, 257 Abs. 1, 258 Abs. 1 und 2 StPO) sie abgegeben werden,[560] gelten. Für eine Differenzierung besteht kein sachlicher Grund. Zudem wäre der Verteidiger ansonsten, insbesondere im Verfahren gegen den nicht anwesenden Angeklagten, gezwungen, sich schon bei der Vernehmung zu äußern. § 243 Abs. 4 S. 2 StPO hat aber nur den Sinn, daß der Angeklagte als erstes das Wort hat. Auch ist die Vertretung des Angeklagten bei der Abgabe einer Erklärung nach § 257 Abs. 1 StPO keinesfalls wegen § 257 Abs. 2 StPO überflüssig.[561] Der Unterschied zwischen Abs. 1 und Abs. 2 ist gerade, daß der Angeklagte nach Abs. 1 eine Sacherklärung abgeben kann,[562] der Verteidiger dies aber aus seinem eigenen Recht nach Abs. 2 naturgemäß nie darf, es sei denn, er tritt an die Stelle des Angeklagten und nimmt als Vertreter dessen Recht nach Abs. 1 wahr.

---

557 SK-*Schlüchter*, § 243, Rn. 48; § 234, Rn. 10.
558 LR-*Gollwitzer*, § 243, Rn. 100; § 234, Rn. 16.
559 LR-*Gollwitzer*, § 257, Rn. 8; so auch KMR-*Stuckenberg*, § 257, Rn. 11.
560 S. oben S. 74 ff.
561 So aber LR-*Gollwitzer*, § 257, Rn. 8; KMR-*Stuckenberg*, § 257, Rn. 11.
562 Statt vieler: LR-*Gollwitzer*, § 257, Rn. 1.

3. *Übermittlung der Sacherklärung*

Die Vertreter der sog. Übermittlungslösung lehnen eine Vertretung des anwesenden Angeklagten bei der Einlassung aufgrund der Höchstpersönlichkeit als unzulässig ab, gestatten aber dem Verteidiger für den Angeklagten eine Erklärung zu übermitteln.[563]

a) In der Rechtsprechung vertritt vor allem das BayObLG die Übermittlungslösung, läßt es aber mit der Feststellung bewenden, es bestünden „keine Bedenken dagegen, daß sich der Angeklagte ... des Beistands seines Verteidigers bei seiner Einlassung bedienen, diesem also die Formulierung und Kundgabe der Angaben, die er machen will, überlassen kann."[564] Was genau unter der Übermittlungslösung zu verstehen ist, bleibt häufig unklar. Ausführlich zum dogmatischen Fundament dieser Theorie hat sich *Geppert* geäußert: Der Verteidiger gebe stets eine *eigene* Erklärung ab, die nur dann dem Angeklagten nach § 261 StPO zurechenbar sei, wenn dieser sie als eigene übernehme, wobei hierfür eine pauschale Bejahung genüge. Dies sei vergleichbar mit dem Beweis vom Hörensagen, bei dem ein unmittelbarer Personalbeweis durch mittelbaren Personalbeweis ersetzt werde. Allerdings sei der Verteidiger nicht Zeuge, sondern habe eine dem Privatkläger, der ebenfalls Sacherklärung abgeben könne, ähnliche Stellung, kraft derer er als „selbstständiger Verfahrensbeteiligter" eine Einlassung einbringen könne.[565] Der geminderte Beweiswert

---

[563] BayObLG VRS 60, 121 = BayObLG 1980, 111 (Vertretung des nicht anwesenden Angeklagten aber zulassend); *Michel*, MDR 1994, 648; *Eisenberg/Pincus*, JZ 2003, 402 (eine Vertretung des nicht anwesenden Angeklagten aber zulassend); *Geppert*, FS Rudolphi, S. 656 ff. (der eine Vertretung generell ablehnt und die Übermittlungslösung auch für den nicht anwesenden Angeklagten vertritt); AK-*Stern*, Vorbem. § 137, Rn. 32 (Vertretung des nicht anwesenden Angeklagten aber zulassend); SK-*Wohlers*, Vor § 137, Rn. 55 (Vertretung des nicht anwesenden Angeklagten aber zulassend); *Schlüchter*, Rn. 467 mit Fn. 183; Rn. 102 Fn. 308d (vgl. SK-*Schlüchter*, § 234, Rn. 10; § 243, Rn. 48); unklar *Meyer-Goßner*, § 261, Rn. 16; § 243, Rn. 27; § 234, Rn. 4, der zwar eine Vertretung des anwesenden Angeklagten ablehnt, dann aber wenig überzeugend zwischen vom Verteidiger „tatsächlich abgegebenen" Erklärungen, deren Verwertung einer ausdrücklichen Zustimmung des schweigenden Angeklagten bedürfe, und „für den Angeklagten" abgegebenen Sacherklärungen des Verteidigers, die „ohne weiteres" dem Angeklagten zuzurechnen seien, differenziert. Auch *Schäfer*, FS Dahs, S. 455, der eine Vertretung ablehnt, läßt offen, welche dogamtische Grundlage der nach seiner Ansicht „ohne weiteres" erfolgende Zurechnung zugrunde liegt.

[564] BayObLG VRS 60, 121.

[565] *Geppert*, FS Rudolphi, S. 657.

der übermittelten Aussage des Verteidigers sei aber im Rahmen von § 261 StPO zu berücksichtigen.

Als Argument für die Übermittlungslösung wird der Grundsatz der Waffengleichheit angeführt.[566] Als Berufsjurist lasse sich der Verteidiger nicht wie der Angeklagte, für den die Vernehmung eine Ausnahmesituation darstellt, einschüchtern und zu falschen Aussagen provozieren. Der Ausgleich der ungleichen Positionen von Staatsanwaltschaft, Gericht und Angeklagtem gebiete es daher, dem Angeklagten das Recht zuzugestehen, dem Verteidiger die Einlassung zu überlassen.

Das Bedürfnis, Sacherklärungen durch den Verteidiger übermitteln zu können, ergebe sich zudem aus dem Umstand, daß ansonsten der nicht anwesende Angeklagte besser gestellt werden würde und sich ein Angeklagter sogar gezwungen sehen könnte, der Hauptverhandlung absichtlich fern zu bleiben, um in den Vorteil der Vertretung durch den Verteidiger in der Sacherklärung zu gelangen.[567]

b) Aber auch der Übermittlungslösung kann nicht gefolgt werden:

aa) Der Annahme, der Verteidiger habe eine dem Privatkläger vergleichbare Stellung sui generis, die ihn zur Abgabe eigener Sacherklärungen berechtige, begegnen Bedenken. Denn Privatkläger und Verteidiger sind nicht miteinander vergleichbar. Schon in der Stellung unterscheiden sich beide. Der Privatkläger kann nach h. M. wegen seiner Parteirolle nicht Zeuge sein,[568] da er nicht auf der einen Seite anklagen, auf der anderen Seite seine Vorwürfe durch Eid bekräftigen kann. Der Verteidiger dagegen kann durchaus als Zeuge vernommen werden, wie sich aus § 53 Abs. 1 Nr. 2 StPO ergibt, ohne vom Gericht ausgeschlossen zu werden.[569] Für den Privatkläger besteht daher ein praktisches Bedürfnis, die Abgabe von Erklärungen zur Sache neben dem numerus clausus der Beweismittel zuzulassen, das beim Verteidiger wegen der Möglichkeiten der Aussage des Verteidigers als Zeuge und der Aussage des Angeklagten selbst nicht existiert. Ein wesentlicher Unterschied liegt zudem darin, daß der Privat-

---

566 *Eisenberg/Pincus*, JZ 2003, 402.

567 *Eisenberg/Pincus*, JZ 2003, 402.

568 KK-*Senge*, Vor § 48, Rn. 15 m. w. N.; ANM, S. 179 f.; *Meyer-Goßner*, Vor § 374, Rn. 6; BayObLGSt 1953, 26.

569 H. M.: *Meyer-Goßner*, Vor § 48, Rn. 18; LR-*Dahs*, Vor § 48, Rn. 46; SK-*Rogall*, Vor § 48, Rn. 57; KK-*Senge*, Vor § 48, Rn. 12; *Fahl*, S. 286; a. A. *Peters*, S. 345 (automatisches Ausscheiden); *Gössel*, S. 201 (Ausschluß möglich).

kläger Erklärungen mit Wirkung für sich selbst abgibt, während die Einlassungen des Verteidigers, einem Dritten – dem Angeklagten – zugerechnet werden sollen. Ferner läßt sich der Privatkläger als unmittelbare Auskunftsperson ein, während der Verteidiger vorträgt, was er vom Angeklagten erfahren hat. Ungeachtet des Gebots, Ausnahmeregelungen eng auszulegen, fehlt es für eine Analogie zum Privatkläger an der planwidrigen Lücke ebenso wie am Ähnlichkeitsvergleich.

bb) Hätte der Gesetzgeber dem Verteidiger das Recht zugestehen wollen, Erklärungen zur Sache im Rahmen der Vernehmung für den Angeklagten abzugeben, hätte er dies geregelt. Dies folgt im Gegenschluß aus den vielen dem Verteidiger zugestandenen eigenen Befugnissen zur Abgabe von Erklärungen in der StPO. Dies zeigt sich besonders deutlich durch den später eingefügten § 257 Abs. 2 StPO, der dem „Verteidiger nach der Vernehmung des Angeklagten" Gelegenheit zur Äußerung gibt. Auf eine entsprechende Ergänzung des § 243 Abs. 4 S. 2 StPO hat der Gesetzgeber bewußt verzichtet. Auch die Möglichkeit, *für* den Angeklagten zu sprechen, hat der Gesetzgeber gekannt und sie gleichwohl ganz bewußt nur in § 258 Abs. 3 StPO explizit genannt.

cc) Es ist nicht nur häufig unklar, was unter dem *Übermitteln* der Erklärung zu verstehen ist. Die Übermittlungslösung ist auch dem Vorwurf ausgesetzt, daß nicht erkennbar ist, worin der wirkliche Unterschied zwischen der Übermittlung einer Sacherklärung und der Vertretung in der Sacherklärung liegen soll und weshalb die Übermittlungslösung daher die Problematik der Höchstpersönlichkeit der Sacherklärung lösen kann. So räumt auch *Geppert* ein, daß die „angeblich unterschiedlichen Positionen" von Vertretungs- und Übermittlungslösung „mehr in der Formulierung als in der Sache selbst differieren".[570] Ähnlich konstatiert *Schlüchter* in ihrem Lehrbuch, daß die Vertretungslösung „regelmäßig nicht zu einem anderen Ergebnis führen" wird.[571]

Sowohl bei der Vertretungs- als auch der Übermittlungslösung wird der Angeklagte als persönliches Beweismittel durch den Verteidiger ersetzt. Die von der Übermittlungslösung geforderte formale Übernahme der Erklärung des Verteidigers durch eine lediglich pauschale Bestätigung ist nichts anderes als eine aus dem Bedürfnis für eine Vertretung entwickelte Umgehung der Höchstpersönlichkeit der Sacherklärung und des daraus folgenden Vertretungsverbots.

---

[570] *Geppert*, FS Rudolphi, S. 657.
[571] *Schlüchter*, Rn. 467 Fn. 183.

dd) Gegen die Übermittlungslösung spricht weiter, daß sie mit dem Verteidiger als Auskunftsperson auf ein Beweismittel zurückgreift, das nicht zum strengen numerus clausus der nach der StPO zulässigen Beweismittel gehört.

Wir haben oben bereits festgestellt, daß bei der Sacherklärung das Beweismittel die Auskunftsperson, d. h. der Angeklagte oder der Zeuge selbst ist,[572] da nur Personen oder Sachen Beweismittel sein können. Die Aussage ist dagegen nur die Form, in der die Beweisaufnahme erfolgt.[573] Für die Feststellung der für die Schuld- und Straffrage bedeutsamen Tatsachen in der Hauptverhandlung gilt das sog. Strengbeweisverfahren. Danach dürfen nur die von der StPO in einem abschließenden Katalog festgelegten Beweismittel und diese nur in der hierfür vom Gesetz bestimmten Weise für die Wahrheitserforschung verwendet werden.[574] Dieser sog. numerus clausus beinhaltet Urkunden, Augenschein, Zeugen, Sachverständige und den Angeklagten selbst. Die Einführung und Berücksichtigung anderer als dieser Beweismittel ist unzulässig.

Die abschließende Begrenzung der Beweismittel ist nicht ausdrücklich in der StPO ausgesprochen. Sie ergibt sich daraus, daß die StPO die Methode der Wahrheitsermittlung nicht in das Belieben des Gerichts stellt, sondern verlangt, daß sie auf justizförmigen Wegen, d. h. unter genauer Beachtung der für die Verwendung des einzelnen Beweismittels jeweils geregelten strafprozessualen Vorschriften erfolgt.[575] Ließe man über den Kreis der in der StPO angeführten und geregelten Beweismittel weitere zu, wäre das Beweisrecht hinfällig und umgehbar. Bevor ein „Beweismittel“ verwendet wird, muß genau feststehen, zu welcher Kategorie dieses gehört.[576] Diese Zuordnung in jedem einzelnen Fall ist entscheidend, da das Gesetz die Voraussetzungen und die Form der Verwendung des jeweiligen Beweismittels unterschiedlich regelt. Ziel der Beweisaufnahme ist nicht die Wahrheitserforschung um jeden Preis. Der Gesetzgeber hat vielmehr mit den strengen Formerfordernissen im Interesse der Justizförmigkeit des Verfahrens bewußt in Kauf genommen, die Wahrheitssuche im Einzelfall auch zu erschweren. Es wäre daher widersinnig, wenn der Gesetz-

---

[572] ANM, S. 167; *Rogall*, S. 34.
[573] *Rogall*, S. 34; *Bennecke/Beling*, S. 373 f.; *Henkel*, S. 172; BGHSt 20, 300.
[574] *Eb. Schmidt* II, Vorbem. 4, 5 zu § 244; *ders.*, Nachtrag I, Vorbem. vor § 244, Rn. 2; *Krause*, S. 83 ff.; *Meyer-Goßner*, Einl. 49; KK-*Herdegen*, § 244, Rn. 13; *Roxin*, § 24, Rn. 2; *Gössel*, S. 178 f.; *Seebode/Sydow*, JZ 1980, 511; RGSt 53, 349; SK-*Schlüchter*, § 244, Rn. 10; *Schroeder*, Rn. 101 f.
[575] *Eb. Schmidt* II, Vorbem. 4 zu § 244; *ders.*, Nachtrag I, Vorbem. vor § 244, Rn. 2.
[576] *Eb. Schmidt*, Nachtrag I, Vorbem. vor § 244, Rn. 2.

geber einerseits für die wichtigsten Beweismittel strikte Vorschriften geschaffen, auf der anderen Seite aber mit der schrankenlosen Zulässigkeit weiterer Beweismittel diese Rechtsstaatsgarantien aufgegeben und der Gesetzesumgehung Tür und Tor geöffnet hätte.[577] Infolge dessen sind nichtförmliche Beweismittel für den Strengbeweis unzulässig. Dies gilt insbesondere, wenn sie Beweismittel ersetzen oder auch nur ergänzen wollen.[578]

Der Begrenzung der Beweismittel steht die Instruktionsmaxime des § 244 Abs. 2 StPO nicht entgegen. Die Pflicht des Gerichts, die Wahrheit von Amts wegen mit allen Mitteln zu erforschen, ist nicht unbeschränkt und hat ihre Grenzen gerade dort, wo die Justizförmigkeit des Verfahrens gefährdet wird. Auch ergibt sich aus § 261 StPO keine unbegrenzte Freiheit in der Wahl der Mittel zur Beweisführung. Der Grundsatz der freien Beweiswürdigung bedeutet gerade nicht die Freiheit in der Beweismittelverschaffung.[579] Die Präsentation der Beweismittel muß vielmehr um so gebundener sein, je freier die Beweiswürdigung ist.[580]

Nach der Übermittlungslösung fungiert der Verteidiger als eine Auskunftsperson sui generis. Der Verteidiger gibt eine eigene Sacherklärung ab, ohne daß er Angeklagter, Zeuge oder Sachverständiger ist. Dies ist aber mit dem geschlossenen Kreis der Beweismittel im Strafprozeß unvereinbar. Zulässige Mittel des subjektiven Personalbeweises sind nämlich nur der Zeuge, der Sachverständige und der Angeklagte selbst als Beweismittel im weiteren, materiellen Sinne.[581] Der Verteidiger gehört nicht zu den von der StPO abschließend erwähnten und geregelten Beweismitteln.[582] Auch ein allgemeines Beweismittel „Auskunftsperson" gibt es nicht.[583]

Diese Problematik wird nicht dadurch gelöst, daß es einer Erklärung des Angeklagten bedarf, in der dieser die Einlassung des Verteidigers übernimmt. Hierbei handelt es sich um eine bloß formale, *prozessuale* Erklärung, eine Art prozessuales Anerkenntnis. Da diese Erklärung gerade nicht die Wiedergabe von Tatsachen zum Inhalt hat, stellt sie keine Sacherklärung dar. Hierin liegt auch

---

577 *Krause*, S. 84; KK-*Herdegen*, § 244, Rn. 13.
578 *Seebode/Sydow*, JZ 1980, 512.
579 *Seebode/Sydow*, JZ 1980, 512 m. w. N.
580 KK-*Herdegen*, § 244, Rn. 13.
581 ANM, S. 168; *Roxin*, § 24, Rn. 2.
582 *Fezer*, JR 1980, 83.
583 KK-*Herdegen*, § 244, Rn. 13; SK-*Schlüchter*, § 244, Rn. 16.

der Unterschied zu einer Äußerung des Angeklagten auf einen Vorhalt. Verwertbar bei Vorhalt ist nicht der Inhalt des Vorgehaltenen, sondern nur was der Angeklagte daraufhin selbst äußert.[584] De facto ist bei der Übermittlungslösung der Verteidiger das Beweismittel und nicht der Angeklagte.

ee) Möglicherweise könnte der Übermittlung der Sacherklärung des Angeklagten durch den Verteidiger der Unmittelbarkeitsgrundsatz des § 250 StPO entgegen stehen.[585]

Dies wird teilweise mit dem Argument verneint, die Übermittlungslösung stelle keinen Anwendungsfall des Unmittelbarkeitsgrundsatzes dar, bei dem es darum geht, daß ein Beweismittel durch ein anderes ersetzt wird. Der Verteidiger gebe zwar eine eigene Erklärung ab, tue dies aber gerade nicht als Auskunftsperson, d. h. als Beweismittel. Der Verteidiger übermittle nur die *Aussage* des Mandanten, die das eigentliche Beweismittel sei.[586]

Diese Argumentation geht fehl. Sie verkennt bereits, daß Beweismittel die Auskunftsperson und nicht die entsprechende Erklärung ist.[587] Vor allem ist ihr aber entgegenzuhalten, daß, wie oben dargestellt, faktisch der Verteidiger und nicht der Angeklagte das Beweismittel ist. Auch der Zeuge vom Hörensagen, den die Vertreter der Übermittlungslösung vielfach als Vergleich mit dem die Aussage des Angeklagten übermittelnden Verteidiger heranziehen,[588] gibt nur wieder, was er von einem Dritten erfahren hat, ohne daß behauptet wird, Auskunftsperson sei der Dritte und nicht der Zeuge (vom Hörensagen) selbst. Läßt man die Problematik einmal beiseite, daß der Verteidiger hier als Beweismittel praeter legem auftritt, so ist durchaus eine Ersetzung des Personalbeweismittels Angeklagter durch das mittelbare Personalbeweismittel Verteidiger anzunehmen.

§ 250 StPO steht jedoch aus einem anderen Grund nicht der Übermittlungslösung entgegen. Da § 250 S. 1 und S. 2 StPO, wie gezeigt, aus historischen, systematischen und teleologischen Gründen eine Einheit bilden und S. 1 keine über S. 2 hinausgehende Bedeutung hat, ergibt sich aus § 250 StPO nur, daß der

---

584 S. oben S. 56 f.
585 So aber *Geyer*, S. 441.
586 *Eisenberg/Pincus*, JZ 2003, 402 mit Fn. 45.
587 ANM, S. 167; *Rogall*, S. 34; *Henkel*, S. 172.
588 So z. B. *Geppert*, FS Rudolphi, S. 657.

Personalbeweis nicht durch reproduzierenden *Sachbeweis* ersetzt werden darf.[589] Der Ersatz von Personal- durch reproduzierenden Personalbeweis dagegen ist aus Sicht des § 250 S. 1 StPO zulässig. Der Begriff „Tatsache“ in § 250 StPO erfaßt zudem alle Tatsachen, d. h. auch bloße Indizien.

ff) Möglicherweise gebietet aber die Instruktionsmaxime (§ 244 Abs. 2 StPO) aufgrund der erfahrungsgemäß geringeren Qualität der Einlassung des Verteidigers als mittelbarer Auskunftsperson, die Erklärung des Verteidigers unberücksichtigt zu lassen.

Die durch das Dazwischentreten des Verteidigers als weiteres Glied in der Übermittlungskette geringere Beweisqualität ist kein Grund, den Verteidiger als faktisches Beweismittel auszuschließen.[590] Wie es für den ähnlich gelagerten Fall des Zeugen vom Hörensagen anerkannt ist, ist der geringere Beweiswert nur bei der Beweiswürdigung nach § 261 StPO zu berücksichtigen.[591]

Überdies gebietet § 244 Abs. 2 StPO nur, daß das Gericht sich um die Aussage des Angeklagten bemühen muß, wenn diese im Einzelfall aufgrund der Unmittelbarkeit die im Vergleich mit der mittelbaren Aussage des Verteidigers qualitativ bessere ist – was gerade bei schwierigen wirtschaftsrechtlichen Sachdarstellungen nicht notwendigerweise so sein muß – und auch möglich ist. Letzteres ist aber gerade wegen des Aussageverweigerungsrechts des Angeklagten nicht der Fall, so daß die Auskunftsperson Verteidiger als Surrogat zum qualitativ besten Beweismittel wird.

gg) Schließlich ist die Übertragbarkeit von Sacherklärungen auf den Verteidiger, wie sie die Übermittlungslösung beinhaltet, auch nicht mit dem Grundsatz der Waffengleichheit begründbar, der sich aus dem Anspruch auf ein faires Verfahren (Art. 6 Abs. 1 S. 1 EMRK, Art. 14 Abs. 1 S. 2 IPBPR) ableitet.[592]

Zunächst paßt das Prinzip der Waffengleichheit schon nicht in das deutsche Strafprozeßrecht mit den starken Befugnissen und dem Informationsvorsprung

---

[589] S. oben S. 60 ff.

[590] Zutreffend *Eisenberg/Pincus*, JZ 2003, 403; so aber *Meyer-Mews*, JR 2003, 363.

[591] *Geppert*, FS Rudolphi, S. 657; *Eisenberg/Pincus*, JZ 2003, 403; BGH NStZ 2003, 499, Rn. 6 m. Anm. *Dahs*, NStZ 2004, 451; vgl. BGHSt 17, 385; *Detter*, NStZ 2003, 3.

[592] BVerfGE 38, 111; BVerfGE 63, 67.

der Staatsanwaltschaft.[593] Es kann daher auch nicht die Gleichheit der Rechte, sondern nur deren Ausbalancierung unter Berücksichtigung der unterschiedlichen Verfahrensrollen bedeuten.[594]

Zudem gebietet die Waffengleichheit im Hinblick auf die Sacherklärung nur, daß der Angeklagte gleichermaßen wie der Staatsanwalt das Recht zum Vortrag hat, was sich ohne Rekurs auf die Waffengleichheit schon aus Art. 103 Abs. 1 GG ergibt.[595] Das Pendant zum Anklagevortrag der Staatsanwaltschaft ist daher allenfalls die Möglichkeit zur Gegenrede, die von der StPO durch die verschiedenen Erklärungsrechte, durch die der Angeklagte selbst Beweismittel schaffen kann,[596] gewährleistet wird, nicht aber die Möglichkeit, eine Einlassung zur Sache durch den Verteidiger abzugeben.[597] Dabei bleibt aber noch unberücksichtigt, daß der Staatsanwalt im Prozeß nicht wie der Angeklagte die Möglichkeit hat, selbst Beweismittel zu schaffen.

Weiter ergibt sich aus dem Grundsatz der Waffengleichheit kein Rechtsanspruch des Angeklagten. Der Grundsatz der Waffengleichheit richtet sich nach dem Stufensystem des BVerfG zunächst nur als Gebot an den Gesetzgeber (1. Stufe), fungiert als Auslegungshilfe für den Richter (2. Stufe), und erst auf dritter Stufe kann er Folgen für den Angeklagten in der konkreten Prozeßsituation begründen, wenn rechtsstaatlich unverzichtbare Erfordernisse nicht mehr gewahrt werden.[598]

Im übrigen besteht aber auch Chancengleichheit[599] zwischen dem Angeklagten und dem Staatsanwalt. Die nachteilige Stellung des persönlich betroffenen Angeklagten wird durch die Beistandsfunktion des Verteidigers ausgeglichen.

---

[593] *Schroeder*, ROW 1969, 194 f.; *Schroeder*, Rn. 54, 380; kritisch auch LR-*Rieß*, Einl. Abschn. H, Rn. 116-119, der den Begriff der Waffengleichheit für mißverständlich und entbehrlich hält.

[594] BVerfGE 63, 67; *Müller*, NJW 1976, 1063; *Schroeder*, Rn. 54 („Verbot einer durch die unterschiedlichen Verfahrensrollen nicht gedeckten Differenzierung"); *Gössel*, S. 165 f.; *Kühne*, § 9 I, Rn. 17; *Safferling*, NStZ 2004, 184.

[595] *Safferling*, NStZ 2004, 182, 188 m. w. N. spricht daher vom Begriff der Waffengleichheit als einer „Worthülse ohne – im Hinblick auf das Recht auf rechtliches Gehör – originären Bedeutungsgehalt".

[596] S. oben S. 74 ff.

[597] So aber *Salditt*, StV 1993, 444.

[598] BVerfGE 63, 61.

[599] Zum Begriff der Chancengleichheit LR-*Rieß*, Einl. Abschn. H, Rn. 119; LR-*Schäfer*, 24. Aufl., Einl. Kap. 6, Rn. 15.

Der Angeklagte kann mit seiner Unterstützung gleichermaßen wie die Staatsanwaltschaft auf die richterliche Überzeugungsbildung einwirken. Der Verteidiger berät den Angeklagten üblicherweise im Vorfeld bezüglich der Einlassung in der Hauptverhandlung. Häufig studiert er in einer Art Rollenspiel mit dem Angeklagten die Antworten auf die zu erwartenden Fragen ein.[600] Der Angeklagte kann bei der Einlassung zur Sache zudem Notizen verwenden und nach der hier vertretenen Meinung in den Grenzen des Mündlichkeitsprinzips einen mit dem Verteidiger erarbeiteten, vorformulierten Text vorlesen.[601]

4. Sacherklärung nur durch den Angeklagten selbst

Die Untersuchung hat gezeigt, daß weder die Vertretungslösung noch die Übermittlungslösung einen dogmatisch stringenten Ansatz bieten, um die Erklärung des Verteidigers zur Sache dem Angeklagten als eigene zuzurechnen und so zum Gegenstand der Beweiswürdigung nach § 261 StPO zu machen.[602]

Im Ergebnis hat der Verteidiger daher kein Recht, in der Hauptverhandlung mit Wirkung für den anwesenden Angeklagten Einlassungen abzugeben. Solche Erklärungen dürfen nicht als Äußerungen des Angeklagten verwertet werden. Ihr Inhalt muß bei der Beweiswürdigung vielmehr gänzlich unberücksichtigt bleiben.[603] Dementsprechend sind bei der Auslegung der die Sacherklärung des Angeklagten regelnden Vorschriften die Worte „der Angeklagte" auf diesen selbst zu beschränken.[604] Das Recht zur Abgabe von Sacherklärungen, sei es bei der Vernehmung (§ 243 Abs. 4 S. 2 StPO), im Rahmen einer Äußerung nach § 257 Abs. 1 StPO, im Schlußvortrag (§ 258 Abs. 1 StPO) oder im letzten Wort (§ 258 Abs. 3 StPO), hat der Angeklagte höchstpersönlich wahrzunehmen.

Diese Höchstpersönlichkeit folgt aber nicht, wie es Rechtsprechung und Literatur offensichtlich annehmen,[605] aus der Natur des jeweiligen Erklärungs*rechts*, sondern aus der Natur der im Einzelfall abzugebenden *Erklärung*. Nur

---

600 Plakativ *Dahs*, Handbuch des Strafverteidigers, Rn. 457, 447.

601 S. unten S. 188 ff.

602 Zw. auch *Meyer-Mews*, JR 2003, 363: „Wenn Einlassungen über den Verteidiger auch ständige Praxis sind, so ist ein derartiges Verfahren ... aus dogmatischer Sicht bedenklich".

603 Vgl. *Eisenberg/Pincus*, JZ 2003, 402, Fn. 45.

604 RGSt 44, 285.

605 BGH StV 2001 549 = NStZ 2000, 439 = BGHR StPO § 243 Abs. 4 Äußerung 6; LR-*Gollwitzer*, § 243, Rn. 88; § 258, Rn. 28 f.; *Schlüchter*, Rn. 467.

die Erklärung zur Sache, nicht die bloße Prozeßerklärung, die der Angeklagte abgibt, ist höchstpersönlich. Daher ist auch die Feststellung, das Erklärungsrecht nach § 257 Abs. 1 StPO könne nur persönlich ausgeübt werden, aufgrund des Doppelcharakters des § 257 Abs. 1 StPO unrichtig.[606] Dies gilt nur, falls der Angeklagte in Ausübung des Rechts eine Erklärung zur Sache abgibt.[607]

Das hier gefundene Ergebnis liegt ganz auf der Linie des Reichsgerichts und der ersichtlich zu diesem Thema erstmals ergangenen Entscheidung des BGH.[608]

Es trägt der Erkenntnis Rechnung, daß die Aussage des Angeklagten selbst besser als die des Verteidigers zur Wahrheitserforschung geeignet ist und dadurch die Zuverlässigkeit des Verfahrens fördert. Ein Strafverfahren, das in erster Linie der Verwirklichung des materiellen Strafrechts dient, muß alle Quellen von Fehlurteilen so weit wie irgend möglich ausschalten.[609] Das Gericht erhält durch die Aussage des Angeklagten selbst einen persönlichen Eindruck und kann die Glaubhaftigkeit der Aussage und die innere Einstellung des Täters zur Tat besser beurteilen. Es hat zudem die Möglichkeit, auf Widersprüche und Lücken hin Fragen zu stellen, die ohnehin nur der Angeklagte und nicht der Verteidiger, der die Frage nicht vorausgeahnt hat und daher die Antwort nicht kennt, beantworten kann. Der Angeklagte entgeht dadurch auch der Gefahr der negativen Bewertung des Teilschweigens, die durch das aus bloßem Unwissen entstehende Unvermögen des Verteidigers, Fragen des Gerichts zu beantworten, geschaffen wird. Zudem entfällt das Problem, die Sachverhaltserklärung des Verteidigers von der Darstellung von Hypothesen und Tatsachenalternativen im Plädoyer abzugrenzen.[610]

Überdies wird die bisherige Rechtsunsicherheit beseitigt, die angesichts der höchst unterschiedlichen höchstrichterlichen und obergerichtlichen Rechtsprechung herrscht. So forderte jüngst auch *Dahs,* daß es bald zu einer Grundsatzentscheidung komme, da angesichts der kasuistischen Rechtsprechung

---

606 Vgl. RGSt 44, 285.

607 So zutreffend *Dahs*, NJW 1962, 2239; *ders.*, S. 95; in allen anderen Fällen ist daher eine Vertretung durch den Verteidiger als zulässig anzusehen.

608 RGSt 44, 285; BGHSt 12, 370; s. auch OLG Celle StV 1988, 425.

609 Weiterführend *Schroeder*, NJW 1983, 139.

610 *Dahs*, NStZ 2004, 451.

zu dieser Thematik die Erkenntnis schwierig sei, was bereits als Einlassung und was noch als unverwertbares Einlassungssurrogat anzusehen ist.[611]

Damit wird auch nicht das Recht des Angeklagten auf Verteidigung geschwächt. Der Verteidiger kann sehr wohl noch in Form einer Gegenrede die für den Mandanten sprechenden Gesichtspunkte – insbesondere durch die Darstellung von Tatsachenalternativen – erläutern, wie dies *Salditt* so nachdrücklich fordert.[612] Er kann nur nicht selbst durch eine Aussage Beweismittel schaffen, wie dies der Angeklagte selbst darf.

Auch die Argumentation des ehemaligen Vorsitzenden des 1. Senats des BGH *Schäfer*, nach dessen Ansicht Verteidigererklärungen dem Angeklagten „ohne weiteres" zuzurechnen sind und der jede Befragung des Angeklagten durch das Gericht als „peinlich" ansieht,[613] kann nicht überzeugen. Die Frage, ob der Verteidiger eine Einlassung für den Angeklagten abgeben darf, hat nichts mit „tiefem Mißtrauen gegen den Verteidiger"[614] zu tun. Es geht nicht um „Aufgabe und Würde des Verteidigers"[615], sondern darum, wie das Gericht auf dem Boden der Instruktionsmaxime (§ 244 Abs. 2 StPO) das Ziel des Strafprozesses, die Ermittlung der Wahrheit, am besten erreicht. Im übrigen läßt *Schäfer*, der nur betont, daß es sich bei der Einlassung durch den Verteidiger nicht um Vertretung handelt,[616] die Antwort auf die Frage offen, wie die Zurechnung dogmatisch dann erfolgen soll.[617]

Es erscheint schließlich auch nicht de lege ferenda sinnvoll, eine Vertretung durch den Verteidiger in der Sacheinlassung oder eine Übermittlung durch den Verteidiger zuzulassen.

Analysiert man die von Verteidigern verfaßte Literatur, gelangt man zu der Erkenntnis, daß offensichtlich das Bedürfnis der Verteidiger für die Abgabe von

---

611 Die Problematik illustriert *Dahs*, NStZ 2004, 452 in seiner Anmerkung zu BGH NStZ 2003, 498.
612 *Salditt*, StV 1993, 443.
613 *Schäfer*, FS Dahs, S. 455.
614 *Schäfer*, FS Dahs, S. 455.
615 *Schäfer*, FS Dahs, S. 455.
616 *Schäfer*, FS Dahs, S. 455.
617 *Olk*, JZ 2006, 207.

Sacherklärungen für den Angeklagten nicht sehr groß ist.[618] So empfiehlt z. B. *Bandisch* „größte Zurückhaltung“.[619]

Auch die Annahme, durch die Zulassung der Vertretung oder der Übermittlung eine Rationalisierung des Strafverfahrens zu erreichen, ist verfehlt. *Schroeder* hat sich ausführlich mit den Rationalisierungsmöglichkeiten des Strafverfahrens und deren Grenzen auseinandergesetzt. Er hat dabei ein Kräftefeld mit den zueinander in Relation stehenden vier Größen Kriminalität, materielles Strafrecht, Strafverfahren und Ressourcen gebildet.[620] Angesichts des stetigen Anstiegs der Kriminalität und der Erweiterung des Strafrechts auf immer weitere Sachverhalte durch die Schaffung neuer Straftatbestände erscheint bei begrenzten Ressourcen eine Rationalisierung im Bereich des Strafverfahrens als Königsweg.[621] Hierbei handelt es sich aber um einen Irrglauben.

Das materielle Strafrecht dient der Verhütung schädlicher Handlungen und der Befriedigung des Rechtsgefühls.[622] Der Strafprozeß ist dabei das Medium, in dem das materielle Strafrecht umgesetzt wird und durch das die Öffentlichkeit die Bewältigung der Kriminalität erlebt.[623] Es zeigt sich, daß eine Rationalisierung des Strafverfahrens vor diesem Hintergrund gerade zu einem gegenteiligen Endergebnis führt: Jede Reduktion der das Strafverfahren fördernden Faktoren durch Rationalisierung schwächt die Generalprävention als eines der Ziele des Strafverfahrens und steigert im Ergebnis die Kriminalität, die eigentlich durch diese Maßnahmen bekämpft werden sollte. Es bedarf daher eher einer Stärkung der Faktoren des Strafverfahrens, möchte man einen Anstieg der Kriminalität verhindern.

Die Faktoren des Strafprozesses, die die Aufgaben des Strafrechts insgesamt fördern, sind Zuverlässigkeit, Transparenz, Fairneß, Förmlichkeit, Spannung und Dauer des Verfahrens.[624] Die durch diese Arbeit entwickelte Lösung ist ein wichtiger Beitrag zur Förderung der Zuverlässigkeit des Verfahrens. Denn die

---

618 *Dahs*, Handbuch des Strafverteidigers und *Malek* erwähnen die Möglichkeit, durch den Verteidiger mündliche Sacherklärungen abzugeben, nicht einmal. Bedenken äußern insbesondere *Dahs*, NStZ 2004, 452 und *Meyer-Mews*, JR 2003, 363.

619 *Bandisch*, Strafverteidigung in der Praxis, § 9, Rn. 55.

620 *Schroeder*, NJW 1983, 138.

621 *Schroeder*, NJW 1983, 141.

622 *Schroeder*, NJW 1983, 139.

623 *Schroeder*, NJW 1983, 139.

624 *Schroeder*, NJW 1983, 139 ff.

Richtigkeit der Entscheidung ist nicht alleine im Interesse des Angeklagten, sondern wichtig für das „Erlebnis der Verwirklichung der Gerechtigkeit durch die Öffentlichkeit und damit für die Ermöglichung der Identifikation der Öffentlichkeit mit der Entscheidung“.[625] Zugleich wird durch die Höchstpersönlichkeit der Sacheinlassung die Förmlichkeit[626] des Verfahrens gestärkt. Aber auch das unserer Prozeßkultur immanente Spannungselement, das für eine Teilnahme der Öffentlichkeit am Strafprozeß unerläßlich ist, wird durch diese Lösung gefördert, ist der deutsche Strafprozeß anders als der US-amerikanische gelegentlich „ausgesprochen fade“[627]. Der mündlichen Aussage des Angeklagten mit allen ihren überraschenden Vor- und Nachteilen kommt nach der hier entwickelten Konzeption deutliches Gewicht zu. Dabei ist das Spannungselement, wie *Schroeder* ausführt, auch entscheidend für die „Bereitschaft der Beteiligten zum Engagement“ und für die „Attraktivität des Strafverfahrens für befähigte Verteidiger, aber auch Richter und Staatsanwälte“ und damit für die Kultur des Strafprozesses an sich.[628]

III. Voraussetzungen

Erachtet man entgegen der hier vertretenen Ansicht eine Vertretung in der Sacherklärung – sei es im Willen oder in der Erklärung – oder eine Übermittlung durch den Verteidiger als zulässig, ist zu klären, unter welchen einschränkenden Voraussetzungen dann eine Zurechnung möglich ist. Diesbezüglich bestehen innerhalb der Rechtsprechung und Literatur deutliche Unterschiede. Die Einordnung der Entscheidungen des BGH fällt schwer, da sie die Frage der Konstruktion der Zurechnung nicht behandeln. In einer jüngst ergangenen Entscheidung[629] scheint der BGH zur Vertretungslösung zu tendieren.

1. Vertretungslösung

Innerhalb der Vertretungslösung fordert eine Meinung, daß der Verteidiger durch eine schriftliche Vollmacht analog § 234 StPO zur Vertretung ermächtigt

625 *Schroeder*, NJW 1983, 139.
626 *Schroeder*, NJW 1983, 140.
627 *Schroeder*, NJW 1979, 1527.
628 *Schroeder*, NJW 1983, 140.
629 BGH JZ 2006, 204.

wird, wobei die Vollmacht auch zu Protokoll erklärt werden könne.[630] Wenn eine Vertretungsvollmacht fehle, sei zudem eine nachträgliche Genehmigung der vom Verteidiger abgegebenen Sacherklärung analog § 177 BGB durch „affirmative Antwort des Angeklagten auf eine entsprechende Frage des Vorsitzenden" möglich.[631] Bloßes Schweigen des Angeklagten sei aber keinesfalls als konkludente Zustimmung zu werten.[632]

Eine andere Ansicht verzichtet auf die Vertretungsvollmacht, sieht aber den Vorsitzenden in der Pflicht, „eindeutig" zu klären, ob der Angeklagte die Einlassung des Verteidigers als eigene Einlassung verstanden wissen will.[633] *Gollwitzer* stellt fest, eine solche Klärung solle „zweckmäßigerweise durch eine ausdrückliche Frage an den Angeklagten" erfolgen,[634] was an die Entscheidungen des 4. Senats des BGH[635] herankommt. Das OLG Hamm hält es dagegen für erforderlich, daß der Vorsitzende den Verteidiger auf die Möglichkeit der Verwertbarkeit seiner Aussage als Aussage des Angeklagten *hinweist* und auf ausdrückliche *Befragung* des *Verteidigers* weder der Verteidiger noch der Angeklagte *widersprechen*.[636] An diesen Voraussetzungen hat das OLG Hamm auch in einer jüngsten Entscheidung festgehalten.[637] Nur so ließen sich unmißverständlich prozessuale Erklärungen des Verteidigers, die dieser aus eigenem Recht abgibt und die keine Beweismittel sind und daher nur in ihrem argumentativen Charakter bei der Überzeugungsbildung berücksichtigt werden, unmißverständlich von Sacheinlassungen abgrenzen.[638]

---

630 *Park*, StV 1998, 61; *ders.*, StV 2001, 594; *Schlothauer*, Rn. 77e; *Schurig*, S. 59; s. neuerdings auch BGH JZ 2006, 204 = NStZ 2005, 703.

631 *Park*, StV 1998, 61; *ders.*, StV 2001, 594; s. auch BGH JZ 2006, 204 = NStZ 2005, 703.

632 *Park*, StV 1998, 61; *ders.*, StV 2001, 594; s. auch *Schlothauer*, Rn. 77e; OLG Zweibrücken NStZ 2006, 183.

633 LR-*Gollwitzer*, § 243, Rn. 100; SK-*Schlüchter*, § 243, Rn. 48; *Burhoff*, Hauptverhandlung, Rn. 1042, S. 694.

634 LR-*Gollwitzer*, § 243, Rn. 100.

635 BGH NStZ 1990, 447; BGH StPO § 243 Abs. 4 Äußerung 4; s. oben S. 116 f.

636 OLG Hamm JR 1980, 82; zust. *Burhoff*, Hauptverhandlung, Rn. 1042, S. 694.

637 OLG Hamm StV 2002, 187, 188 = NStZ 2002, 184 = NStZ-RR 2002, 14 mit Bspr. *Müller-Christmann*, JuS 2002, 1104 f. mit falscher Fundstellenangabe in Fn. 33.

638 OLG Hamm JR 1980, 82; OLG Köln VRS 59, 350.

Es entspricht dabei der überwiegenden Ansicht, daß die Beachtung der Voraussetzungen als wesentliche Förmlichkeiten zu protokollieren sind (§§ 273, 274 StPO).[639]

Vom Standpunkt der Vertretungslösung aus erscheint es konsequent, eine Vertretungsvollmacht zu fordern. Für den Nachweis sollte dann auch, wie dies vertreten wird, genügen, daß der Angeklagte die Vollmacht zu Protokoll erklärt. Aufgrund der Problematik, Sachverhaltserklärungen des Verteidigers von plädoyerhaften Äußerungen abzugrenzen, verdient zudem die Auffassung Zustimmung, den Verteidiger als Vertreter zu befragen, ob es sich um eine Sachverhaltsäußerung handelt und er diese in Vertretung abgeben möchte. Wenn man eine Vertretung entgegen der hier vertretenen Ansicht schon für zulässig erachtet und eine Vertretungsvollmacht vorliegt, erscheint es als inkonsequent, diese Fragen an den Angeklagten zu richten. Wenn keine Vertretungsvollmacht vorliegt, muß auch eine Genehmigung ausreichen. Insoweit erscheint die neueste BGH-Entscheidung, die auf eine Vertretungsvollmacht oder eine Genehmigung abstellt,[640] folgerichtig. Keinesfalls kann eine solche Genehmigung aber darin gesehen werden, daß der Angeklagte, der in der Hauptverhandlung keine Äußerung zur Sache abgibt, lediglich gegenüber den Eltern des Nebenklägers ausführt, „es tue ihm leid, was passiert sei“[641]. Ebensowenig kann das formale Anschließen des Angeklagten an die Äußerungen des Verteidigers im letzten Wort, das sich in deutschen Gerichtssälen unhinterfragt eingespielt hat, genügen. Die Feststellung des Senats in seiner jüngsten Entscheidung, der Angeklagte hätte sich durch Ausführungen gegenüber den Eltern des Nebenklägers die Erklärung des Verteidigers „zu eigen“ gemacht,[642] erinnert im übrigen an die Übermittlungslösung und paßt nicht in das Konzept der Vertretung, so daß diese Entscheidung auch aus diesem Grund abzulehnen ist.

2. *Übermittlungslösung*

Unter den Vertretern der Übermittlungslösung ist streitig, unter welchen Voraussetzungen eine Zurechnung möglich ist.

---

639 OLG Hamm JR 1980, 82; OLG Köln VRS 1980, 350; OLG Zweibrücken NStZ 2006, 183; *Burhoff*, Hauptverhandlung, Rn. 1042, S. 694.

640 BGH JZ 2006, 204 m. abl. Anm. *Olk* = NStZ 2005, 703.

641 BGH JZ 2006, 204 m. abl. Anm. *Olk* = NStZ 2005, 703.

642 BGH JZ 2006, 204 m. abl. Anm. *Olk* = NStZ 2005, 703.

Eine Meinung läßt es entsprechend der Entscheidungen des 4. Senats des BGH [643] genügen, wenn aufgrund einer Erklärung des *Verteidigers oder des Angeklagten* feststeht, daß der Angeklagte die Äußerung des Verteidigers als eigene gelten lassen will und verneint eine Zurechnung nur bei ausdrücklichem Widerspruch des Verteidigers oder des Angeklagten.[644]

Nach anderer Ansicht genügt für eine Zurechnung weder eine Erklärung des Verteidigers, noch das bloße Schweigen des Angeklagten. Vielmehr sei erforderlich, daß das Gericht den Verteidiger, sofern er dies nicht deutlich gemacht hat, befrage, ob es sich um einen Tatsachenvortrag mit Beweisrelevanz handle, und der *Angeklagte* ggf. auf entsprechende Nachfrage *ausdrücklich* der Verwertung des Verteidigervortrags als eigene Einlassung *zustimmt*.[645] Notwendig seien zumindest *Äußerungen des Angeklagten*, „die *jeden Zweifel ... ausschließen*".[646] Eine Zustimmung sei im übrigen nicht darin zu sehen, daß sich der Angeklagte in seinem letzten Wort pauschal den Worten seines Verteidigers anschließt.[647]

Einigkeit besteht hingegen weitgehend darüber, daß die Tatsache, daß der Verteidiger sich für den Angeklagten zur Sache geäußert hat (nicht der Inhalt der Äußerung), und das Vorliegen der Voraussetzungen für die Zurechnung als wesentliche Förmlichkeiten (§ 273 StPO) zu protokollieren sind.[648] Auch die Entscheidungen des 1. Senats, nach dem es genügen soll, wenn sich aus „dem

---

643 BGH NStZ 1990, 447; BGH StPO § 243 Abs. 4 Äußerung 4; s. oben S. 116 f.

644 KK-*Tolksdorf*, § 243, Rn. 45; § 234, Rn. 1 a. E.; *Meyer-Goßner*, § 234, Rn. 4; OLG Hamm StV 2002, 188 = NStZ 2002, 184 = NStZ-RR 2002, 14 = JuS 2002, 1105; OLG Düsseldorf StV 2002, 412 = NJW 2002, 2728.

645 BayObLG VRS 60, 121 = BayObLGSt 1980, 111 = StV 1981, 63; BayObLG MDR 1981, 516; *Michel*, MDR 1994, 648; *Eisenberg/Pincus*, JZ 2003, 403 (die in Fn. 57 fälschlicherweise Autoren, die die Erklärung auch nur des Verteidigers genügen lassen, für ihre Meinung zitieren); *Geppert*, FS Rudolphi, S. 658 (mit unzutreffendem Hinweis auf BGH StV 2002, 183 = NStZ 2002, 555); HK-*Julius*, § 243, Rn. 18; KMR-*Sax*, Einl. IV, Rn. 30; KMR-*Hiebl*, § 137, Rn. 15; AK-*Schöch*, § 243, Rn. 49; SK-*Wohlers*, Vor § 137, Rn. 55; KMR-*Paulus*, § 243, Rn. 36; KMR-*Stuckenberg*, § 261, Rn 50.

646 BayObLG VRS 60, 121 = BayObLGSt 1980, 111 = NJW 1981, 412 LS = NStZ 1981, 76 LS; MDR 1981, 516; so obiter dictu auch BayObLGSt 1982, 156, 157 = VRS 64, 134 = MDR 1983, 429.

647 *Eisenberg/Pincus*, JZ 2003, 403; *Geppert*, FS Rudolphi, Fn. 69; a. A.: BGH NStZ-RR 2001, 131 = NStZ-RR 2000, 210 LS; KMR-*Hiebl*, § 137, Rn. 14.

648 KMR-*Paulus*, § 243, Rn. 36; *Geppert*, FS Rudolphi, S. 658 f.; *Eisenberg/Pincus*, JZ 2003, 403; *Eisenberg*, Rn. 833, 897; OLG Düsseldorf StV 2002, 412; so auch OLG Hamm, JR 1980, 82, das der Vertretungslösung folgt; OLG Hamm StV 2002, 188.

Zusammenhang" ergibt, daß die Erklärung eine des Angeklagten darstellt,[649] bzw. eine Zurechnung „ohne weiteres" möglich sein soll,[650] werden allgemein abgelehnt.

Vom Standpunkt der Übermittlungslösung aus ist der Ansicht zuzustimmen, nach der zum Schutz des Angeklagten durch Befragen des Verteidigers zu klären sei, ob es sich bei dem Vortrag des Verteidigers wirklich um eine Tatsachenäußerung handelt. Das BayObLG hat zutreffend festgestellt, daß „tatbezogene Sachargumentation", z. B. „unter Darlegung möglicher Geschehensabläufe" und „Würdigung der Persönlichkeit", als zurechenbare Sacherklärungen ausscheiden.[651]

Mit der Konstruktion der Übermittlungslösung, nach der es einer Übernahme der Erklärung des Verteidigers durch den Angeklagten bedarf, unvereinbar sind im weiteren die von Senaten des BGH vertretenen Auffassungen, eine Zurechnung sei ohne weiteres möglich,[652] es genüge, wenn sich aus dem Zusammenhang ergebe, daß die Erklärung als eine des Angeklagten gelten solle,[653] oder die alleinige Erklärung des Verteidigers reiche aus.[654] Es bedarf vielmehr einer ausdrücklichen Erklärung des Angeklagten selbst. Das bloße Schweigen ausreichen zu lassen, liefe auf eine Widerspruchspflicht des Angeklagten hinaus, was mit dem nemo-tenetur-Satz unvereinbar wäre.[655] Auch ist ein Vergleich mit der Abgabe prozessualer Erklärungen durch den Verteidiger, bei denen die Rechtsprechung das Schweigen des Angeklagten als stillschweigende Ermächtigung deutet,[656] verfehlt. Für Sacherklärungen, durch die der Angeklagte sich zum Beweismittel macht und bei denen es um die Wahrheitsfindung geht, müssen strengere Regelungen gelten.[657]

Zustimmung verdient schließlich die Ansicht, daß es sich hierbei um protokollierungsbedürftige Förmlichkeiten handelt. Ein grundsätzlicher Hinweis an den Angeklagten, daß die Erklärung des Verteidigers als seine verwertet werden

---

649 BGH NStZ 1994, 352; s. oben S. 116.
650 BGH StV 1998, 59; s. oben S. 117.
651 BayObLG VRS 60, 121; so auch bzgl. der Vertretungslösung LR-*Gollwitzer*, § 243, Rn. 100; OLG Hamm JR 1980, 82.
652 BGH StV 1998, 59; zustimmend *Schäfer*, FS Dahs, S. 455.
653 BGH NStZ 1994, 352.
654 BGH NStZ 1990, 447.
655 *Schroeder/Meindl*, F. 12, Rn. 2.
656 BGHSt 12, 369; s. auch *Fezer*, JR 1980, 84.
657 *Fezer*, JR 1980, 84 f.

kann, wenn er dies wolle, ist aus Fürsorgegründen geboten. Der Angeklagte muß wissen und wollen, daß die Einlassung des Verteidigers ihm zugerechnet wird. Die Bedenken *Fezers*, der bislang schweigende Angeklagte, dem der Richter das Vorbringen des Verteidigers vorhalte, könne in dem Gefühl antworten, zu einer Äußerung nunmehr verpflichtet zu sein,[658] überzeugen allerdings im Hinblick auf die Hinweispflicht nach § 243 Abs. 4 S. 1 StPO nicht.

Die Diskussion der für die Zurechnung erforderlichen Voraussetzungen offenbart einen weiteren Schwachpunkt der Übermittlungslösung. Nach dieser genügt es, daß der Angeklagte die vorgetragene eigene Erklärung des Verteidigers durch eine bloß bejahende Äußerung übernimmt. Dies ist jedoch insoweit problematisch, als nach h. M. bei einem Vorhalt bspw. einer eigenen schriftlichen Äußerung eine bloße Zustimmung oder pauschale Bezugnahme gerade nicht ausreicht.[659] Es überzeugt nicht, daß auf der einen Seite das bloße „Abnicken" der vom Verteidiger vorgetragenen Erklärung für eine Zurechnung als eigene Äußerung genügt, dies aber bei vorgehaltenen eigenen schriftlichen Äußerungen nicht der Fall sein soll. Der Vergleich mit dem Vorhalt ist auch nicht weit hergeholt, wie die Ausführungen *Fezers* belegen.[660]

IV. Sonderprobleme

Folgt man entgegen der hier vertretenen Auffassung der Ansicht der Vertretungs- oder der Übermittlungslösung, daß eine vom Verteidiger abgegebene Sacherklärung dem Angeklagten als eigene zugerechnet werden kann, stellt sich eine Reihe an Folgeproblemen.

1. Tatsachenbehauptung im Beweisantrag des Verteidigers als Einlassung des zur Sache schweigenden Angeklagten

Die Rechtsprechung hat sich mehrfach mit der Frage beschäftigt, ob die in einem Beweisantrag des Verteidigers notwendigerweise enthaltene Tatsachenbehauptung als Einlassung zur Sache des schweigenden Angeklagten verwertet werden kann.

---

658 *Fezer*, JR 1980, 85.
659 KMR-*Paulus*, § 243, Rn. 35.
660 *Fezer*, JR 1980, 85.

a) Darstellung der Rechtsprechung

Der 4. Senat des BGH hatte als Revisionsgericht über einen Fall zu entscheiden, in dem die Vorinstanz aus einem Beweisantrag des Verteidigers eine Sacherklärung des vollständig schweigenden Angeklagten konstruiert hatte:

> „Das rechtfertigt es jedoch *nicht ohne weiteres*, die Beweisbehauptung in eine Einlassung umzudeuten. Selbst wenn der Verteidiger Äußerungen zur Sache abgibt, dürfen diese nur dann als Einlassung eines ... Angeklagten verwertet werden, wenn durch Erklärung des Angeklagten oder des Verteidigers klargestellt wird, daß der Angeklagte diese Äußerungen als eigene Einlassungen verstanden wissen will ... Dies gilt erst recht, *wenn* aus dem *Inhalt von Beweisanträgen* auf das Vorliegen einer *Einlassung* im Gegensatz zu der Angabe, sich nicht zur Sache äußern zu wollen, geschlossen werden soll."[661]

In einem weiteren Urteil verneinte derselbe Senat die mittelbare Herleitung einer Einlassung des vollständig schweigenden Angeklagten „aus Erklärungen, Fragen und Beweisanträgen des Verteidigers" unter Verweis auf die o. g. Entscheidung, da es an der für eine Zurechnung erforderlichen klarstellenden Erklärung des Angeklagten oder Verteidigers fehlte.[662]

Es ist Spekulation, ob der Senat es bei Vorliegen einer solchen Klarstellung für zulässig erachtet, aus prozessualen Erklärungen des Verteidigers eine Sacherklärung des Angeklagten zu konstruieren.

In einer weiteren Entscheidung, bei der es um die Frage ging, ob das Nichtentbinden eines Zeugen von der Schweigepflicht gegen den Angeklagten verwertet werden dürfe, interpretierte der 3. Senat des BGH nun die strittige Passage der ersten Entscheidung des 4. Senats so, daß es grundsätzlich unzulässig sei, die in einem Beweisantrag des Verteidigers enthaltene Tatsachenbehauptung als Teileinlassung des Angeklagten zu verwerten.[663]

---

661 BGH NStZ 1990, 447 f. = StV 1990, 394 = BGHR StPO § 243 Abs. 4 Äußerung 2 (Hervorhebungen durch den Verfasser).

662 BGHR StPO § 243 Abs. 4 Äußerung 4.

663 BGH StV 2000, 235 = BGHSt 45, 363 = BGH NJW 2000, 1426.

Einer neueren Entscheidung des 1. Senats des BGH dagegen ist nur zu entnehmen, daß „Beweisbehauptungen in Beweisanträgen des Verteidigers ... *nicht ohne weiteres* als Einlassung des Angeklagten angesehen werden" könnten.[664]

b) Analyse und Kritik

Der BGH hat im ersten Fall einen Verstoß gegen § 261 StPO bejaht, da es jedenfalls an einer klarstellenden Erklärung des Verteidigers oder des Angeklagten fehlte. Damit hat er aber die entscheidende Frage offen gelassen („nicht ohne weiteres"), ob es *grundsätzlich zulässig* ist, aus dem Inhalt eines Beweisantrags des Verteidigers eine Einlassung des im übrigen schweigenden Angeklagten herzuleiten. Die Entscheidung ist damit in ihrer Aussage nicht so klar, wie es der 3. Senat und auch mancher Vertreter in der Literatur[665] sehen. In der Sache ist diesen Vertretern aber vollumfänglich zuzustimmen:

Jeder Beweisantrag enthält notwendigerweise eine Tatsachenbehauptung. Stellt der Angeklagte selbst einen Beweisantrag, kann daraus keine Einlassung zur Sache abgeleitet werden. Weder das Schweigen noch die Wahrnehmung prozessualer Rechte dürfen zum Nachteil des Angeklagten ausgelegt werden.[666] Dies ergibt sich aus dem nemo-tenetur-Grundsatz. Müßte der Angeklagte befürchten, sich durch einen Beweisantrag – mit den negativen Folgen eines Teilschweigens – zur Sache einzulassen, würde dieses prozessuale Mittel des Beweisantrags zudem praktisch völlig wertlos. Im übrigen liefe dies auf die unzulässige Fiktion eines in Wahrheit nicht vorhandenen Willens auf Verzicht des Schweigerechts hinaus.[667]

Ein vom Verteidiger gestellter Beweisantrag wird zwar, wie es der 4. Senat annimmt, in der Regel auf Informationen zurückgehen, die der Verteidiger vom Angeklagten erhalten hat. Notwendig ist dies aber nicht, da der Verteidiger auch einen Beweis über Tatsachen beantragen darf, die er nur vermutet oder für

---

664 BGH NStZ 2000, 496 (Hervorhebungen durch den Verfasser).
665 KMR-*Hiebl*, § 137, Rn. 12.
666 BGH StV 2000, 294 (jedenfalls dann, wenn das Prozeßverhalten nicht in einem engen und einer isolierten Bewertung zugänglichen Sachzusammenhang mit dem Inhalt seiner Einlassung steht); BGHR StPO § 261 Aussageverhalten 20.
667 *Dahs/Langkeit*, NStZ 1993, 214; *Miesbach*, NStZ 2000, 236.

möglich hält.[668] Wenn in einem Beweisantrag des Angeklagten selbst schon keine Einlassung zur Sache gesehen werden kann, muß dies erst recht für einen Beweisantrag des Verteidigers gelten. Das auf die Wahrheitsfindung gerichtete[669] Beweisantragsrecht würde zudem jede Bedeutung verlieren, wenn es dem Verteidiger nicht gestattet wäre, eine von ihm für möglich gehaltene Tatsache durch einen Beweisantrag einer Beweiserhebung zuzuführen. Im übrigen ist es mit einem von Weisungen des Angeklagten unabhängigen[670], ja sogar zulässigerweise Angaben des Angeklagten widersprechenden[671] Beweisantragsrecht des Verteidigers unvereinbar, aus der Beweisbehauptung eine Einlassung des Angeklagten zu konstruieren.

Im Ergebnis kann daher niemals zulässigerweise aus der in einem Beweisantrag des Verteidigers enthaltenen Tatsachenbehauptung eine Einlassung des Angeklagten abgeleitet werden.[672] Dabei ist es irrelevant, ob der Verteidiger einen Beweisantrag im Verfahren ohne den Angeklagten, in dem er nach der hier vertretenen Meinung in der Erklärung zur Sache vertretungsberechtigt ist, oder in Anwesenheit des Angeklagten abgibt. Im letzteren Fall scheidet nach der hier vertretenen Ansicht eine Zurechnung auch deshalb aus, da nur der Angeklagte selbst eine Einlassung abgeben kann.

Im übrigen ist es auch bei allen anderen rein prozessualen Erklärungen des Verteidigers, wie bspw. Beweisermittlungsanträgen[673] oder Plädoyers, unzulässig, aus diesen eine Einlassung des Angeklagten zu konstruieren.

2. *Abgabe von Geständnissen durch den Verteidiger im Rahmen von Absprachen*

Absprachen (auch Verständigungen oder *Deals* genannt) im Strafprozeß sind seit jeher in der Diskussion und sollen nach dem Diskussionsentwurf der

---

[668] BGHSt 21, 125; BGH NJW 1983, 126; StV 1989, 237 f.; StV 2003, 369; *Meyer-Goßner*, § 244, Rn. 20.

[669] *Schroeder*, Rn. 245 f.

[670] BGH NJW 1953, 1314; *Meyer-Goßner*, § 244, Rn. 30.

[671] BGHSt 21, 124.

[672] So auch *Meyer-Goßner*, § 243, Rn. 16 a. E.; *Dahs/Langkeit*, NStZ 1993, 214; *Miesbach*, NStZ 2000, 239; LR-*Gollwitzer*, § 243, Rn. 100 a. E.; *Ranft*, Rn. 1680; *Schäfer*, FS Dahs, S. 451.

[673] Vgl. *Schurig*, S. 60.

Regierungsfraktionen vom 18.02.2004[674] sogar gesetzlich geregelt werden (§ 257b Abs. 2 S. 2-4 StPO-DE). Schätzungen zufolge wird in ca. 30-40 % aller gerichtlichen Verfahren der Versuch einer Absprache zwischen Verteidiger, Staatsanwalt und Gericht unternommen.[675] Die Initiative zu diesem ursprünglich von den Verteidigern geschaffenen Instrument geht inzwischen mindestens in gleicher Weise vom Gericht oder der Staatsanwaltschaft aus. Diese praeter legem entwickelte Praxis ist nicht rückgängig zu machen.[676] Wie *Schroeder* feststellt, geht es im wesentlichen um drei Probleme:[677] Die Verhinderung von Auswüchsen dieser Praxis, die Sicherung der Rechte aller Verfahrensbeteiligter und der Öffentlichkeit sowie die Bestimmung der Rechtsfolgen bei Nichteinhaltung entsprechender Vereinbarungen.

Für die Thematik dieser Arbeit sind die Absprachen bedeutend, da bei ihnen die Abgabe einer Sacheinlassung für den anwesenden Angeklagten in Form eines Geständnisses durch den Verteidiger besonders häufig ist.

a) Kriterien für die Zulässigkeit von Absprachen

Der 4. Senat des BGH hat am Ende einer Reihe höchstrichterlicher Entscheidungen in einer Grundsatzentscheidung die Absprachepraxis ausdrücklich gebilligt und feste Kriterien für die Zulässigkeit aufgestellt.[678] Erstens muß die Verständigung unter Mitwirkung aller Verfahrensbeteiligter in einer öffentlichen Hauptverhandlung stattfinden, wobei Vorgespräche nicht ausgeschlossen sind. Zweitens ist das Ergebnis der Verständigung als wesentliche Förmlichkeit im Hauptverhandlungsprotokoll aufzunehmen. Drittens muß das Gericht das Geständnis daraufhin überprüfen, ob es glaubhaft ist. Viertens darf das Gericht keine Punktstrafe, sondern nur eine Strafobergrenze zusagen, an die es gebunden ist, soweit sich keine neuen schwerwiegenden Umstände zu Lasten des Angeklagten ergeben. Und fünftens sind bei der Zusage der Strafobergrenze die allgemeinen Schuldzumessungskriterien zu berücksichtigen. Das im Rahmen der

---

674 Diskussionsentwurf, Ziff. 3, S. 28 mit Erläuterung S. 42 ff.

675 *Dahs*, NStZ 1988, 153; *Eisenberg*, Beweisrecht, Rn. 43; *Schünemann*, NJW 1989, 1896: 10-27%.

676 *Meyer-Goßner*, Einl. 119b; *Weigend*, NStZ 1999, 63.

677 *Schroeder*, Rn. 397.

678 BGHSt 43, 195 = BGH NJW 1998, 86 = NStZ 1998, 31 = StV 1997, 583; zur Entwicklung der Rechtsprechung *Meyer-Goßner*, Einl. 119d, 119e m. w. N.; KK-*Pfeiffer*, Einleitung, Rn. 29a.

Verständigung abgelegte Geständnis ist dabei schuldmildernd zu berücksichtigen.[679]

b) Pflicht zur Prüfung der Glaubwürdigkeit des Geständnisses

Ein besonders wichtiger Teil einer Absprache ist das Geständnis. Ein Geständnis ist das Zugestehen der Tat oder einzelner Tatsachen, die für die Entscheidung zur Schuld- oder Rechtsfolgenfrage erheblich sein können, gleichgültig ob es sich um belastende oder entlastende, um unmittelbar beweiserhebliche oder um Indiztatsachen handelt.[680] Das Gericht bleibt dem Gebot der Wahrheitsfindung auch nach einem abgesprochenen Geständnis verpflichtet. Es muß daher das Geständnis auf seine Glaubwürdigkeit überprüfen. Eine sich aufdrängende Beweiserhebung darf nicht unterbleiben.[681] Für die Bewertung eines Geständnisses gilt der Grundsatz der freien Beweiswürdigung.[682] Damit ist der BGH den Grundsätzen des BVerfG vom 27.01.1987[683] gefolgt.

Die Praxis zeichnet häufig ein anderes Bild. In der Mehrheit aller Absprachen erklärt der Verteidiger für den Angeklagten mehr oder weniger wörtlich, der in der Anklage getroffene Schuldvorwurf treffe zu. Mit einem solchen sog. schlanken Geständnis, das inhaltlich nicht mehr als ein verbales Abnicken der Anklage ist, begnügt sich das überlastete Gericht in der Regel,[684] um den Erfolg der Absprache nicht zu gefährden. Berücksichtigt man, daß in der Mehrzahl der Fälle die Initiative für eine Absprache vom Gericht ausgeht und dies häufig aufgrund einer aus den Akten vorgefertigten Meinung des Gerichts geschieht, versteht man, daß die Gefahr groß ist, daß ein unschuldiger Angeklagter zur Abkürzung des Verfahrens und zur Vermeidung einer möglicherweise höheren Bestrafung ein falsches Geständnis ablegt,[685] häufig sogar auf den wohlgemeinten Rat des Verteidigers hin.[686] Plakatives Beispiel ist das „Angebot" des LG Mannheim, zwischen einer Freiheitsstrafe von zwei Jahren unter Aussetzung der Vollstreckung zur Bewährung für den Fall eines Geständnisses von 156

---

679 Kritisch *Weigend*, NStZ 1999, 60 f.

680 RGSt 45, 196; 54, 126; BGH MDR 1994, 984; *Meyer-Goßner*, § 254, Rn. 2; KK-*Pfeiffer*, Einleitung, Rn. 29g.

681 BGH NJW 1998, 88.

682 BGHSt 39, 303; BGH NStZ 1999, 93.

683 BVerfG NStZ 1987, 419 = NJW 1987, 2662.

684 So schon *Meyer-Goßner*, NStZ 1992, 168.

685 *Dahs*, NStZ 1988, 156.

686 *Wesemann*, StraFo 2001, 293; *Eisenberg/Pincus*, JZ 2003, 397.

Einzelfällen und der Verurteilung einer Freiheitsstrafe von sieben Jahren ohne Geständnis unter Einbeziehung der verbleibenden 37 Einzelfälle zu wählen.[687] Die Praxis der Strafverteidiger[688] bestätigt dieses Vorgehen vereinzelter Richter, die den Straftatbestand des § 339 StGB aufgrund seines Schattendaseins nicht fürchten.

Häufig lassen die bisher erfolgte Beweisaufnahme und die Aktenlage das Geständnis des Angeklagten als glaubwürdig erscheinen. Viele Prozesse sind in der Beweislage ziemlich deutlich. Allerdings sind es oft die Prozesse mit unklarer Ausgangslage, bei denen Justiz und Verteidigung auf eine Verständigung drängen.

Insofern kommt der Überprüfbarkeit des vom Angeklagten im Rahmen der Absprache abzulegenden Geständnisses besondere Bedeutung zu. Ein Geständnis ist kein prozessualer Dispositionsakt. Die bloße pauschale Bestätigung der Ermittlungsergebnisse ist keine tragfähige Grundlage für eine Verurteilung.[689] Das Gericht hat sämtliche Möglichkeiten der Dialektik zu nutzen, damit nicht ein falsches Geständnis Bestandteil der Absprache ist.[690] Es muß auf eine Substantiierung der Einlassung drängen und das Geständnis durch Vorhalte mit dem Akteninhalt und durch Nachfragen[691] absichern. Ansonsten verkennt es das Gebot der Aufklärungspflicht und zur Suche nach der materiellen Wahrheit (§ 244 Abs. 2 StPO). Dies setzt aber vor allem voraus, daß der Angeklagte sein „qualifiziertes Geständnis"[692] im Rahmen der Absprache *höchstpersönlich* erklärt. Diese höchstpersönliche Abgabe, wie sie nach der hier vertretenen Ansicht generell für die Einlassung des anwesenden Angeklagten gilt, muß in jedem Fall bei Absprachen gelten.

Indes bleiben Bedenken, gemeinsam zu einer Verkürzung des Verfahrens entschlossene Verfahrensbeteiligte würden jede formale Hürde nehmen, ähnlich wie dies bei dem eigentlich bei Absprachen unzulässigen Rechtsmittelverzicht zu beobachten ist.[693] Dagegen lehrt die Erfahrung, daß Mißwüchse reduziert

---

[687] Hierzu BGH, Urt. v. 11.09.2002 – StR 171/02.
[688] Siehe z. B. den Fall des LG Nürnberg bei *Schroeder*, Rn. 397 a. E.
[689] *Landau/Eschelbach*, NJW 1999, 325.
[690] *Landau/Eschelbach*, NJW 1999, 325.
[691] So explizit *Schmidt-Hieber*, NStZ 1988, 304.
[692] *Schünemann*, NJW 1989, 1898, der sich gegen die Zulässigkeit von Absprachen an sich ausspricht und auch an der Möglichkeit eines qualifizierten Geständnisses zweifelt.
[693] *Weigend*, NStZ 1999, 63.

werden, wenn die inhaltlichen Anforderungen und deren Überprüfbarkeit erhöht werden.

Wie der BGH kürzlich feststellte, sind die Grenzen der richterlichen Rechtsfortbildung erreicht.[694] Es ist nun Aufgabe des Gesetzgebers, darüber zu befinden, ob die von der Rechtsprechung aufgestellten Kriterien für Absprachen sachgemäß sind und es einer gesetzlichen Regelung bedarf. Ob der Weg de lege ferenda über eine Art Dispositionsmaxime[695] im Strafprozeß in Anlehnung an den englischen Prozeß und die Grundidee des summarischen Strafbefehlsverfahrens, die US-amerikanische Idee des *guilty plea* mit gesetzlich festgelegtem Strafnachlaß[696] oder einer Entscheidung nach Aktenlage mit Zustimmung des Angeklagten nach italienischem Vorbild führt, ist allerdings fraglich.[697] Jedenfalls ist der Gesetzgeber dazu aufgerufen, im Sinne der Wahrheitserforschung bei einer gesetzlichen Regelung der Absprache die Höchstpersönlichkeit der Abgabe des Geständnisses durch den Angeklagten als Voraussetzung festzuschreiben.

3. Beweiswürdigung einer durch den Verteidiger abgegebenen Sacherklärung

Die entgegen der hier vertretenen Ansicht zulässige Abgabe der Einlassung für den Angeklagten durch den Verteidiger – sei es in Form einer Vertretung oder einer Übermittlung – führt zu diversen Problemen bei der Beweiswürdigung.

a) Beweiswert

Mit der Problematik des Beweiswerts einer vom Verteidiger für den Angeklagten abgegebenen Sacherklärung hat sich vor kurzem erstmals der BGH beschäftigt.[698] Der BGH hat der Einlassung eines Angeklagten geringeren Beweiswert zugesprochen, da „es sich nicht um eine eigentlich mündlich vor Gericht abgegebene Aussage, sondern um eine schriftliche Verteidigungserklärung handelte, die erst im Laufe des 2. Hauptverhandlungsdurchgangs in

---

694 BGH-GrS, Beschluß vom 03.03.2005 – GSSt 1/04, NStZ 2005, 389.
695 Dafür *Weigend*, NStZ 1999, 63 m. w. N.
696 Dafür *Meyer-Goßner*, NStZ 1992, 167 f.
697 Vgl. auch den Vorschlag einer gesetzlichen Regelung der Urteilsabsprache im Strafverfahren des Strafrechtsausschusses der Bundesrechtsanwaltskammer vom September 2005.
698 BGH NStZ 2003, 498 m. Anm. *Dahs*, NStZ 2004, 451.

Kenntnis des wesentlichen Teils des Beweisergebnisses abgegeben worden ist und die sich der Angeklagte lediglich als Einlassung zu eigen machte…"

Der Beweisvorgang findet bei originärer Beweisführung vereinfacht in zwei Stufen statt, der sinnlichen Wahrnehmung des Inhalts des Beweismittels sowie der qualitativen Bewertung der Beweiskraft (Wahrheitskontrolle).[699] Erachtet man die Verwertung einer durch den Verteidiger abgegebenen Sacherklärung als eine des Angeklagten für zulässig, so ist es konsequent, dieser nach § 261 StPO einen geringen Beweiswert zuzumessen.[700] Der Fall ist vergleichbar mit dem Beweiswert des Zeugen vom Hörensagen. Die (originäre) unmittelbare Aussage des Angeklagten wird durch die mittelbare Aussage des Verteidigers ersetzt. Insoweit findet nun ein dreistufiger Beweisvorgang statt. Auf der ersten Stufe nimmt der Richter die Aussage sinnlich wahr, auf der zweiten Stufe hat er sich darüber klar zu werden, ob der Angeklagte die Aussage auch so gemacht hat und auf der dritten Stufe hat der Richter schließlich darüber zu befinden, ob der Angeklagte auch die Wahrheit gesagt hat.[701] Letzteres fällt dem Gericht besonders schwer, da ein persönlicher Eindruck, wie bei der mündlichen Aussage des Angeklagten selbst fehlt. Die Rückschlüsse, die ein erfahrener Richter aus dem Mienenspiel des Angeklagten, den Gesten und Bewegungen seiner Hände, dem Klang seiner Stimme, aus emotionalen Reaktionen auf bestimmte Fragen und Vorhalte, aus auffälliger Redseligkeit oder aber Wortkargheit bei gewissen Fragen usw. ziehen kann, sind bei aller Gefahr einer Mißinterpretation nicht vollwertig zu ersetzen.

b) Verwertung der Sacherklärung des Verteidigers als Teilschweigen

Fraglich ist, ob die dem Angeklagten zurechenbare Sacheinlassung des Verteidigers auch als Teilschweigen zu Lasten des Angeklagten verwertet werden darf.

Das Recht zu schweigen ist in §§ 136 Abs. 1, 163a Abs. 4, 243 Abs. 4 StPO festgeschrieben. Das Schweigerecht ist ein passives Verteidigungsrecht und Kernstück des von Art. 6 EMRK garantierten fairen Verfahrens. Es basiert auf

---

699 *Geppert*, S. 167.

700 *Eisenberg/Pincus*, JZ 2003, 403; *Geppert*, FS Rudolphi, S. 657; vgl. LR-*Gollwitzer*, § 234, Rn. 16; KK-*Tolksdorf*, § 234, Rn. 6.

701 *Geppert*, S. 168.

dem Grundsatz, daß niemand verpflichtet ist, gegen sich selbst auszusagen.[702] Der Beschuldigte ist frei in der Entscheidung, ob er sich als Werkzeug zur Überführung seiner selbst benutzt. Schweigt der Angeklagte vollständig, darf dies daher, gleich aus welchem Grund sich der Angeklagte dazu entschlossen hat, nicht zu seinem Nachteil verwertet werden.[703] Dem vollständigen Schweigen gleichgestellt werden das pauschale Bestreiten der Tat[704] – denn in der Äußerung, die Tat „nicht begangen" zu haben[705] oder „unschuldig" zu sein[706], liegt keine Angabe zur Sache –, Angaben nur zu den persönlichen und wirtschaftlichen Verhältnissen und Äußerungen, die auf den Rechtsfolgenausspruch beschränkt sind und nicht im Zusammenhang mit dem Schuldvorwurf stehen.

Nicht anders ist der Fall zu beurteilen, wenn der Beschuldigte nur in bestimmten Verfahrensabschnitten die Aussage verweigert (sog. horizontales oder zeitweises Schweigen). So darf es nicht zum Nachteil des Angeklagten verwertet werden, wenn er in einer früheren Vernehmung geschwiegen hat und sich erst in einer späteren Verfahrenssituation zur Sache einläßt.[707] Dies gilt für anfängliches Schweigen und späteres Reden ebenso wie für den umgekehrten Fall.[708] Andernfalls wäre der Angeklagte gezwungen, schon bei der ersten Vernehmung zur Sache auszusagen und damit in seiner freien Willensentscheidung beeinträchtigt.[709] Der Inhalt der Einlassung darf dagegen in vollem Umfang gewürdigt werden, da der Angeklagte es sich gefallen lassen muß, mit seinem Aussageverhalten in die umfassende Beweiswürdigung einbezogen zu werden.[710]

Der Streitpunkt bei der Frage der Sperrwirkung des Schweigens liegt beim sog. Teilschweigen. Teilschweigen liegt vor, wenn der Beschuldigte in gewissen Teilen bei der Sachverhaltsaufklärung mitwirkt, bestimmte Punkte aber verschweigt, auf einzelne Fragen die Antwort verweigert oder sich in Ausflüchte begibt. Fraglich ist, ob und ggf. inwieweit das Schweigen des nicht vollständig

---

702 BGHSt 14, 364; 25, 331; *Rogall*, S. 67 ff., 104 ff.
703 BGHSt 25, 368; 32, 144; BVerfG NStZ 1995, 555; *Meyer-Goßner*, § 261, Rn. 16; *Wessels*, JuS 1966, 172 Fn. 18.
704 BGHSt 25, 368; 38, 307; *Wessels*, JuS 1966, 174; *Meyer-Goßner*, § 261, Rn. 16 m. w. N.
705 BGHSt 34, 326.
706 OLG Celle NJW 1974, 202; OLG Hamburg MDR 1976, 864.
707 BGHSt 38, 305.
708 BGHSt 20, 281; BGH StV 1984, 143; BGHSt 38, 305; BGH NStZ 1999, 47.
709 BGHSt 38, 305.
710 BGHSt 32, 145.

schweigenden Angeklagten im Rahmen der Beweiswürdigung zu seinem Nachteil verwendet werden darf. Die Rechtsprechung und der überwiegende Teil der Literatur halten es für rechtlich zulässig, die Tatsache der teilweisen Aussageverweigerung bei der Beweiswürdigung zu verwerten.[711] Der Angeklagte, der aussagt und sich lediglich zu einzelnen Vorhalten nicht erklärt, macht sich in freiem Entschluß selbst zu einem Beweismittel und unterstellt sich der freien Beweiswürdigung. Für den Richter ist es dabei psychologisch unmöglich, die Tatsache der teilweisen Auskunftsverweigerung bei seiner Überzeugungsbildung auszuklammern. Die Teilaussage und das Teilschweigen bilden zudem eine Gesamtaussage, die insgesamt vom Tatrichter gewürdigt werden darf.[712]

Ein zum Nachteil des Angeklagten verwertbares Teilschweigen liegt im Hinblick auf die Themenstellung der Arbeit daher dann vor, wenn die vom Verteidiger für den Angeklagten mündlich abgegebene Sacherklärung nach der Vorstellung des Gerichts unvollständig ist oder das Gericht Fragen stellt, die der Verteidiger nicht beantworten will oder kann. Ist der Angeklagte anwesend, ist letzteres unwahrscheinlich, da der Verteidiger die Möglichkeit zur Rücksprache mit dem Angeklagten hat. Vertritt der Verteidiger dagegen den Angeklagten im Verfahren gegen den nicht anwesenden Angeklagten, so ist die Konstellation durchaus denkbar, daß der als Vertreter auftretende Verteidiger ergänzende Fragen des Gerichts mangels Wissens nicht beantworten kann. Dann ist das Gericht allerdings u. U. nach § 244 Abs. 2 StPO verpflichtet, das persönliche Erscheinen des Angeklagten anzuordnen. In jedem Fall wird die Schwierigkeit deutlich, an sich höchstpersönliche Wissenserklärungen auf einen Dritten zu übertragen.

In der Literatur wird das Ziehen für den Angeklagten nachteiliger Schlußfolgerungen unter dem Aspekt des Teilschweigens auch für unvollständigen „schriftlichen Sachvortrag" als zulässig erachtet.[713] Dies ist zutreffend, soweit der Angeklagte eine schriftliche Erklärung selbst vorliest, weil es sich dann um eine mündliche Erklärung wenn auch unter Verwendung eines schriftlichen Manuskripts handelt.[714] Keine Zustimmung findet diese These aber, soweit mit schriftlichem Sachvortrag die Verlesung einer schriftlichen Erklärung des Angeklagten, der selbst keine mündliche Erklärung zur Sache abgibt, sondern

[711] BGHSt 20, 300; 32, 145; LR-*Gollwitzer*, § 261, Rn. 78; *Meyer-Goßner*, § 261, Rn. 16; a. A. *Rogall*, S. 250 ff.; zum Streitstand *Eisenberg*, Rn. 906 m. w. N.
[712] *Wessels*, JuS 1966, 172; LR-*Hanack*, § 136, Rn. 27.
[713] *Eisenberg/Pincus*, JZ 2003, 402.
[714] S. ausführlich unten S. 187.

vollständig schweigt, durch das Gericht als Urkunde in der Hauptverhandlung gemeint ist. Hier bleibt es bei einem *vollständigen* Schweigen des Angeklagten zur Sache.

4. *Verfahrensrüge wegen Verstoßes gegen § 261 StPO aufgrund der unzutreffenden Annahme einer Einlassung des Angeklagten*

Hat das Gericht seiner Entscheidung eine Einlassung des Angeklagten zugrunde gelegt, obwohl sich dieser zur Sache nicht geäußert hat, ist dies mit der Verfahrensrüge als Verstoß gegen § 261 StPO angreifbar. Der Beschwerdeführer muß dabei die den Mangel begründenden Tatsachen so genau angeben, daß das Revisionsgericht allein aufgrund dieser Angaben das Vorliegen eines Verfahrensfehlers prüfen kann (§ 344 Abs. 2 S. 2 StPO).[715] Nach dem BayObLG muß der Revisionsführer nicht nur vortragen, der Angeklagte habe zur Sache geschwiegen, sondern auch, der Verteidiger habe in der Hauptverhandlung für seinen anwesenden Mandanten keine diesem zurechenbare Erklärung zur Sache abgegeben (§ 344 Abs. 2 S. 2 StPO i. V. m. § 79 Abs. 3 S. 1 OWiG).[716]

a) Nach der hier vertretenen Auffassung, nach der nur im Verfahren gegen den nicht anwesenden Angeklagten der Verteidiger als Vertreter für den Angeklagten eine Erklärung abgeben kann,[717] der Angeklagte ansonsten aber stets selbst eine Sacherklärung abgeben muß, ist der Vortrag, auch der Verteidiger hätte zur Sache nichts vorgetragen, entbehrlich.

b) Aber selbst wenn man für den Fall des anwesenden Angeklagten eine Abgabe der Sacherklärung durch den Verteidiger zuläßt, ist in der von der Mehrheit, insbesondere dem BayObLG, dem OLG Köln und OLG Düsseldorf, für eine Zurechnung geforderten Erklärung des Angeklagten, er stimme der Zurechnung der Sacherklärung der Verteidigung zu,[718] eine *eigene* Erklärung zur Sache zu sehen. Insoweit genügt es daher für eine Verfahrensrüge, wenn vorgetragen wird, der Angeklagte selbst habe sich zur Sache nicht geäußert.

---

[715] BGHSt 3, 213; 21, 340; 22, 170.

[716] BayObLG NStZ 2003, 389.

[717] Für den Fall der Verhandlung gegen den nicht anwesenden Angeklagten ist der Rechtsprechung des BayObLG indes zuzustimmen: Der Beschwerdeführer muß dann auch vortragen, daß der Verteidiger sich nicht als Vertreter für den Angeklagten zur Sache eingelassen hat, BayObLG VRS 91, 48 f.

[718] S. oben Fn. 503, 505, 506.

c) Nur wenn man mit der Rechtsprechung des 4. Senats des BGH[719] und des OLG Hamm[720] für eine Zurechnung allein die Erklärung des Verteidigers, seine Äußerungen seien als Einlassung des Angeklagten zu verwerten, genügen läßt, wäre ein entsprechender Sachvortrag, der Verteidiger habe keine Erklärung für den Angeklagten abgegeben, für die Verfahrensrüge erforderlich. Aber genau die Entscheidung, ob der Auffassung des BGH und des OLG Hamm zu folgen ist, läßt das BayObLG in der hier besprochenen Entscheidung expressis verbis offen und muß sich daher den Vorwurf einer unstringenten und unsystematischen Lösung gefallen lassen.

C. Ergebnis

Bei der Abgabe mündlicher Erklärungen zur Sache durch den Verteidiger ist dem in der StPO begründeten Regel-Ausnahme-Verhältnis folgend zwischen dem Verfahren gegen den anwesenden und dem von der StPO als Ausnahme vorgesehenen Verfahren gegen den nicht anwesenden Angeklagten zu differenzieren.

Grundsätzlich hat der Angeklagte die Sacherklärung, sei es in der Vernehmung oder im Rahmen sonstiger Erklärungsrechte, selbst abzugeben. Eine Vertretung durch den Verteidiger ist aufgrund der Höchstpersönlichkeit und des überwiegenden Gebots der Wahrheitsermittlung ebenso wie eine Übermittlung der Einlassung durch den Verteidiger unzulässig.

Das Gesetz hat in den Fällen der *ohne* den Angeklagten stattfindenden Verhandlungen die Möglichkeit vorgesehen, daß der Verteidiger den Angeklagten vertritt. Die Fürsorgepflicht gegenüber dem Angeklagten gebietet es, diese Vertretung auch in der Sacheinlassung zuzulassen. Die Vertretung ist allerdings nicht nur bei der Sacherklärung im Rahmen der Vernehmung nach § 243 Abs. 4 S. 2 StPO, sondern bei allen Erklärungsrechten z. B. nach § 257 Abs. 1 StPO zulässig. Ist der Angeklagte aber freiwillig oder infolge der Anordnung des persönlichen Erscheinens nach § 236 StPO bei der Verhandlung tatsächlich anwesend, so entfällt das Bedürfnis für eine Vertretung in der Sacheinlassung. Sie ist dann unzulässig.

---

[719] S. oben Fn. 473, 475, 476.
[720] S. oben Fn. 493.

Weitere Voraussetzungen für die Übertragung der Sacheinlassung auf den Verteidiger sind allerdings nach der hier vertretenen Ansicht, daß der Verteidiger befragt wird, ob es sich um eine Sacherklärung handelt, der Angeklagte auf die Möglichkeit der Verwertung hingewiesen wird und dieser zustimmt. Die Einhaltung der Voraussetzungen ist als wesentliche Förmlichkeit zu protokollieren.

Der geminderte Beweiswert der Sacheinlassung des Verteidigers ist bei der Beweiswürdigung nach § 261 StPO zu berücksichtigen.

Aus prozessualen Erklärungen des Angeklagten oder des Verteidigers, bei denen einer Vertretung keine Bedenken entgegenstehen, können keinesfalls Erklärungen zur Sache konstruiert werden. Dies gilt insbesondere für Beweisanträge.

Im normalen Verfahren, in dem der Angeklagte zur Anwesenheit verpflichtet ist und in seiner *Anwesenheit* verhandelt wird, sind eine Vertretung in der Sacheinlassung und eine Übermittlung durch den Verteidiger entgegen der vorherrschenden Ansicht unzulässig. Dies gilt es im besonderen bei einem Geständnis des Angeklagten im Rahmen von Absprachen und bei einer künftigen gesetzlichen Regelung zu beachten. Die bisherige Praxis eines pauschalen Bejahens der Anklagevorwürfe durch den Verteidiger ist contra legem.

Soweit eine Vertretung in der Sacherklärung aufgrund gesetzlicher Vorschriften im Verfahren gegen den nicht anwesenden Angeklagten ausnahmsweise zulässig ist oder die Übertragung der Einlassung auf den Verteidiger entgegen der hier vertretenen Ansicht auch dem anwesenden Angeklagten möglich sein soll, ist es konsequent, ein Teilschweigen des Verteidigers dem Angeklagten wie ein eigenes zuzurechnen und nachteilig zu verwerten.

4. Teil
Schriftliche Sacherklärungen des Verteidigers

Eine Möglichkeit, die Sicht der Dinge aus der Perspektive des Angeklagten darzulegen, ohne daß der Angeklagte persönlich zur Sache aussagt, sind schriftliche Erklärungen, in denen der Verteidiger Sachverhaltsangaben des Mandanten in direkter oder indirekter Rede mitteilt.[721] Solche Schriftsätze richtet der Verteidiger entweder schon im Ermittlungsverfahren an die Ermittlungsbehörden oder nach Eröffnung des Hauptverfahrens, z. B. während der Hauptverhandlung, unmittelbar an das Gericht.

Ausgehend von der charakteristischen Zweistufigkeit der Beweisaufnahme[722] hat eine schriftliche Erklärung im Ermittlungsverfahren einen anderen Zweck als während der Hauptverhandlung.

Die Ermittlungen von Staatsanwaltschaft und Polizei dienen der Sammlung von Beweismaterial (§§ 160, 163 StPO), um bei hinreichendem Tatverdacht Anklage zu erheben (§§ 170 Abs. 1, 160 Abs. 1 StPO). Der Verteidiger beabsichtigt dementsprechend mit seiner Erklärung eine Entlastung des Beschuldigten oder eine Einstellung des Verfahrens. Da der Mündlichkeitsgrundsatz im Ermittlungsverfahren nicht gilt, wird die Erklärung zu den Akten genommen und kann für die Entscheidung über das weitere Verfahren ohne weiteres verwendet werden.

Das Gericht muß dagegen bei seinen Untersuchungen (vgl. §§ 151, 155 StPO) wegen des Grundsatzes der Unmittelbarkeit die Beweisaufnahme von Grund auf erneut und selbst durchführen. Eine Verurteilung ist erst möglich, wenn es nach Würdigung der in der Hauptverhandlung erhobenen Beweise von der Tat überzeugt ist (§§ 261, 267 Abs. 1 S. 1 StPO). Die Akten mit einer schriftlichen Erklärung aus dem Vorverfahren dienen den Berufsrichtern zur Vorbereitung der Hauptverhandlung. Ihr Inhalt kann nur verwertet werden, wenn er als Beweismittel nach den Regeln des Strengbeweises ordnungsgemäß in die Hauptverhandlung eingeführt wurde. Das gilt auch für dem Gericht während der

---

[721] Vgl. das Muster bei *Weihrauch*, Rn. 147.
[722] *Schroeder*, Rn. 59 f.

Hauptverhandlung überreichte schriftliche Erklärungen. Die teilweise vorzufindende Unterscheidung zwischen außerhalb und innerhalb der Hauptverhandlung zur Akte gegebenen schriftlichen Erklärungen[723] ist daher wenig plausibel.

Für die Einführung einer schriftlichen Erklärung als Beweismittel in die Hauptverhandlung kommen zwei Möglichkeiten in Betracht:[724] Die erste ist das förmliche *Ver*lesen als Urkunde durch das Gericht (Urkundenbeweis, § 249 Abs. 1 S. 1 StPO). Die zweite ist das wörtliche *Vor*lesen durch den Verteidiger im Rahmen einer mündlichen Erklärung. Das Mündlichkeitsgebot ist in beiden Fällen gewahrt, da für die Verfahrensbeteiligten und die Öffentlichkeit klargestellt wird, was Gegenstand der Beweisaufnahme ist und daß sie ggf. dazu Stellung beziehen können.[725]

Die Begriffe *verlesen* und *Verlesung* verwendet das Gesetz nur, wenn es eine Bestimmung über den Urkundenbeweis trifft, d. h. es um die Beweiserhebung über den gedanklichen Inhalt einer schriftlichen Erklärung geht (§ 249 StPO).[726] *Vorlesen* dagegen bedeutet, daß eine schriftliche Erklärung als Manuskript oder Redehilfe für eine *mündliche* Erklärung dient. Dabei handelt es sich nicht um einen Urkunden-, sondern um einen Personalbeweis. Beweismittel ist nicht die schriftliche Erklärung, sondern die Auskunftsperson. Beweisform ist die mündliche Aussage. Es sollte daher klar zwischen Verlesen und Vorlesen unterschieden werden.[727]

Rechtsprechung und Literatur sprechen dagegen bei beiden Varianten meist undifferenziert von „Verlesung“ oder lassen gänzlich unklar, wie eine schriftliche Erklärung in die Hauptverhandlung eingeführt wurde.[728] So hat der BGH vor kurzem entschieden, daß einer Einlassung „geringeres Gewicht zukomme, weil es sich nicht um eine eigentliche, mündlich vor Gericht abgegebene Aussage, sondern um eine schriftliche Verteidigungserklärung handelte, ... die sich der Angeklagte lediglich als Einlassung zu eigen machte.“[729] Eine

---

723 *Schlothauer*, Rn. 77c; *Burhoff*, Hauptverhandlung, Rn. 1040, 1154; *Malek*, Rn. 212; vgl. auch *Schäfer*, FS Dahs, S. 451.

724 Zudem kann die Erklärung im Rahmen eines Vorhalts vorgelesen werden. Verwertbar ist aber nicht der gedankliche Inhalt der vorgehaltenen Erklärung, sondern nur, was die Auskunftsperson auf den Vorhalt hin erklärt.

725 Bedenklich ist daher § 249 Abs. 2 StPO.

726 *Krause*, S. 188.

727 So auch *Geppert*, FS Rudolphi, S. 646.

728 Vgl. hierzu BGH NStZ 2004, 163 = BGHR StPO 243 Abs. 4 Äußerung 8.

729 BGH NStZ 2003, 499 m. krit. Anm. *Dahs*, NStZ 2004, 451.

Einordnung dieser Entscheidung ist schwierig, da diesen Ausführungen nicht zu entnehmen ist, ob die Erklärung durch das Gericht als Urkunde verlesen oder durch den Angeklagten oder den Verteidiger vorgelesen wurde und wie der Angeklagte die Erklärung als eigene übernahm.[730]

A. Verlesen als Urkunde

Das Verlesen der schriftlichen Erklärung des Verteidigers im Urkundenbeweis durch das Gericht oder als Ausnahme im Selbstleseverfahren (§ 249 StPO) ist eine zu protokollierende wesentliche Förmlichkeit (§§ 273, 274 StPO).

I. Bestimmung des Erklärenden

Gerade bei Schriftsätzen, in denen der Verteidiger Sachverhaltsangaben des Angeklagten in dessen wörtlicher Rede mitteilt, ist es wichtig zu bestimmen, wer der Aussteller des Schriftstücks, d. h. der Erklärende ist.

1. Notwendigkeit der Abgrenzung von Erklärungen des Angeklagten

Zwar kommt es für die Zulässigkeit des Urkundenbeweises nicht darauf an, daß ein Erklärender angegeben oder bestimmbar ist.[731] Insoweit unterscheidet sich der strafprozessuale vom materiell-rechtlichen Urkundenbegriff des § 267 StGB. Die Frage, ob es sich bei einer schriftlichen Erklärung um eine des Angeklagten oder des Verteidigers handelt, ist aber deshalb bedeutend, da die h. M. schriftliche Erklärungen selbst des in der Hauptverhandlung vollständig schweigenden Angeklagten für verlesbar erachtet, dies für entsprechende Schriftstücke des Verteidigers jedoch verneint. Diese Unterscheidung in der Verlesbarkeit einer schriftlichen Erklärung abhängig davon, ob sie vom Angeklagten oder seinem Verteidiger stammt, ist fraglich.

a) Zunächst ist die Verlesbarkeit einer schriftlichen Erklärung des Angeklagten zu untersuchen.

---

[730] So auch *Dahs*, NStZ 2004, 451.

[731] Statt vieler: AK-*Meier*, § 249, Rn. 10; vgl. auch *Maurach/Schroeder*, BT II, § 65 Rn. 31.

aa) Möchte sich der Angeklagte zur Sache äußern, so erfolgt die Vernehmung nach §§ 243 Abs. 4 S. 2, 136 Abs. 2 StPO mündlich, d. h. durch mündliche Befragung und mündliche Antworten, und kann nicht durch die Verlesung einer Erklärung durch das Gericht ersetzt werden.[732] Dies ergibt sich aus dem Wortsinn des Begriffs „Vernehmung" und dem Mündlichkeitsprinzip, nach dem die mündliche Einlassung aufgrund der Möglichkeit des Dialogs der Wahrheitserforschung besonders förderlich ist. Zwar trifft § 243 Abs. 4 S. 1 StPO keine ausdrückliche Regelung über die Form der Vernehmung, aber § 243 Abs. 4 S. 2 StPO verweist explizit nicht auf § 136 Abs. 1 S. 2 StPO. Auch ein Erst-recht-Schluß aus der Zulässigkeit schriftlicher Erklärungen im Ermittlungsverfahren (§§ 136 Abs. 1 S. 4, 163a Abs. 1 S. 2 StPO) scheidet aus, da das Ermittlungsverfahren im Trichtermodell des strafprozessualen Verfahrens einem anderen Formalisierungsgrad als die Hauptverhandlung unterliegt:[733] Wo zu prüfen ist, ob der Verdacht für die Erhebung der Anklage reicht, haben schriftliche Äußerungen hohes Gewicht, für die Überzeugung des Gerichts über die Schuldfrage dagegen nicht.[734] Im Vorverfahren dienen schriftliche Erklärungen der Verfahrensbeschleunigung.[735] In der Hauptverhandlung sind schriftliche Erklärungen absolute Ausnahmen, wie die Regelungen in § 257a StPO und § 186 GVG belegen.[736]

Gleichwohl hält die h. M. nicht nur schriftliche Erklärungen, die der Angeklagte zur Sache im Ermittlungsverfahren nach §§ 136 Abs. 1 S. 4 StPO, 163a Abs. 1

---

732 RGRspr. 4, 563 Nr. 256; RG Recht 1903, 2524; BGHSt 3, 368; BGH NJW 1994, 2906 = BGHR StPO § 243 Abs. 4 Äußerung 5 = StV 1994, 521 (insoweit nicht abgedruckt in BGHSt 40, 211 und NStZ 1994, 593); BGH NStZ 2000, 439 = StV 2001, 548 = BGHR StPO § 243 Abs. 4 Äußerung 6; BGH NStZ 2004, 164 = BGHR StPO § 243 Abs. 4 Äußerung 8; BayVerfGH MDR 1972, 209; KK-*Tolksdorf*, § 243, Rn. 44; *Schroeder/Meindl*, F. 3, Rn. 3 mit Fn. 7; *Meyer-Goßner*, § 243, Rn. 30; *Eisenberg/Pincus*, JZ 2003, 399; mehrheitlich abgelehnt wird die vereinzelt gebliebene Entscheidung BGH MDR 1980, 986, nach der der Angeklagte auf schriftliche Fragen schriftliche Antworten geben darf.

733 Das Erkenntnisverfahren bestehend aus Ermittlungsverfahren (Stoffsammlung und Vorklärung), Zwischenverfahren, Hauptverfahren (Entscheidung) und ggf. Rechtsmittelverfahren (Kontrolle) ist als System aufeinander folgender Auswahlprozesse zu verstehen: Eine immer kleinere Zahl von Tatverdächtigen gelangt bei zunehmender Verurteilungswahrscheinlichkeit in stärker formalisierte Verfahrensabschnitte (Trichtermodell); LR-*Rieß*, Einl. Abschn. F, Rn. 3 ff.; SK-*Wolter*, Vor § 151, Rn. 21.

734 *Schneidewin*, JR 1951, 483.

735 *Geppert*, FS Rudolphi, S. 648.

736 Vgl. *Eb. Schmid*, Nachtrag II, § 243, Rn. 30: Schriftliche Äußerungen sind „mit dem Wesen der Hauptverhandlung unvereinbar".

S. 2 StPO abgibt,[737] sondern auch solche, die er in der Hauptverhandlung anstelle einer mündlichen Vernehmung einreicht, selbst bei vollständigem Schweigen für grundsätzlich verlesbar.[738] So scheiterten Revisionen, mit denen gerügt wurde, die Tatsacheninstanz habe schriftliche Erklärungen des Angeklagten zur Sache nicht verlesen, nur daran, daß jeweils ein ordnungsgemäßer Beweisantrag fehlte und auch die Instruktionsmaxime nicht die Verlesung gebot, da sich aus der schriftlichen Erklärung keine neuen Gesichtspunkte ergaben.[739]

bb) Diese herrschende Ansicht ist aber zweifelhaft:[740]

Der Urkundenbeweis ist zulässig, soweit ihm keine Vorschriften entgegenstehen.[741]

Ein Verlesungsverbot für schriftliche Erklärungen des Angeklagten ergibt sich weder aus § 254 StPO, da § 254 StPO kein Beweismittelverbot enthält, sondern nur eine Ausnahmevorschrift zum Verbot des § 250 S. 2 StPO darstellt,[742] noch aus § 252 StPO, da § 252 SPO auf den Beschuldigten nicht anwendbar ist. Sedes materiae ist vielmehr § 250 S. 2 StPO, der nach h. M. auch für den Angeklagten gilt[743] und die Verlesung seiner berichtenden schriftlichen Erklärung als Ersatz

---

737 RGSt 35, 234; OLG Hamm JMBlNRW 1968, 215; OLG Düsseldorf VRS 41, 436; OLG Hamm VRS 42, 99; OLG Zweibrücken GA 1981, 275; *Meyer-Goßner*, § 163a, Rn. 14 und 47. Aufl., § 249, Rn. 13 (**a. A.** 48. Aufl., § 249, Rn. 13); ANM, S. 310; LR-*Rieß*, § 163a, Rn. 46; LR-*Gollwitzer*, § 249, Rn. 13; HK-*Krehl*, § 163a, Rn. 5; SK-*Schlüchter*, § 249, Rn. 29; KMR-*Plöd*, § 163a, Rn. 3; *Park*, StV 2001, 592 f.; *Burhoff*, Ermittlungsverfahren, Rn. 644; *ders.*, Hauptverhandlung, Rn. 1040; *Weihrauch*, Rn. 147; *Schäfer*, FS Dahs, S. 447.

738 BGH MDR 1980, 986; BGHSt 39, 305 = NStZ 1994, 184 = StV 1993, 623 = NJW 1993, 3337 = BGHR StPO § 250 S. 2 Schriftliche Erklärung; BGH NJW 1994, 2906; BGH StV 2001, 549; BGH StV 2002, 182 = NStZ 2002, 555; OLG Zweibrücken StV 2001, 549; *Günter*, DRiZ 1971, 380; *Eisenberg/Pincus*, JZ 2003, 399 f.; *Park*, StV 1998, 60; *ders.*, StV 2001, 592; ANM, S. 310; SK-*Schlüchter*, § 249, Rn. 29; LR-*Gollwitzer*, § 249, Rn. 13; *Meyer-Mews*, JR 2003, 363; *Schlothauer*, Rn. 77b; *Burhoff*, Hauptverhandlung, Rn. 1040; *Ranft*, Rn. 1707; mit Einschränkungen auch *Schäfer*, FS Dahs, S. 447 f.

739 BGHSt 39, 305; BGH NJW 1994, 2906; BGH StV 2001, 549; OLG Celle NStZ 1988, 426; OLG Zweibrücken StV 2001, 549.

740 So auch *Meyer-Goßner*, § 249, Rn. 13; *Geppert*, FS Rudolphi, S. 648; LR-*Hanack*, § 136, Rn. 33.

741 BGHSt 20, 162; 27, 136; 39, 306.

742 S. ausführlich oben S. 63 m. w. N. in Fn. 226.

743 S. 58 mit Fn. 193; zutreffend insoweit *Günter*, DRiZ 1971, 380; *Eisenberg/Pincus*, JZ 2003, 399 f.

der mündlichen Aussage verbietet, was hinsichtlich der vorliegenden Thematik meist negiert wird.[744] Äußert sich der Angeklagte schriftlich zur Sache, handelt es sich um eine zu Beweiszwecken abgegebene Wahrnehmung von Tatsachen, wobei Tatsachen auch eigene innere Empfindungen sind, die unmittelbar durch sinnlich wahrgenommene Vorgänge ausgelöst werden.[745] Die für den Angeklagten geltenden Ausnahmen zu § 250 S. 2 StPO in §§ 254, 231 Abs. 3, 233 Abs. 3 S. 2 StPO sind nicht einschlägig. Eine dem § 251 StPO entsprechende Regelung existiert für den Angeklagten nicht, da der Gesetzgeber von der permanenten Anwesenheit des Angeklagten ausgeht (§ 230 StPO).

Denkbar wäre anzunehmen, das Ersetzungsverbot des § 250 S. 2 StPO sei nicht anwendbar, wenn aufgrund des Schweigens des Angeklagten in der Hauptverhandlung eine Vernehmung des Angeklagten nicht möglich ist, d. h. eine Ersetzung im Wortsinne nicht vorliegt.[746]

Eine solche Einschränkung des Anwendungsbereichs ist aber abzulehnen, da bei einem solchen Verständnis § 251 StPO als Ausnahmeregelung für den Zeugen überflüssig wäre.[747] Diese Auslegung des Begriffs Ersetzung ist zudem mit dem Willen des Gesetzgebers nicht vereinbar: § 251 Abs. 1 und 2 StPO sprechen beide von der Ersetzung der Vernehmung, obwohl sie gerade Fälle regeln, in denen eine Vernehmung nicht möglich ist. Überdies liefe dies darauf hinaus, dem Angeklagten die freie Wahl zu überlassen zwischen einer schriftlichen Einlassung, die bei einem entsprechend formulierten Beweisantrag als Urkunde durch das Gericht verlesen werden müßte,[748] und einer mündlichen Sacherklärung. Letztlich könnte der Angeklagte selbst bestimmen, wann eine Ersetzung i. S. d. § 250 S. 2 StPO vorliegt. Die Freiheit zu entscheiden, sich zur Sache einzulassen oder nicht, bedeutet aber nicht die Freiheit, die strafprozessualen Regeln für die Einlassung selbst festzulegen und gesetzliche Regeln umgehen zu

---

744 Tatsächlich beschäftigen sich Judikatur und Literatur i. d. R. nicht mit § 250 S. 2 StPO, sondern nur mit § 254 StPO. Nur teilweise wird am Rande erwähnt, § 250 S. 2 StPO gelte nicht für den Angeklagten: *Burhoff*, Rn. 1040; *Park*, StV 2001, 592 Fn. 53; *Ranft*, Rn. 1707; *Schäfer*, FS Dahs, S. 447.

745 *Geppert*, S. 196; s. auch *Meyer-Goßner*, § 250, Rn. 9.

746 *Günter*, DRiZ 1971, 370; *Eisenberg/Pincus*, JZ 2003, 400; s. für den Zeugen *Löhr*, S. 110 ff.; *Krause*, S. 152 ff.; LR-*Gollwitzer*, § 250, Rn. 13, 20; RGSt 71, 11 ist dagegen auf diesen Fall nicht übertragbar.

747 *Heissler*, S. 143; *Mitsch*, JZ 1992, 178.

748 Zutreffend vom Standpunkt der Rechtsprechung aus *Park*, StV 2001, 593; *Eisenberg/ Pincus*, JZ 2003, 400 f.

dürfen.[749] Der nemo-tenetur-Grundsatz besagt nur, daß der Angeklagte nicht zur aktiven Selbstbelastung gezwungen werden darf und sich insbesondere nicht zur Sache äußern muß. *Geppert* weist in Anlehnung an *Jean-Jacques Rousseau* zutreffend darauf hin, daß die Freiheit, daß keiner tun muß, was er nicht will, aber gerade nicht bedeutet, daß er tun kann, was er will.[750]

Der Grundsatz der Mündlichkeit hat dagegen entgegen der Ansicht *Schäfers*[751] für die Frage der Verwertung einer schriftlicher Erklärungen des Angeklagten im Urkundenbeweis keine unmittelbare Bedeutung. Mit dem Verlesen der Urkunde durch das Gericht ist die Urkunde durch das Medium des gesprochenen Worts gegangen.

bb) Im Ergebnis ist die Beweiserhebung durch Verlesung schriftlicher Erklärungen des in der Hauptverhandlung schweigenden Angeklagten entgegen der h. M. unzulässig (§§ 244 Abs. 3 S. 1, 245 Abs. 1 S. 1 StPO).[752] Abzulehnen ist daher auch die Ansicht, eine Verwertung sei möglich, wenn der Angeklagte der Verlesung nicht widerspreche.[753] Es ist unstreitig, daß die Anwendbarkeit des § 250 StPO nicht durch eine entsprechende Erklärung des Angeklagten oder des Verteidigers ausgeschlossen werden kann.[754]

Dies ist auch sachgerecht, da schriftliche Erklärungen, bei denen die Möglichkeit zu Nachfragen nicht besteht und die subjektiv gefärbt und innerlich lückenhaft sind, im Wert unter nichtrichterlichen Protokollen stehen.[755] Angesichts des Trichtermodells des deutschen Strafverfahrens ist es überdies nicht systemwidrig, dem Staatsanwalt für die Entscheidung über die Anklageerhebung

---

[749] So aber *Schlothauer*, Rn. 77b und *Park*, StV 2001, 592. Aus der von *Park* zitierten Entscheidung BGHSt 5, 334, die feststellt, der Angeklagte dürfe „über ob und wie" der Einlassung frei entscheiden, kann nicht gefolgert werden, dies beträfe auch die Form der Einlassung. Das „wie" bezieht sich nur auf die freie Wahl des Zeitpunkts und des Inhalts der Einlassung.

[750] *Geppert*, FS Rudolphi, S. 655.

[751] *Schäfer*, FS Dahs, S. 448.

[752] So auch *Geppert*, FS Rudolphi, S. 654; a. A. noch *ders.*, JK 1994, StPO § 250/2.

[753] So obiter dictu BGH StV 1994, 468 = NStZ 1994, 449, wobei auch hier letztlich unklar bleibt, ob sich diese Aussage auf die Verlesung einer schriftlichen Erklärung des Angeklagten durch das Gericht als Urkunde oder das Vorlesen der Erklärung durch den Verteidiger, also eine mündliche Erklärung des Verteidigers, bezieht.

[754] *Schäfer*, FS Dahs, S. 452.

[755] *Schneidewin*, JR 1951, 483; a. A. *Günter*, DRiZ 1971, 380, der schriftliche Erklärungen „zumindest dem richterlichen Protokoll" gleichstellt, was der in § 251 StPO zum Ausdruck kommenden Wertung des Gesetzgebers widerspricht.

Mittel an die Hand zu geben, die dem Richter für die Entscheidung über die Schuld nicht zur Verfügung stehen.[756]

Dieses Ergebnis deckt sich schließlich mit der ganz h. M., nach der es unstatthaft ist, die Vernehmung eines Zeugen (§ 69 StPO) durch die urkundliche Verlesung einer vom Zeugen verfaßten schriftlichen Erklärung zu ersetzen.[757] Es ist nicht ersichtlich, weshalb für den Angeklagten etwas anderes gelten sollte.

Die Problematik der Verlesbarkeit schriftlicher Erklärungen des Angeklagten ist im übrigen dieselbe wie bei schriftlichen Erklärungen eines in der Hauptverhandlung nach § 55 StPO die Aussage verweigernden Zeugen. Da § 252 StPO für § 55 StPO nicht gilt,[758] ergibt sich ein Verlesungsverbot auch hier aus § 250 S. 2 StPO.[759] Eine Ausnahme nach § 251 Abs. 1 Nr. 2 StPO (§ 251 Abs. 2 S. 2 StPO a. F.) scheidet aus, da dieser nur Fälle tatsächlicher Unmöglichkeit regelt[760] und voraussetzt, daß die Auskunftsperson in der Verhandlung abwesend ist.[761] Es wäre unbillig, wenn die schriftliche Erklärung des Zeugen, der, um sich nicht selbst zu belasten, die Aussage nach § 55 StPO verweigert, nicht verlesen werden darf, sie in dem Verfahren aber, in dem der Zeuge wegen des Delikts, aufgrund dessen er die Aussage verweigerte hatte, angeklagt wird und ein Schweigerecht hat, aber verlesen werden könnte.

2. *Kriterien*

Kommen wir zurück zu der Grundfrage, wann eine schriftliche Erklärung als eine des Angeklagten und wann als eine des Verteidigers anzusehen ist.

---

756 A. A. *Günter*, DRiZ 1971, 380.

757 RGSt 37, 333; LR-*Dahs*, § 69, Rn. 4; *Meyer-Goßner*, § 69, Rn. 4; KMR-*Paulus*, § 69, Rn. 5; HK-*Lemke*, § 69, Rn. 3; KK-*Senge*, § 69, Rn. 3.

758 H. M.: BGHSt 6, 211; 17, 350; *Meyer-Goßner*, § 252, Rn. 5; HK-*Julius*, § 252, Rn. 3; ANM, S. 467; *Schroeder*, Rn. 257 a. E.; ausführlich *Schroeder/Meindl*, F. 6, Rn. 50.

759 LR-*Dahs*, § 55, Rn. 19.

760 BGH NStZ 1982, 342; NJW 1984, 136; NStZ 1984, 211; NStZ 1996, 96; OLG Köln NJW 1982, 2547; LG Düsseldorf MDR 1981, 249; LR-*Dahs*, § 55, Rn. 19; AK-*Dölling*, § 251, Rn. 38; ANM, S. 270; KMR-*Paulus*, § 251, Rn. 4, 46; *Meyer-Goßner*, § 251, Rn. 11; SK-*Schlüchter*, § 251, Rn. 53; KK-*Diemer*, § 251, Rn. 26; *Dölling*, NStZ 1988, 6; *Geppert*, S. 260; *Roxin*, § 26, Rn. 32; *Langkeit/Cramer*, StV 1996, 231; *Beulke*, Rn. 413; a. A.: *Mitsch*, JZ 1992, 180 (§ 251 StPO analog); LR-*Gollwitzer*, § 250, Rn. 20 (Einschränkung der Anwendbarkeit des § 250 S. 2 StPO).

761 BGHSt 2, 102; BGH NStZ 1982, 342; KMR-*Paulus*, § 251, Rn. 4; *Dölling*, NStZ 1988, 9; *Eisenberg*, StV 1993, 625; *Mitsch*, JZ 1992, 179.

a) Eine schriftliche Sacherklärung des Verteidigers stellt nach h. M. grundsätzlich keine schriftliche Erklärung des Angeklagten dar, sondern ist als Erklärung des Verteidigers selbst anzusehen.[762] Hat sich der Angeklagte gegenüber einer dritten Person geäußert und hat diese den Inhalt der Äußerung schriftlich festgehalten, so handelt es sich um eine *eigene* schriftlich fixierte *Wahrnehmung* der dritten Person.[763] Der Verteidiger nimmt dabei keine Sonderstellung ein, da er nicht Vertreter des Angeklagten, sondern ein vom Angeklagten unabhängiger Beistand ist.[764] Zudem darf der Verteidiger die Verteidigung auch gegen den Willen des Angeklagten verfolgen, so daß nicht feststeht, ob dieser die Erklärung selbst so abgegeben hätte.[765]

Auch eine Vertretung aufgrund Vollmacht ist bei schriftlichen Sacherklärungen unzulässig.[766] Diese kommt, wie oben untersucht wurde, nur bei Prozeßerklärungen und bei mündlichen Sacherklärungen in den gesetzlichen Ausnahmefällen der Verhandlung ohne den Angeklagten in Betracht.[767] Die für die Abgabe mündlicher Sacherklärungen des Angeklagten durch den Verteidiger entwickelten Kriterien können auf schriftliche Erklärungen nicht übertragen werden.[768] Bei der Verlesung schriftlicher Erklärungen geht es um einen Urkundenbeweis, bei mündlichen Einlassungen dagegen um einen Personalbeweis.

---

[762] OLG Celle NStZ 1988, 426; BGHSt 39, 306 = NStZ 1994, 184 = StV 1993, 623 = NJW 1993, 3337 = BGHR § 250 S. 2 Schriftliche Erklärung; BGH StV 1994, 468 = NStZ 1994, 449; BGH StV 2002, 182 = NStZ 2002, 555; HK-*Julius*, § 240, Rn. 6; KMR-*Plöd*, § 163a, Rn. 3; SK-*Schlüchter*, § 243, Rn. 48; § 249, Rn. 30; SK-*Wohlers*, Vor § 137, Rn. 55; *Meyer-Goßner*, § 163a, Rn. 14; *Schlothauer*, Rn. 77b; KK-*Wache*, § 163a, Rn. 14; *Dahs*, Handbuch des Strafverteidigers, Rn. 269; *Dahs/Langkeit*, NStZ 1995, 214 f.; *Park*, StV 2001, 593.

[763] BGHSt 39, 305; BGH StV 2002, 182; *Ranft*, Rn. 1707; *Schroeder/Meindl*, F. 3, Rn. 3.

[764] OLG Celle NStZ 1988, 426; BGHSt 39, 306; BGH StV 2002, 182.

[765] OLG Celle NStZ 1988, 426.

[766] BGHSt 39, 306; OLG Celle NStZ 1988, 426.

[767] So explizit OLG Celle NStZ 1988, 426: „Eine ‚Vertretung' bei der Abgabe von schriftlichen Erklärungen zur Sache ... kommt ebensowenig in Betracht wie bei einer Vernehmung zur Sache (vgl. RGSt 44, 284)"; SK-*Schlüchter*, § 234, Rn. 10.

[768] Verfehlt daher BGH StV 2002, 183 = NStZ 2002, 555, der es unter Verweis auf BGH NStZ 1990, 447 obiter dictu für möglich hält, in einem Verteidigerschriftsatz enthaltene Angaben als Einlassung des Angeklagten anzusehen, wenn dies durch eine Erklärung des Verteidigers oder des Angeklagten klargestellt wird.

Nur eine Mindermeinung sieht in einem Sonderfall schriftliche Erklärungen, die ein zur Vertretung bevollmächtigter Verteidiger im Vorverfahren des *Bußgeldverfahrens* abgibt, als Erklärungen des Angeklagten an.[769] Sie seien nach § 74 Abs. 1 OWiG verlesbar, wenn die Hauptverhandlung ohne Anwesenheit des Betroffenen stattfinde *und* der Verteidiger nicht anwesend sei. Da der Verteidiger als Vertreter des Betroffenen mündliche Sacherklärungen in der Hauptverhandlung abgeben dürfe, wenn der Betroffene der Hauptverhandlung fern bleibe, sei dem Verteidiger diese Befugnis erst recht für frühere schriftliche Einlassungen zuzuerkennen. Diese Begründung überzeugt nicht, da die Zulässigkeit der Vertretung bei schriftlichen Erklärungen im Vorverfahren nicht davon abhängen kann, ob später die Hauptverhandlung in Abwesenheit des Angeklagten stattfindet und der Verteidiger nicht erscheint. Auch lassen beide Entscheidungen, die ersichtlich ergebnisorientiert argumentieren, offen, weshalb ein Unterschied zwischen Bußgeld- und Strafverfahren bestehen soll, wie dies die Senate jeweils ausdrücklich betonen.

b) Die Frage, nach welchen Kriterien die Person des Erklärenden einer schriftlichen Erklärung zu bestimmen ist, wird meist in bezug auf § 251 Abs. 1 Nr. 2 StPO (= § 251 Abs. 2 S. 2 StPO a. F.) diskutiert, der die Ersetzung der Vernehmung eines Zeugen durch die Verlesung einer Urkunde, „die eine *von ihm stammende* schriftliche Erklärung enthält", gestattet.

Während es ein Teil der Literatur für erforderlich hält, daß die Auskunftsperson die Schrift selbst fertigt,[770] da es auf die Herkunftsidentität ankomme, lassen es andere genügen, daß der Inhalt der Schrift auf die Auskunftsperson als Urheber und Kundgeber zurückgeht.[771] Letzteres wird allgemein als zu weitgehend erachtet.[772] Wenn ein Dritter Tatsachen, die er von einem anderen erfahren hat, aufzeichnet, geht die Aufzeichnung zwar auf die Angaben des anderen zurück. Es handelt sich aber trotzdem um eine Erklärung des Dritten.

---

769 OLG Frankfurt NZV 1993, 281 mit zust. Anm. *Göhler*, NStZ 1994, 74; OLG Zweibrücken NZV 1994, 372; KK-OWiG-*Senge*, § 74, Rn. 10, § 73, Rn. 23.

770 *Eb. Schmidt* II, § 251, Rn. 23; so auch KK-*Diemer*, § 250, Rn. 2; *Schroeder/Meindl*, F. 3, Rn. 3 in bezug auf schriftliche Erklärungen des Angeklagten.

771 *Kohlhaas*, NJW 1954, 538.

772 *Eb. Schmidt* II, § 251, Rn. 23; *Meyer-Goßner*, § 249, Rn. 13; SK-*Schlüchter*, § 249, Rn. 30; *Schroeder/Meindl*, F. 3, Rn. 3; *Eisenberg*, Rn. 2088.

Die überwiegende Meinung in Rechtsprechung[773] und Literatur[774] sieht daher eine von einem Dritten hergestellte Erklärung nur dann als von der Auskunftsperson stammend an, wenn die Erklärung *im Auftrag und mit Willen* der Auskunftsperson hergestellt wird und auch *ihre Äußerung* darstellen soll. Dies erinnert an die im materiellen Strafrecht bei den Urkundendelikten herrschende Geistigkeitstheorie, besser zivilrechtsbezogene Theorie des Erklärenden, die auf die rechtliche Verantwortlichkeit abstellt.[775] Danach ist Aussteller, wer sich – aus der Urkunde erkennbar – als Erklärender bekennt, d. h. wem die Urkunde geistig zurechenbar ist. Da es bei den Urkundendelikten aber um die Echtheit einer Urkunde auch unter Beachtung der zivilrechtlichen Geltung geht, erscheint es sachfremd, die hierfür entwickelte Theorie auf das Strafprozeßrecht zu übertragen[776]. In der Regel ist es zudem äußerst schwierig zu bestimmen, wann eine Erklärung im Auftrag und mit Willen des Angeklagten gefertigt wurde. Gerade weil der Verteidiger an Weisungen nicht gebunden ist und die Verteidigung gegen den Willen des Mandanten führen kann, kann diese Frage nicht allein anhand der schriftlichen Erklärung mit der erforderlichen Sicherheit geklärt werden.

Darauf abzustellen, ob es sich um *eigene Formulierungen* des Verteidigers handelt,[777] überzeugt nicht. Auch bei einer vermeintlich eigenen, in wörtlicher Rede wiedergegebenen Erklärung des Angeklagten wird die Formulierungskunst des Verteidigers wesentlichen Einfluß gehabt haben.[778] Zudem wird jeder Verteidiger im voraus überlegen, wie er eine Einlassung dem äußeren Anschein nach gestaltet, abhängig davon, ob er eine Verlesbarkeit wünscht oder nicht.[779]

---

773 BGH NJW 1992, 326; OLG Düsseldorf NJW 1970, 958 LS; OLG Köln StV 1983, 97.

774 LR-*Gollwitzer*, § 251, Rn. 66; *Meyer-Goßner*, § 251, Rn. 16; *Eb. Schmidt* II, § 251, Rn. 23; *Günter*, DRiZ 1971, 381; AK-*Dölling*, § 251, Rn. 41; ANM, S. 271 (dagegen S. 310: Schriftliche Erklärungen des Verteidigers seien verlesbar, „wenn sie für den Angeklagten abgegeben worden sind."); ähnlich KMR-*Paulus*, 251, Rn. 43.

775 *Schroeder*, GA 1974, 230; *Maurach/Schroeder*, BT II, § 65 II, Rn. 48; BGHSt 13, 385.

776 Ausdrücklich tut dies *Günter*, DRiZ 1971, 381.

777 OLG Zweibrücken StV 1986, 291; *Meyer-Goßner*, § 163a, Rn. 14; *Burhoff*, Ermittlungsverfahren, Rn. 644; *Weihrauch*, Rn. 147; *Geppert*, JK 1994, StPO § 250/2; *Bockemühl*, Handbuch FA Strafrecht, Teil B, Kap. 1, Rn. 165; *Hohmann*, Handbuch FA Strafrecht, Teil B, Kap. 1, Rn. 33; ähnlich auch *Amelung*, FG Koch, S. 150.

778 Schroeder/Meindl, F. 3, Rn. 5; Weihrauch, Rn. 147.

779 S. die Praxishinweise bei *Weihrauch*, Rn. 147 a. E.; *Burhoff*, Ermittlungsverfahren, Rn. 644.

Der Ansatz, über eine Vernehmung des Verteidigers als Zeugen oder des Angeklagten selbst über das Zustandekommen oder die Urheberschaft der Erklärung die Person des Erklärenden zu bestimmen,[780] erweist sich als Zirkelschluß. Die schriftliche Erklärung wird gerade deshalb als Urkunde verlesen, da der Angeklagte selbst zur Sache schweigt und auch der Verteidiger von seinem Zeugnisverweigerungsrecht Gebrauch macht.

Es ist daher allein entscheidend, wer sich als Erklärender aus der schriftlichen Erklärung selbst ergibt. Ein wesentliches Kriterium kann dabei sein, wer die Erklärung unterschrieben hat oder als Erklärender im Briefkopf bezeichnet wird. Um eine Erklärung des Verteidigers handelt es sich dabei auch bei Schriftsätzen, in denen der Verteidiger eine Sacherklärung des Angeklagten in direkter Rede übermittelt oder im Auftrag und mit Willen des Angeklagten weiterleitet. Dies ist nichts anderes als die Mitteilung einer Wahrnehmung des Verteidigers. Es macht keinen Unterschied, ob diese in direkter Rede oder in eigener Formulierung erfolgt. Eine Differenzierung innerhalb einer schriftlichen Erklärung des Verteidigers zwischen Erklärungen des Angeklagten und des Verteidigers selbst ist verfehlt.[781]

Wenn der Verteidiger den Beschuldigten dagegen nur beim Abfassen eines eigenen Schriftsatzes berät oder ihm einen Entwurf zuleitet, den dieser als eigene schriftliche Erklärung übernimmt, ist der Beschuldigte der Erklärende.

c) Rechtsprechung und Literatur beschäftigt schließlich die Fallkonstellation, in der der Verteidiger als sog. Schreibhilfe des Angeklagten bei einer schriftlichen Erklärung fungiert. Was unter dem Begriff der Schreibhilfe zu verstehen ist, bleibt meist unklar. Nach vorherrschender Ansicht handelt es sich um die Konstellation, daß der Verteidiger wie eine Sekretärin lediglich auf Diktat die Äußerungen des Angeklagten wörtlich niederschreibt.[782] Kein Fall der Schreibhilfe ist daher der Schriftsatz, in dem der Verteidiger nach einem Einleitungssatz die Angaben des Angeklagten wörtlich in der 1. Person wiedergibt. Da der

---

[780] LR-*Gollwitzer*, § 250, Rn. 7 a. E.; § 249, Rn. 13 mit unzutreffendem Verweis auf OLG Hamm JR 1980, 82, das eine solche Klarstellung bei der Vertretung des anwesenden Angeklagten bei *mündlichen* Sacherklärungen für erforderlich hält.

[781] OLG Celle NStZ 1988, 426; HK-*Julius*, § 249, Rn. 6; *Seitz*, NStZ 1994, 186 f.

[782] Anders *Eisenberg*, Rn. 2088, der von Schreibhilfe spricht, wenn eine schriftliche Erklärung auf den Angeklagten als Urheber zurückgeht.

Verteidiger in seinem eigenen Namen auf eigenem, von ihm unterschriebenem Briefpapier die Aussage des Angeklagten mitteilt, ist er nicht Schreibkraft, sondern selbst Erklärender.

Die praktische Bedeutung der Schreibhilfe durch den Verteidiger, deren rechtliche Behandlung meist offengelassen wird,[783] geht gegen Null. Sie entspricht damit nicht der Häufigkeit ihrer Erwähnung in Rechtsprechung und Literatur.[784] Es ist kein Fall vorstellbar, in dem der Verteidiger eine Aussage des Angeklagten lediglich niederschreibt, ohne mehr oder minder wesentliche Formulierungshilfe zu leisten. Praktisch immer werden Vorschläge und Überlegungen des Verteidigers in die schriftliche Erklärung mit eingehen.

Die überwiegende Ansicht sieht Erklärungen, die der Verteidiger als Schreibhilfe fertigt, als Erklärung des Angeklagten an.[785] Nach der Gegenmeinung gebietet es der Schutz des Angeklagten, auch bei der Schreibhilfe den Verteidiger als Erklärenden anzusehen, so daß § 250 StPO die Verlesung verbietet und die Vernehmung des Verteidigers als Zeugen gebietet.[786] Sollte der Verteidiger tatsächlich einmal als Schreibkraft agieren, so ist der ersten Ansicht zu folgen. Voraussetzung wäre aber, daß aus der Erklärung eindeutig hervorgeht, daß der Verteidiger nur als Schreibhilfe fungiert hat.

II. Eignung als Beweismittel

Eine schriftliche Erklärung des Verteidigers ist nicht in jedem Fall als Beweismittel geeignet. Das OLG Celle deutet diese Problematik an, wenn es ausführt, Schriftsätze des Verteidigers, die „prozeßrechtliche Darstellungen" enthielten, seien „in keiner Hinsicht Beweismittel, die als Urkunden zum Gegenstand einer Beweiserhebung gemacht werden können."[787]

---

[783] So explizit BGHSt 39, 307 = NStZ 1994, 185 = StV 1993, 623; BGH StV 2002, 183; *Dahs*, NStZ 2004, 452; SK-*Schlüchter*, § 243, Rn. 48 a. E; *Seitz*, NStZ 1994, 187.

[784] Zutreffend *Seitz*, NStZ 1994, 187: „eher theoretischer Natur"; ebenso *Schurig*, S. 56.

[785] *Günter*, DRiZ 1971, 381; *Pfeiffer*, § 250, Rn. 2 unter unrichtiger Berufung auf BGH NStZ 2002, 555; KK-*Diemer*, § 250, Rn. 8; *Geppert*, FS Rudolphi, S. 652 Fn. 39; wohl auch *Schroeder/Meindl*, F. 3, Rn. 4 a. E.; unklar LR-*Rieß*, § 136a, Rn. 46.

[786] HK-*Julius*, § 249, Rn. 6; *Eisenberg*, Rn. 2088 (der aber schon von Schreibhilfe spricht, wenn der Angeklagte geistiger Urheber der schriftlichen Erklärung ist).

[787] OLG Celle NStZ 1988, 426.

§ 249 StPO regelt nur die Form des Urkundenbeweises und setzt die Zulässigkeit des Urkundenbeweises voraus. Es ist anerkannt, daß ein Beweis ausschließlich über Tatsachen, d. h. Sachverhalte und Sachverhaltsmomente, nicht aber über rechtliche Fragen, Hypothesen etc. erhoben werden kann (§ 244 Abs. 2 und 3 StPO).[788] Hinsichtlich der Verlesbarkeit schriftlicher Erklärungen ist daher nach dem Inhalt der Erklärung zu unterscheiden: Handelt es sich um prozessuale Anträge oder anwaltliche Darstellungen plädoyerhafter Art, wie z. B. rechtliche Ausführungen, Aufstellung von Sachverhaltshypothesen oder -alternativen sowie die Bewertung und Würdigung von Beweisen, so ist die schriftliche Erklärung des Verteidigers zum Beweis ungeeignet.[789] Die Beweiserhebung ist unzulässig (§§ 244 Abs. 3 S. 1, 245 Abs. 2 S. 2 StPO); ein entsprechender Beweisantrag ist durch Beschluß zwingend abzulehnen (§§ 244 Abs. 6, 245 Abs. 2 S. 2 StPO)

Gibt der Verteidiger dagegen in dem Schriftstück ausdrückliche Erklärungen *zur Sache* wieder, handelt es sich diesbezüglich um ein zum Beweis von Tatsachen dienendes Schriftstück, über dessen gedanklichen Inhalt grundsätzlich im Rahmen des Urkundenbeweises Beweis erhoben werden kann.

Hieraus ergibt sich das Bedürfnis nach einer klaren Abgrenzung zwischen bloßem prozessualem oder spekulativem Verteidigervorbringen, über das eine Beweiserhebung unzulässig ist, und verwertbarem Tatsachenvortrag. Genau hierin liegt aber das Problem, da beide Arten der Äußerungen leicht und häufig ineinander übergehen. Bei mündlichen Erklärungen können Mißverständnisse durch ausdrückliches Befragen des Verteidigers und des Angeklagten beseitigt werden. Diese Möglichkeit der Klarstellung besteht beim Urkundenbeweis nur eingeschränkt, da schriftliche Erklärungen gerade mit der Intention abgegeben werden, daß eine mündliche Erklärung nicht erforderlich ist bzw. vermieden wird. In Zweifelsfällen ist daher die Verlesung als unzulässig anzusehen.

III. Beweismittelverbot nach § 250 S. 2 StPO

Aber auch wenn ein Schriftstück klar Sacherklärungen beinhaltet, könnte der Unmittelbarkeitsgrundsatz nach § 250 S. 2 StPO die Verlesung der berichtenden

---

788 KK-*Herdegen*, § 244, Rn. 3.

789 So zutreffend OLG Hamm JR 1980, 82 bezüglich entsprechender mündlicher Erklärungen.

schriftlichen Erklärung des Verteidigers verbieten. Da die schriftliche Erklärung eine Wahrnehmung des Verteidigers darüber enthält, was ihm der Angeklagte zur Sache mitgeteilt hat, und zu Beweiszwecken erstellt wurde,[790] ist die Vernehmung des Verteidigers als Zeugen (vom Hörensagen) auch nach der strengsten Auffassung[791] als besseres Beweismittel vorrangig (§ 250 S. 1 StPO).

Diese Ansicht entspricht der ganz h. M.[792], die es aber bei dieser knappen Feststellung bewenden läßt, ohne den Fall in Gedanken weiter zu führen und sich mit dem Anwendungsbereich des § 250 S. 2 StPO zu beschäftigen. Unklar ist allerdings der Zusatz in der Entscheidung des 4. Senats des BGH, der ausdrücklich das Verlesungsverbot des § 250 S. 2 StPO bejaht: „Ebensowenig kann festgestellt werden, daß durch eine Erklärung des Angeklagten oder des Verteidigers klargestellt worden ist, daß der Angeklagte die in dem Schriftsatz vom 04.02.2000 enthaltenen Äußerungen zum Tatgeschehen als eigene Einlassung verstanden wissen wollte (vgl. BGH NStZ 1990, 447)“[793]. Der Entscheidung kann wohl nicht entnommen werden, daß die Grundsätze des § 250 StPO durch eine Erklärung des Angeklagten oder des Verteidigers außer Kraft gesetzt werden können. Eine solche Ansicht ist dogmatisch nicht begründbar und daher abzulehnen.[794] Diese Bemerkung macht vielmehr deutlich, wie schwer die Auseinandersetzung innerhalb der Rechtsprechung mit der Problematik der Einlassung durch den Verteidiger fällt und wie häufig nicht scharf genug zwischen mündlicher Einlassung durch den Verteidiger und Verlesung einer schriftlichen Erklärung als Urkunde differenziert wird.

---

790 S. oben S. 61.

791 S. oben S. 59 Fn. 203.

792 BGHSt 39, 306 = NStZ 1994, 184 m. Anm. *Seitz*; BGH StV 2002, 182 f.; OLG Celle NStZ 1988, 426 = NJW 1989, 992; *Geppert*, FS Rudolphi, S. 652; *Günter*, DRiZ 1971, 381; KK-*Pfeiffer*, Einleitung, Rn. 9; KK-*Diemer*, § 250, Rn. 2; *Meyer-Mews*, JR 2003, 363; *Meyer-Goßner*, § 249, Rn. 13; § 163a, Rn. 14 a. E.; *Miesbach*, NStZ 2000, 239; *Park*, StV 2001, 594; *Roxin*, § 44, Rn. 9; *Eisenberg*, Rn. 2088; SK-*Schlüchter*, § 243, Rn. 48; § 249, Rn. 30; *Schroeder/Meindl*, F. 3, Rn. 4 f.; *Pfeiffer*, § 250, Rn. 2; KMR-*Plöd*, § 163a, Rn. 3; KMR-*Hiebl*, § 137, Rn. 11; *Burhoff*, Hauptverhandlung, Rn. 994, 996; LR-*Gollwitzer*, § 249, Rn. 13 (der allerdings in weitem Umfang schriftliche Erklärungen des Verteidigers als solche des Angeklagten ansieht); wohl auch SK-*Wohlers*, § 163a, Rn. 24 und LR-*Rieß*, § 136a, Rn. 46; unklar *Dahs/Langkeit*, NStZ 1993, 214.

793 BGH StV 2002, 183 = NStZ 2002, 555.

794 So auch *Schäfer*, FS Dahs, S. 452.

Einen neuen Ansatz hat allein *Schäfer* vorgebracht. Er fordert, daß schriftliche Erklärungen des Verteidigers ohne weiteres im Urkundenbeweis verlesbar sein sollen.[795] Eine dogmatische Begründung für diese Ansicht gibt er jedoch nicht.

Der Verteidiger kann als Zeuge über den Inhalt der ihm vom Angeklagten mitgeteilten Angaben, die er schriftlich niedergelegt hat, vernommen werden. Aus § 53 Abs. 1 Nr. 2 StPO ergibt sich im Gegenschluß, daß der Verteidiger Zeuge sein kann, ohne daß er die Verteidigung niederlegen muß.[796] Das Vertrauensverhältnis zwischen dem Angeklagten und seinem Verteidiger und damit die Interessen des Angeklagten sind durch das beschränkte Zeugnisverweigerungsrecht ausreichend geschützt. Der Verteidiger ist nach § 53 Abs. 1 Nr. 2 StPO, der Rechtsanwalt zudem nach § 53 Abs. 1 Nr. 3 StPO zur Verweigerung des Zeugnisses über das berechtigt, was ihm in dieser Eigenschaft bekannt geworden ist.

1. Aussage als Zeuge nach Entbindung von der Verschwiegenheitspflicht

Unproblematisch ist die Konstellation, in der der Angeklagte den Verteidiger von der Verschwiegenheitspflicht nach § 53 Abs. 2 S. 1 StPO entbindet. Der Verteidiger ist dann zur wahrheitsgemäßen Aussage als Zeuge verpflichtet (§§ 69, 70 StPO). Zugleich ist die Verlesung der schriftlichen Erklärung des Verteidigers ergänzend zur Vernehmung zulässig, da § 250 S. 2 StPO schon nach seinem Wortlaut nur die Ersetzung des Personalbeweises durch den Urkundenbeweis, nicht aber die Ergänzung verbietet.[797] Voraussetzung ist allerdings, daß es sich nicht um bloße plädoyerhafte Darstellungen handelt. Im Einzelfall wird die Instruktionsmaxime (§ 244 Abs. 2 StPO) sogar die ergänzende Verlesung gebieten, wenn es darum geht, Widersprüche aufzuklären oder Lücken zu schließen. Wie das Gericht den Personal- und den ihn ergänzenden Urkundenbeweis bewertet und welchem der Beweismittel es folgt, ist keine Frage des § 250 StPO oder des § 244 Abs. 2 StPO, sondern beurteilt sich nach § 261 StPO.

---

795 *Schäfer*, FS Dahs, S. 455.

796 *Meyer-Goßner*, Vor § 48, Rn. 18; LR-*Dahs*, Vor § 48, Rn. 46; SK-*Rogall*, Vor § 48, Rn. 57; KK-*Senge*, Vor § 48, Rn. 12; *Fahl*, S. 286; a. A. *Peters*, S. 345 (automatisches Ausscheiden); *Gössel*, S. 201 (Ausschluß möglich).

797 S. ausführlich S. 61 f.

2. *Keine Aussage aufgrund des Zeugnisverweigerungsrechts*

In der Praxis wird der Angeklagte allerdings in den seltensten Fällen seinen Verteidiger von der Verschwiegenheitspflicht entbinden. Eine Zeugenaussage des Verteidigers mit einer umfassenden Aussagepflicht (§ 69 StPO) und einer nach §§ 258, 153 f. StGB strafbewehrten Wahrheitspflicht ist in aller Regel für den Angeklagten von Nachteil. Die Nichtentbindung des Verteidigers von der Verschwiegenheitspflicht darf als bloße Ausübung eines prozessualen Rechts nicht gegen den Angeklagten verwendet werden.[798]

a) Fraglich ist, ob § 250 S. 2 StPO die Verlesung der schriftlichen Erklärung des Verteidigers als Ersatz der Vernehmung des Verteidigers als Zeugen auch dann verbietet, wenn der von der Verschwiegenheit nicht entbundene Verteidiger berechtigterweise das Zeugnis verweigert, d. h. der vorrangige unmittelbare Personalbeweis gar nicht möglich ist. Wie bei schriftlichen Erklärungen des Angeklagten geht es auch hier um den Anwendungsbereich des § 250 S. 2 StPO.

Eine Meinung in der Literatur sieht das Verbot des § 250 S. 2 StPO als unter der selbstverständlichen Voraussetzung stehend an, daß eine Vernehmung der Auskunftsperson tatsächlich durchführbar ist.[799] Andernfalls liege eine Ersetzung im Wortsinn nicht vor. Zweck des § 250 S. 2 StPO sei schließlich die bessere Wahrheitserforschung, der andernfalls in sein Gegenteil verkehrt würde.

Dieser Auffassung steht jedoch schon § 251 Abs. 1 StPO (§ 251 Abs. 2 S. 2 StPO a. F.[800]) entgegen, der von Ersetzung spricht, obwohl er als Ausnahmevorschrift zu § 250 StPO gerade die Fälle erfaßt, in denen eine Vernehmung

[798] BGHSt 33, 152; BGHSt 43, 360 = NJW 2000, 1426 = StV 2000, 234 (a. A. noch BGHSt 20, 298, der die Weigerung der Entbindung unzutreffend mit einem zum Nachteil des Angeklagten verwertbaren Teilschweigen verglich); LR-*Gollwitzer*, § 261, Rn. 79; ausführlich *Schroeder/ Meindl*, F. 4, Rn. 23 ff.

[799] *Löhr*, S. 113; *Krause*, S. 152 ff., 161; LR-*Gollwitzer*, § 250, Rn. 13, 20; auf diesen Fall nicht übertragbar sind RGSt 71, 11 (das zu einer Rechtslage, in der § 251 StPO allein die Verlesbarkeit richterlicher Protokolle erlaubte, die Verlesbarkeit eines nichtrichterlichen Vernehmungsprotokolls bei Tod des Vernehmungsbeamten als Zeugen zuließ), *von Kries*, ZStW 6, 110 ff. (ebenfalls zur alten Rechtslage) und *Wömpner*, NStZ 1983, 294 (Voraussetzung sei, daß die Vernehmung aus *tatsächlichen* Gründen unmöglich ist).

[800] Das JuMoG vom 30.08.2004 kehrte die Reihenfolge der Abs. 1 und Abs. 2 um, ohne damit deren wesentlichen Inhalt zu ändern; *Knauer/Wolf*, NJW 2004, 2935.

tatsächlich unmöglich ist.[801] Zudem wäre § 251 StPO dann überflüssig.[802] Die Bedeutung des § 251 Abs. 1 StPO n. F. kann auch nicht allein darin gesehen werden, daß das Gericht nicht den Vernehmungsbeamten als gegenüber der Verlesung vorrangiges Beweismittel vernehmen muß.[803] Dies kann nur für Vernehmungsprotokolle, nicht aber für schriftliche Erklärungen gelten,[804] bei denen die Möglichkeit zu einer Vernehmung der Verhörperson als mittelbaren Zeugen gar nicht besteht. Ein anderes Ergebnis läßt sich schließlich nicht daraus ableiten, daß § 251 StPO bis 1943 ausschließlich eine Regelung zu Protokollen enthielt.[805] Spätestens durch die Neufassung des § 251 StPO durch das JuMoG ist dieses Argument obsolet.

§ 250 S. 2 StPO dient zwar primär der Qualität der Sachverhaltsfeststellung. Der Gesetzgeber hat mit dieser Vorschrift schlechte Erfahrungen generalisiert und bewußt in Kauf genommen, daß das Verbot unzuverlässigen Beweismaterials die Wahrheitsfindung nicht immer fördern, sondern auch hindern kann. Der Ausschluß einer Korrektur im Einzelfall ist – anders als bei dem aus § 244 Abs. 2 StPO folgenden materiellen Prinzip des bestmöglichen Beweises – einer Beweisausschließungsregel immanent. Dementsprechend ist es bei § 250 S. 2 StPO unerheblich, ob der Personalbeweis gelingt, da § 250 StPO jede Ersetzung einer Vernehmung verbietet.[806] Eine Korrektur ist nur im Rahmen der gesetzlichen Ausnahmevorschriften, d. h. insbesondere nach §§ 251 ff. StPO, zulässig.[807]

b) Möglicherweise könnte hier aber § 251 Abs. 1 Nr. 2 StPO (= § 251 Abs. 2 S. 2 StPO a. F.)[808] als Ausnahme zu § 250 StPO die Verlesung erlauben.

---

801 *Mitsch*, JZ 1992, 178.

802 *Heissler*, S. 143, 119; *Mitsch*, JZ 1992, 178.

803 So *Löhr*, S. 113, die § 251 StPO im übrigen aufgrund der widersprüchlichen Rechtsprechung des RG nur als Klarstellung ansieht.

804 *Krause*, S. 153 mit Fn. 182.

805 § 251 Abs. 2 StPO a. F. wurde durch Art. 4 der Dritten VereinfachungsVO vom 29.05.1943 (RGBl. I, S. 343) i. V. m. dem Vereinheitlichungsgesetz vom 12.09.1950 (BGBl. I, S. 455 ff., 492) geschaffen.

806 *Heissler*, S. 118 f.; *Mitsch*, JZ 1992, 178; *Mutzbauer*, Rn. 212.

807 *Geppert*, S. 214 f.; *Hahn*, Abt. 1, S. 193.

808 § 250 Abs. 2 S. 2 StPO a. F. lautet: „Im übrigen ist die Verlesung nur zulässig, wenn der Zeuge, Sachverständige oder Mitbeschuldigte verstorben ist oder aus einem anderen Grunde in absehbarer Zeit gerichtlich nicht vernommen werden kann“. Eine inhaltliche Änderung durch das JuMoG war nicht bezweckt (s. auch *Knauer/Wolf*, NJW 2004, 2935).

§ 251 Abs. 1 Nr. 2 StPO setzt voraus, daß der Zeuge aus einem anderen Grunde in absehbarer Zeit gerichtlich nicht vernommen werden kann. § 251 Abs. 1 Nr. 2 StPO gilt dabei auch für Fälle, in denen Rechtsgründe der Vernehmung entgegenstehen. Dies bezieht sich aber nicht auf sich aus der Rechtsstellung der Auskunftsperson allgemein ergebende Beweiserhebungsschranken wie das Zeugnis- oder Auskunftsverweigerungsrecht, sondern nur auf das auf besonderen Umständen beruhende rechtliche Unvermögen des Gerichts, einen Zeugen zu einer verfahrensrechtlich an sich zulässigen und möglichen Aussage in der Hauptverhandlung zu bringen.[809] Ansonsten geht § 251 Abs. 1 Nr. 2 StPO nicht von rechtlichen, sondern allein von *tatsächlichen* Hindernissen aus.[810] Die Aussageverweigerung nach § 53 StPO begründet daher keine Unerreichbarkeit des Zeugen nach § 251 Abs. 1 Nr. 2 StPO.[811] Dies belegen auch die Gesetzesmaterialien, wonach der Antrag des Abgeordneten *Wolffson*, § 213 des Entwurfs (= § 215 StPO h. F.) auf die Fälle zu erweitern, daß ein Zeuge in der Hauptverhandlung die Aussage verweigert, abgelehnt wurde.[812] Die Gegenmeinung[813] verkennt den Unterscheid zwischen dem Rechthindernis des fehlenden Aussagewillens einer verfügbaren Aussageperson und dem Tatsachenhindernis ihrer Unerreichbarkeit oder ihrer fehlenden Vernehmungsfähigkeit.[814]

Zudem läßt § 251 StPO eine Ersetzung des Urkundenbeweises nur bei Abwesenheit des Zeugen zu,[815] was bei einem die Aussage verweigernden

---

809 LR-*Gollwitzer*, § 251, Rn. 61; BGH StV 1993, 233.

810 BGH NStZ 1982, 342; NStZ 1984, 211; NJW 1984, 38; StV 1993, 224; LR-*Gollwitzer*, § 251, Rn. 61; AK-*Dölling*, § 251, Rn. 38; ANM, S. 270; *Dölling*, NStZ 1988, 9; *Wömpner*, NStZ 1983, 294; *Schroeder/Meindl*, F. 6, Rn. 56; KMR-*Paulus*, § 251, Rn. 46; *Mitsch*, JZ 1992, 179 f.; a. A. *D. Meyer*, MDR 1977, 543; *K. Meyer*, JR 1987, 524.

811 BGH NJW 1984, 136; NStZ 1984, 411; AK-*Dölling*, § 251, Rn. 38; *Meyer-Goßner*, § 251, Rn. 11; KMR-*Paulus*, § 251, Rn. 46; LR-*Gollwitzer*, § 251, Rn. 61; *Beulke*, Kolloquium Gollwitzer, S. 7.

812 *Hahn*, Abt. 1, S. 856 f. Statt dessen wurde der Antrag des Abgeordneten *Grimm* angenommen, § 213 des Entwurfs die Bestimmung hinzuzufügen, daß eine in der Voruntersuchung gemachte Aussage eines Zeugen, der erst in der Hauptverhandlung von seinem Zeugnisverweigerungsrecht Gebrauch macht, nicht verlesen werden darf (= § 252 StPO h. F.). Die Mehrheit der Abgeordneten sieht die Aussage *Grimms* als selbstverständlich an. So führt auch *Wolffson* aus, der Antrag ergebe sich schon aus dem Gesetz. S. ferner *Hahn*, Abt. 2, S. 1366, 1562, 1883.

813 *D. Meyer*, MDR 1977, 544; *Günter*, DRiZ 1971, 380.

814 *Wömpner*, NStZ 1983, 294 Fn. 17.

815 BGHSt 2, 102; BGH NStZ 1982, 342; KMR-*Paulus*, § 251, Rn. 4; *Dölling*, NStZ 1988, 9; *Eisenberg*, StV 1993, 625; *Schneidewin*, JR 1951, 487; *Kohlhaas*, NJW 1954, 326; *Mitsch*, JZ 1992, 179; *Peters*, S. 321.

Zeugen nicht der Fall ist, da dieser dennoch zur Erscheinung vor Gericht verpflichtet ist (§ 51 StPO).[816]

Im übrigen setzt § 251 Abs. 1 Nr. 2 StPO voraus, daß die *Vernehmung* des Zeugen unmöglich ist. Der das Zeugnis verweigernde Verteidiger wird aber zur Person und auch zur Sache vernommen, da für eine Vernehmung nur eine Befragung und nicht eine tatsächliche Aussage des Zeugen zur Sache erforderlich sind. Unmöglich ist also nur die Aussage, nicht die Vernehmung.[817]

Auch für eine Analogie ist kein Raum. Möglicherweise waren sich die Gesetzesväter zwar nicht in letzter Konsequenz des totalen Beweisverlustes bewußt.[818] Dies allein genügt aber nicht, um eine planwidrige Regelungslücke für die Fälle der Auskunftsverweigerung anzunehmen.[819] Zudem fehlt es am Ähnlichkeitsvergleich, da § 251 Abs. 1 Nr. 2 StPO nur Fälle erfaßt, in denen die Vernehmung eines in der Hauptverhandlung nicht anwesenden Zeugen aus tatsächlichen Gründen unmöglich ist.

Es bleibt daher bei § 250 S. 2 StPO, der die Verlesung der schriftlichen Erklärung des Verteidigers verbietet, auch wenn dieser als Zeuge von seinem Zeugnisverweigerungsrecht umfassend Gebrauch macht.[820] Die Folge ist ein totaler Beweisverlust, da auch nicht der Empfänger oder ein Leser des Briefs als Zeuge vernommen werden kann; dies wäre eine Pseudozeugenvernehmung, die der Sache nach nichts anderes darstellt als eine Umgehung der Regeln des Urkundenbeweises.

3. *Aussage als Zeuge ohne Entbindung von der Verschwiegenheitspflicht*

Schließlich ist die Konstellation denkbar, daß der Verteidiger als Zeuge aussagt, obwohl er nicht von der Verschwiegenheitspflicht entbunden ist. Der nach § 53 Abs. 1 Nr. 2, 3 StPO zeugnisverweigerungsberechtigte Verteidiger ist schon

---

[816] *Meyer-Goßner*, § 53, Rn. 1; LR-*Dahs*, § 50, Rn. 5; KK-*Senge*, § 51, Rn. 12. Eine § 386 Abs. 3 ZPO entsprechende Regelung enthält die StPO nicht.

[817] *Mitsch*, JZ 1992, 179; *Eisenberg*, StV 1993, 625; BGH NStZ 1996, 96; a. A. BGH NJW 2002, 309 für § 251 Abs. 1 Nr. 4, Abs. 2 S. 1 StPO a. F.

[818] *Mitsch*, JZ 1992, 181, insb. Fn. 151-158 m. w. N.

[819] So aber *Mitsch*, JZ 1992, 180 f.; für eine Analogie auch *Ranft*, Rn. 1732.

[820] So im Ergebnis auch *Meyer-Mews*, JR 2003, 363 ohne weitere Begründung.

nach dem Wortlaut der Vorschrift nicht verpflichtet, von seinem Zeugnisverweigerungsrecht Gebrauch zu machen.[821] Da § 53 Abs. 1 Nr. 2, 3 StPO nicht mit § 203 Abs. 1 Nr. 3 StGB abgestimmt sind, macht der Verteidiger sich aber grundsätzlich durch eine solche Aussage wegen Geheimnisverrats strafbar. Zu klären bleibt, ob eine so zustande gekommene Aussage als Beweismittel verwertbar ist.

Aus dem Beweismittelverbot des § 53 StPO folgt kein Beweisverwertungsverbot.[822] Das Gesetz sieht ein solches nicht vor. Rechtsprechung und Teile der Literatur gestatten daher die Verwertung der Zeugenaussage als Beweismittel, da es in der freien Entscheidung des Verteidigers liege, sich nach § 203 Abs. 1 Nr. 3 StGB strafbar zu machen.[823] Nach einer vorzugswürdigen Mindermeinung[824] ist die Verwertung dagegen unzulässig, da ein Auseinanderfallen von materiellem Recht und Prozeßrecht zu vermeiden und das Vertrauensverhältnis zwischen dem Angeklagten und dem Verteidiger auch prozeßrechtlich schutzwürdig seien. Zudem sei der Zeuge faktisch in seiner Entscheidung nicht frei. Auch sei das Gericht aufgrund der Fürsorgepflicht gehalten, strafbare Handlungen eines Zeugen zu unterbinden. Ein Verwertungsverbot ergibt sich ferner unter dem Aspekt der Rechtskreistheorie, da § 53 Abs. 1 Nr. 2 StPO der Sicherung der verfahrensrechtlichen Stellung des Angeklagten dient.[825]

Nach der hier vertretenen Auffassung besteht also im Ergebnis kein Unterscheid zwischen dem unter Verstoß gegen die Verschwiegenheitspflicht aussagenden und dem kraft seines Zeugnisverweigerungsrechts schweigenden Verteidiger. In beiden Fällen liegt eine verwertbare (mündliche) Zeugenaussage nicht vor. Zugleich verbietet § 250 S. 2 StPO jeweils die Verlesung der schriftlichen Erklärung des Verteidigers.

---

821 *Schroeder/Meindl*, F. 4, Rn. 16.

822 *Schroeder*, Rn. 117, 121 ff.

823 BGHSt 9, 61; 15, 202; 18, 147 f.; *Meyer-Goßner*, § 53, Rn. 6; KK-*Senge*, § 53, Rn. 9; LR-*Dahs*, § 53, Rn. 14; *Hellmann*, IV § 3, Rn. 29.

824 *Lenckner*, NJW 1965, 321; *Schroeder*, Fälle und Lösungen, S. 56 f.; *Roxin*, § 26 Rn. 22; *Fezer*, JuS 1978, 472 f.; *Ranft*, Rn. 393; *Beulke*, Rn. 462; *Rengier*, S. 331 ff.; *Gössel* II, S. 107 leitet dagegen ein materielles Zeugnisverweigerungsrecht aus § 203 StGB ab.

825 *Grünwald*, JZ 1966, 498 Fn. 98.

IV. Verlesungsverbot nach § 252 StPO

Ungeachtet des § 250 S. 2 StPO könnte auch § 252 StPO die Verlesung schriftlicher Erklärungen des Verteidigers verbieten. Während diese Frage in den einschlägigen Entscheidungen und in der Literatur unerwähnt bleibt, bejaht als ersichtlich einziger Autor *Günter* ein solches Verwertungsverbot nach § 252 StPO.[826]

§ 252 StPO gehört zum einen in das System der den Unmittelbarkeitsgrundsatz und seine Ausnahmen bestimmenden §§ 250, 251, 253-256 StPO, zum anderen ergänzt der die §§ 52 ff. StPO, indem er die Rechtsfolge der Ausübung eines Zeugnisverweigerungsrechts regelt.[827] Während das RG in § 252 StPO dem Wortlaut entsprechend ein bloßes Verlesungsverbot sah, bejaht die heute vorherrschende Meinung im Schrifttum ein umfassendes Beweisverwertungsverbot, so daß bei späterer Zeugnisverweigerung nicht nur die Verlesung, sondern auch jede andere Möglichkeit der Beweiseinführung der früheren Aussage, wie z. B. durch Vernehmung einer Verhörperson, unzulässig ist.[828] Der BGH wählt einen Mittelweg, indem er vom umfassenden Verwertungsverbot die Vernehmung richterlicher Verhörpersonen als Zeugen als zulässig ausnimmt.[829]

§ 252 StPO gilt auch für die Aussage eines später nach § 53 StPO das Zeugnis verweigernden Zeugen.[830] Das Verwertungsverbot schützt die persönlichen Geheimhaltungsinteressen der Betroffenen und räumt dem Allgemeininteresse an der Wahrung der berufsbezogenen Geheimhaltungspflicht Vorrang ein.

Tatbestandlich setzt § 252 StPO eine Vernehmung des Zeugen vor der Hauptverhandlung voraus. Dabei ist anerkannt, daß § 252 StPO auch schriftliche Erklärungen erfaßt, die der Zeuge zum Bestandteil einer Aussage gemacht hat,

---

826 *Günter*, DRiZ 1971, 381 ohne weitere Begründung.

827 Zutreffend *Beulke*, Kolloquium Gollwitzer, S. 6, der ausführt, daß § 252 StPO sehr wohl auch dem Unmittelbarkeitsgrundsatz dient; so auch *Schroeder*, Rn. 256, der darauf hinweist, daß § 252 StPO eine Ausnahme zu § 251 StPO darstellt; vgl. BGHSt 6, 211; 17, 246; *Geppert*, FS Oehler, S. 329; LR-*Gollwitzer*, § 252, Rn. 1; zur historischen Entwicklung s. Fn. 812.

828 *Henkel*, S. 345 m. Fn. 31; *Peters*, S. 321; *Fezer*, JuS 1977, 671; *Roxin*, § 44, Rn. 21; *Geppert*, Jura 1988, 307; AK-*Meier*, § 252, Rn. 11; *Eckstein*, JA 2002, 123.

829 BGHSt 2, 99; 21, 218; 32, 29; 46, 195; zust. *Schroeder*, Rn. 257; KK-*Diemer*, § 252, Rn. 22; *Meyer-Goßner*, § 252, Rn. 14; KMR-*Paulus*, § 251, Rn. 22.

830 LR-*Gollwitzer*, § 252, Rn. 1.

indem er sie *anläßlich* einer *Vernehmung* übergeben hat.[831] Die Sachlage ist hier nicht anders, als wenn der Zeuge den Inhalt der Schriftstücke mündlich wiedergegeben hätte. In einer neuesten Entscheidung hat der BGH § 252 StPO auch für den Fall bejaht, daß eine außerhalb einer Vernehmung abgegebene schriftliche Erklärung durch den Hinweis auf die Möglichkeit schriftlicher Äußerung bei einer vorangegangenen Vernehmung mitinitiiert wurde, d. h. ein innerer Zusammenhang zwischen schriftlicher Erklärung und Vernehmung bestand.[832]

Genau dies ist aber bei schriftlichen Erklärungen des Verteidigers nicht der Fall. Der Verteidiger gibt seine Sachverhaltsangaben enthaltenden, schriftlichen Erklärungen außerhalb einer Vernehmung aus *freien Stücken* ab,[833] ohne damit einer Zeugnispflicht nachkommen zu wollen. § 252 StPO will schließlich die Aussage des Zeugen als unfreiwillige Reaktion auf amtliche Vernehmung im weitesten Sinn verhindern, nicht aber die Verlesung schriftlicher Erklärungen, die Ermittlungsbehörden oder Gericht als selbständige Beweismittel zugehen[834] und einen „nach außen erkennbaren Beweiserhebungswillen“[835] verkörpern, verbieten.

Im übrigen scheidet § 252 StPO aus, wenn der Angeklagte den Verteidiger von der Schweigepflicht nach § 53 Abs. 2 S. 1 StPO entbunden hat, selbst wenn er die Entbindung später widerruft.[836] In der Regel wird der Verteidiger sich schriftliche Erklärungen genehmigen lassen,[837] was nichts anderes als eine Entbindung von der Schweigepflicht bedeutet.

---

[831] BGHSt 22, 221; BGH StV 1996, 196; StV 1998, 470; LR-*Gollwitzer*, § 252, Rn. 28; *Schroeder*, Rn. 257 a. E.; *Eisenberg*, Rn. 1304, 1314; SK-*Schlüchter*, § 252, Rn. 9a; HK-*Julius*, § 252, Rn. 8.

[832] BGH, Urt. v. 14.06.2005 – 1 StR 338/04, S. 6 = NStZ-RR 2005, 268 = StraFo 2005, 380.

[833] BGHSt 1, 375; SK-*Schlüchter*, § 252, Rn. 7; KMR-*Paulus*, § 252, Rn. 18; *Meyer-Goßner*, § 252, Rn. 8 m. w. N.; *Fezer*, JuS 1977, 815.

[834] BGHSt 22, 220; LR-*Gollwitzer*, § 252, Rn. 28.

[835] SK-*Schlüchter*, § 252, Rn. 9.

[836] BGHSt 18, 146; BGH StV 1997, 233; LR-*Gollwitzer*, § 252, Rn. 14; LR-*Dahs*, § 53, Rn. 68; KK-*Diemer*, § 252, Rn. 6; *Meyer-Goßner*, § 252, Rn. 3; *Eisenberg*, Rn. 1310; KMR-*Paulus*, § 53, Rn. 45; a. A. *Geppert*, Jura 1988, 311.

[837] Statt vieler: *Burhoff*, Ermittlungsverfahren, Rn. 644; *Bockemühl*, Handbuch FA Strafrecht, Teil B, Kap. 1, Rn. 166; *Schäfer*, FS Dahs, S. 452.

V. Ergebnis

Die Untersuchung hat gezeigt, daß § 250 S. 2 StPO die Verlesung einer schriftlichen Erklärung des als Zeuge die Aussage verweigernden Verteidigers genauso wie die einer schriftlichen Erklärung des in der Hauptsache vollständig schweigenden Angeklagten verbietet.

Diese Lösung, die schriftliche Erklärungen des Angeklagten und des Verteidigers entgegen der h. M. gleich behandelt, ist sachgerecht, da so die in der Praxis nicht durchführbare, aber nach derzeit h. M. notwendige Differenzierung, ob eine schriftliche Erklärung als eine Erklärung des Verteidigers oder des Angeklagten anzusehen ist, unterbleiben kann.

Ein totaler Beweisverlust, der vor allem als Argument für die Zulässigkeit der Verlesbarkeit schriftlicher Erklärungen des Angeklagten angeführt wird, ist nicht zu befürchten.[838] Es handelt sich um einen Lehrbuchfall, daß der Angeklagte nur in einer schriftlichen Erklärung an die Ermittlungsbehörden oder das Gericht gesteht, ansonsten aber umfassend schweigt und die Verurteilung an der mangelnden Verlesbarkeit scheitert. Meist läßt sich der Angeklagte in der Hauptverhandlung ein, so daß eine ergänzende Verlesung oder ein Vorhalt der früheren schriftlichen Erklärung möglich sind. Im übrigen ist es Aufgabe der Ermittlungsbehörden, einen Beweisverlust durch rechtzeitige Herbeiführung einer ermittlungsrichterlichen Vernehmung zu verhindern.

B. Vorlesen durch den Verteidiger

Immer häufiger ist zu beobachten, daß der Verteidiger eine Erklärung für den Angeklagten zur Sache abgibt, indem er eine vorbereitete schriftliche Erklärung *vorliest* und diese als Anlage zum Protokoll übergibt.[839]

---

[838] Vgl. auch *Langkeit/Cramer* für den vergleichbaren Fall, daß ein Zeuge die Aussage nach § 55 StPO verweigert und der Vernehmungsbeamte sich nicht mehr erinnern kann, so daß aufgrund des Verlesungsverbots des § 250 S. 2 StPO ein Beweisverlust bezüglich des Protokolls eintritt.

[839] Vgl. BGH NStZ 2004, 392; NStZ 2004, 164 Rn. 4.

I. Beweisart

Dieses Vorlesen eines schriftlich fixierten Texts stellt keine Einführung des gedanklichen Inhalts einer Urkunde in die Hauptverhandlung nach § 249 StPO dar.[840] Der insoweit abschließende § 249 StPO läßt den Urkundenbeweis nur durch förmliches Verlesen durch das Gericht und auf gerichtliche Anordnung im Selbstleseverfahren zu. Es handelt sich hierbei vielmehr um einen *mündlichen Vortrag* des Verteidigers, dem die schriftliche Erklärung nur als Manuskript oder Redehilfe dient.[841] Dabei ist unerheblich, wer diese verfaßt hat.

II. Zulässigkeit des Vorlesens im Rahmen einer Sacherklärung

Zu klären ist, ob dem Angeklagten eine Sacherklärung, die der Verteidiger für ihn durch das Vorlesen einer schriftlichen Erklärung abgibt, als eigene zugerechnet werden kann.

1. Hierbei sind zwei Problemkreise zu unterscheiden.

Zunächst ist zu klären, *ob* der Verteidiger eine Sacherklärung für den Angeklagten *als solche*, d. h. ungeachtet in welcher Form, zulässigerweise abgeben darf. Dies beurteilt sich nicht anders, als wenn der Verteidiger sonst, also ohne Manuskript, mündliche Erklärungen für den Angeklagten zur Sache abgibt. Nach der hier vertretenen Ansicht kann dies der Verteidiger nur, wenn er den Angeklagten aufgrund schriftlicher Vollmacht in der Verhandlung ohne den Angeklagten, z. B. nach § 234 StPO oder § 411 Abs. 2 StPO, vertritt, nicht aber, wenn der Angeklagte in der Hauptverhandlung selbst anwesend ist.

Steht fest, daß die Abgabe einer mündlichen Erklärung zur Sache für den Angeklagten zulässig ist, stellt sich die zweite Frage, ob der Verteidiger dies in der *Form* tun darf, daß er eine schriftliche Erklärung vorliest. Diesbezüglich kann für den Verteidiger nichts anderes gelten als für den Angeklagten selbst, da der Verteidiger nur an die Stelle des Angeklagten tritt.

---

840 Vgl. BGH NStZ 2004, 392.
841 BGH NStZ 2004, 163; NStZ 2004, 392.

2. Ob der Angeklagte sich mündlich einlassen darf, indem er eine schriftliche Erklärung vorliest, ist streitig.[842]

a) Die vorherrschende Meinung verneint dies.[843]

Bedenken gegen die Zulässigkeit des bloßen Vorlesens ergeben sich aus dem Mündlichkeitsprinzip. Dieses besagt, daß Gegenstand der Beweiswürdigung nur sein kann, was durch das Medium des gesprochenen Worts gegangen ist. Dieses Kriterium scheint zwar bei formaler Betrachtung erfüllt. Berücksichtigt man aber Sinn und Zweck des Mündlichkeitsprinzips, ergeben sich Bedenken gegen die Zulässigkeit bloßen Vorlesens:[844] Die mündliche Rede will die Wahrheitsfindung besonders fördern, indem sie den Dialog als Prinzip von Rede und Gegenrede, Frage und Antwort zwischen Angeklagtem und Gericht ermöglicht. Der Dialog versetzt das Gericht in die Lage, durch Nachfragen Lücken aufzudecken und Widersprüche oder Mißverständnisse zu beseitigen,[845] und anhand von Kriterien wie der Aussagekonstanz die Glaubwürdigkeit der Auskunftsperson besser zu beurteilen.

Der BGH hält dementsprechend in einer älteren Entscheidung das bloße Vorlesen bei der Vernehmung (§ 243 Abs. 4 S. 2 StPO) für mit dem Mündlichkeitsprinzip unvereinbar. Gleichwohl gestattet er dem Angeklagten beim Vortrag des letzten Worts die Nutzung eines schriftlich ausgearbeiteten Manuskripts.[846] Diese Unterscheidung vermag nicht zu überzeugen, da im letzten Wort eine Sacherklärung des Angeklagten gleichermaßen möglich ist wie bei der Vernehmung und alle Sacherklärungen als Ausfluß des Anspruchs auf rechtliches Gehör gleich zu behandeln sind.[847] §§ 243 Abs. 4 S. 2, 136 Abs. 2 StPO stellen zudem eine grundsätzliche Regel auf, daß alle Sacherklärungen in der

---

842 Ausdrücklich offen lassen diese Frage BGHR StPO § 243 Abs. 4 Äußerung 5 = NStZ 1994, 593 = StV 1994, 521 = NJW 1994, 2904 sowie OLG Zweibrücken StV 2001, 549.

843 BGHSt 3, 368 mit Hinweis auf RGRspr. 4, 563 Nr. 256; RG Recht 1903, 2524; BayVerfGH MDR 1972, 209; *Fezer*, F. 11, Rn. 14; LR-*Gollwitzer*, § 243, Rn. 88; HK-*Julius*, § 243, Rn. 16; KMR-*Paulus*, § 243, Rn. 35; *Meyer-Goßner*, § 243, Rn. 30; SK-*Schlüchter*, § 243, Rn. 46; *Gössel*, § 23 C II.

844 Entgegen der Ansicht von *Eisenberg/Pincus*, JZ 2003, 399 dient das Mündlichkeitsprinzip nicht nur der Öffentlichkeit und der Möglichkeit der Äußerung für die Verfahrensbeteiligten; s. S. 49.

845 *J. Meyer*, S. 108; *Geppert*, S. 140.

846 BGHSt 3, 369; BayVerfGH MDR 1972, 209.

847 S. oben S. 74 ff.

Hauptverhandlung mündlich erfolgen müssen, wie auch der Wortlaut des § 258 Abs. 3 StPO belegt („auch wenn der Verteidiger für ihn *gesprochen* hat“[848]). Andernfalls müßte ein Verteidiger dem Angeklagten vor allem bei schwierigen Sachverhalten raten, sich erst mit dem letzten Wort zur Sache zu äußern, da dann das Vorlesen einer Erklärung zulässig wäre. Das Recht, auf schriftliche Aufzeichnungen zurückzugreifen, muß für jede Sacherklärung, sei es, daß sie im Rahmen der Vernehmung oder im letzten Wort erfolgt, einheitlich gelten.[849]

Die Entscheidung ist aber erklärbar mit der fehlenden Differenzierung zwischen Prozeßerklärungen und Sacherklärungen. Der BGH ging offensichtlich davon aus, daß der Angeklagte, wie dies die Regel ist, im letzten Wort keine Sacherklärung, sondern eine bloße Prozeßerklärung abgibt und hat daher das Vorlesen einer schriftlichen Erklärung anders als für die Vernehmung nach § 243 Abs. 4 S. 2 StPO für zulässig erachtet. Dies zeigt der in der Entscheidung vorgenommene Vergleich des letzten Worts mit dem Schlußvortrag des Staatsanwalts,[850] der naturgemäß keine der Beweiswürdigung unterliegende Einlassung darstellt. Gegen das Vorlesen einer bloßen Prozeßerklärung, wie z. B. eines Beweisantrags, der Würdigung eines Beweismittels, plädoyerhafter Sachverhaltshypothesen oder Rechtsausführungen, bestehen keine Bedenken. Da Prozeßerklärungen nicht der Beweiswürdigung unterliegen, kann der Zweck des Mündlichkeitsprinzips, durch den Dialog eine bessere Sachverhaltsaufklärung zu ermöglichen, ohnehin nicht verwirklicht werden.

b) Nach der Gegenmeinung ist das bloße Vorlesen einer schriftlichen Erklärung unbeschränkt zulässig.[851]

Für diese Ansicht wird angeführt, es mache keinen Unterschied, ob der Angeklagte die Einlassung auswendig lerne und frei vortrage oder sie gleich von vornherein vorlese.[852] Dieses Argument ist aber nur bedingt überzeugend. Zum einen steht es mangels einer § 69 StPO entsprechenden Regelung im Ermessen

---

848 Hervorhebung durch den Verfasser.
849 Vgl. RGSt 44, 285.
850 BGHSt 3, 368 f.
851 *Burhoff*, Hauptverhandlung, Rn. 1040; *Park*, StV 2001, 592; *Pfeiffer*, § 243, Rn. 10; *Salditt*, StV 1993, 444 Fn. 25; *Schroeder/Meindl*, F. 3 Rn. 3 Fn. 7; *Wesemann*, StraFo 2001, 295; *Schäfer*, FS Dahs, S. 449.
852 *Schroeder/Meindl*, F. 3, Rn. 3 Fn. 7.

des Vorsitzenden, wie er die Vernehmung gestaltet.[853] Er kann den Angeklagten durchaus nur im Frage-Antwort-Wechsel vernehmen, so daß die Möglichkeit des Auswendiglernens eines Vortrags entfällt. Zum anderen sind die wenigsten Angeklagten in der Lage, längere Passagen wörtlich auswendig zu lernen und wiederzugeben.

Für diese Ansicht könnte aber sprechen, daß die wegen der fehlenden Möglichkeit des Nachfragens reduzierte Beweisqualität bei bloßem Vorlesen Sache der Beweiswürdigung nach § 261 StPO, nicht aber eine Frage der Zulässigkeit des Einbringens der Erklärung in die Hauptverhandlung sei. Dies verkennt aber, daß es vorliegend nicht nur um die Beweiswürdigung, die sich bei jeder Einlassung stellt, sondern um die verfahrensrechtlich beste Regelung der Form der Einlassung geht.

Wenig eingängig ist schließlich der Vergleich zwischen dem Angeklagten, der seine Einlassung von einem Manuskript abliest, und dem Vorsitzenden, der die schriftlich fixierte Urteilsbegründung vorträgt.[854] Der Unterschied liegt auf der Hand. Nur die Einlassung des Angeklagten unterliegt der Beweiswürdigung.

Ein weiteres Argument gegen die Zulässigkeit des Vorlesens einer schriftlichen Erklärung ist, daß auch dem Zeugen bei seiner Vernehmung das Vorlesen einer schriftlichen Erklärung nicht gestattet ist.[855]

Unbegründet ist hingegen der Einwand, es sei unklar, ob es sich tatsächlich um eine schriftliche Erklärung des Angeklagten oder eine für ihn aufgesetzte Erklärung handle.[856] Dies verkennt, daß die schriftliche Erklärung nur ein Manuskript ist, dessen Herkunft irrelevant ist, da nur die mündlich vorgetragenen Worte der Beweiswürdigung unterliegen.

Der BGH hat sich in zwei neueren Entscheidungen am Rande mit der Frage der Zulässigkeit des Vorlesens einer schriftlichen Erklärung beschäftigt.

Die erste Entscheidung betraf einen Sachverhalt, in dem der Angeklagte sich in der erstinstanzlichen Hauptverhandlung zunächst mündlich zur Sache äußerte

853 KK-*Tolksdorf*, § 243, Rn. 44; SK-*Schlüchter*, § 243, Rn. 45 a. E.; *Meyer-Goßner*, § 243, Rn. 31; BGH NStZ 2000, 549.
854 *Schäfer*, FS Dahs, S. 449.
855 KK-*Senge*, § 69, Rn. 3; *Meyer-Goßner*, § 69, Rn. 4.
856 *Meyer-Mews*, JR 2003, 363.

und dann eine neunseitige schriftliche Stellungnahme zur Sache überreichte, deren Verlesung als Urkunde der Verteidiger beantragte.

> „Die Strafkammer hat den Antrag abgelehnt. Es handele sich bei dem Schreiben nicht um eine Urkunde als Beweismittel, sondern um eine persönliche Erklärung, die der Angeklagte selbst vorzutragen habe. Letztlich handele es sich um ein Schlußplädoyer, das im Rahmen des letzten Worts abzugeben sei ... Das Vorgehen der Strafkammer hält ... rechtlicher Überprüfung stand ... Das Recht des Angeklagten, ihm wichtig erscheinende Gesichtspunkte vorzubringen, wurde ... nicht verkürzt. Nach der Ablehnung der Anträge war er nicht gehindert, diese ... in der ihm in den genannten Beschlüssen aufgezeigten Weise in die Hauptverhandlung einzubringen.“ [857]

Dieser Entscheidung ist entgegen anderer Ansicht[858] nicht klar zu entnehmen, daß das Vorlesen einer schriftlichen Erklärung durch den Angeklagten bei der Vernehmung nach vorheriger Einlassung zur Sache zulässig ist.[859]

Auch die zweite Entscheidung ergibt nicht die klare Billigung, die einige Autoren aus ihr herauslesen:[860]

> „... nach § 243 Abs. 4 Satz 2 StPO erfolgt die Vernehmung eines Angeklagten zur Sache nach Maßgabe des § 136 Abs. 2 StPO, also grundsätzlich durch mündliche Befragung und mündliche Antwort ... Hätte dagegen, wie es *entgegen dieser gesetzlichen Regelung* zunehmend praktiziert wird, lediglich der Angeklagte selbst ... eine entsprechende Erklärung verlesen und als Anlage zum Protokoll übergeben, wäre nur der entsprechende *mündliche Vortrag ... Gegenstand der Hauptverhandlung geworden.*“

Zugegebenermaßen ist die Interpretation schwierig. Auf der einen Seite scheint der Senat das Vorlesen einer Erklärung durch den Angeklagten als zulässige Möglichkeit einer Einlassung anzusehen. Auf der anderen Seite macht er durch

857 BGH StV 2001, 548 = NStZ 2000, 439 = BGHR StPO § 243 Abs. 4 Äußerung 6 = wistra 2000, 270.

858 *Burhoff*, Hauptverhandlung, Rn. 1040; *Park*, StV 2001, 592; *Eisenberg/Pincus*, JZ 2004, 398 Fn. 18a.

859 Ebenfalls an der Eindeutigkeit der Entscheidung zw. *Geppert*, FS Rudolphi, S. 646; *Schroeder/Meindl*, F. 3, Rn. 3 Fn. 7.

860 NStZ 2004, 164 (Hervorhebungen durch den Verfasser) = BGHR StPO § 243 Abs. 4 Äußerung 8.

den Halbsatz „wie es entgegen dieser gesetzlichen Regelung … praktiziert wird“ deutlich, daß diese Praxis mit dem Mündlichkeitsprinzip in Widerspruch steht.

d) Das jüngste Urteil zeigt die Bedenken bezüglich der Aushebelung des dialektischen Prinzips der Mündlichkeit. Gleichzeitig macht es das gerade bei komplexen Sachverhalten bestehende Bedürfnis nach Vorlesen einer Erklärung deutlich. Vor diesem Hintergrund erscheint es sachgemäß, das bloße Vorlesen dann zuzulassen, wenn der Angeklagte im Anschluß für weitere Fragen zur Verfügung steht. So gelingt es, die Vorteile der Dialektik zu wahren.

Zu einem ähnlichen Ergebnis kommen auch *Geppert*, der es im Einzelfall dem tatrichterlichen Fingerspitzengefühl überläßt, die Einlassung aus einem vorbereiteten Text abzulesen, soweit die dialektischen Vorteile der Mündlichkeit gewahrt bleiben,[861] und *Meyer-Mews,* der dem Tatrichter ein „weites Ermessen“ einräumt.[862] Von dieser Ansicht nicht weit entfernt liegen auch die, die die Entscheidung des BGH vom 28.03.2000[863] so interpretieren, daß das Vorlesen einer Erklärung *zusätzlich* zu einer vorangegangenen „echten“ mündlichen Äußerung zulässig sei.

3. Da der Verteidiger als Vertreter des Angeklagten bei der Sacherklärung an dessen Stelle tritt, gelten für ihn dieselben Regeln wie für den Angeklagten selbst. Nach der hier vertretenen Auffassung darf der Verteidiger im Verfahren gegen den nicht anwesenden Angeklagten als Vertreter des Angeklagten Einlassungen zur Sache abgeben, indem er sie von einem schriftlichen Manuskript abliest. Voraussetzung ist aber, daß ein Dialog insoweit möglich ist, als er nach dem Vorlesen für Fragen des Gerichts zur Verfügung steht.

III. Revisionsrechtliche Überprüfung der Richtigkeit der Einlassung

Hintergrund für die Abgabe schriftlicher Erklärungen ist der Wunsch des Verteidigers, eine „Sachverhaltsfestschreibung“ zu erreichen.[864]

---

861 *Geppert*, FS Rudolphi, S. 648.
862 *Meyer-Mews*, JR 2003, 363.
863 BGH StV 2001, 548.
864 *Burhoff*, Hauptverhandlung, Rn. 77c; *Park*, StV 2001, 592; *Burkhard*, StV 2004, 395 f.; s. oben S. 71.

Grundlage der richterlichen Überzeugungsbildung (§ 261 StPO) kann nur sein, was innerhalb der Hauptverhandlung erörtert wurde.[865] Eine auf Verletzung des § 261 StPO gestützte Verfahrensrüge (§ 337 StPO) ist nur begründet, wenn in der Revision *ohne Rekonstruktion der Beweisaufnahme*, z. B. durch das Protokoll, nachgewiesen werden kann, daß die im Urteil getroffenen Feststellungen nicht durch die in der Hauptverhandlung verwendeten Beweismittel und auch sonst nicht aus den zum Inbegriff der Hauptverhandlung gehörenden Vorgängen gewonnen worden sind.[866]

Hat das Gericht eine Einlassung des Angeklagten mit anderem Inhalt verwertet, so ist eine Revision daher regelmäßig unbegründet, da das Protokoll den Inhalt der Aussage nicht als wesentliche Förmlichkeit mit absoluter Beweiswirkung (§§ 273, 274 StPO) enthält, es sei denn, die Aussage wurde ausnahmsweise nach § 273 Abs. 3 S. 1 StPO wörtlich protokolliert.

Nach der Rechtsprechung des BGH, die so das Verbot der Aktenrüge aufweicht, hat eine Revision allerdings Erfolg, wenn das Gericht den Wortlaut einer in der Hauptverhandlung verlesenen Urkunde falsch verwertet hat.[867] Bei dem Vorlesen einer schriftlichen Erklärung handelt es sich aber nur um eine mündliche Erklärung, selbst wenn das Manuskript als Anlage zu Protokoll gereicht wird, wie dies Praktiker empfehlen. Dieses Vorgehen ermöglicht daher kein revisionsrechtliches Festschreiben der Einlassung, da im Falle einer unrichtigen Verwertung der Verstoß gegen § 261 StPO nicht durch eine Urkunde nachgewiesen werden kann, sondern nur durch Rekonstruktion der Hauptverhandlung.[868] Zuzugestehen ist allenfalls ein psychologischer Effekt.[869]

Unzutreffend ist im übrigen die in vielen Hauptverhandlungsprotokollen zu findende Formulierung, die in Anlage beiliegende schriftliche Erklärung sei

---

865 BGH, Urt. v. 12.08.1987 – 3 StR 250/87, NStZ 1988, 212 Nr. 16.

866 KK-*Schoreit*, § 261, Rn. 52; SK-*Schlüchter*, § 261, Rn. 106; LR-*Meyer*, § 337, Rn. 87; *Meyer-Goßner*, § 337, Rn. 14; BGHSt 29, 21 = BGH NJW 1979, 2318 = JR 1980, 168 m. Anm. *Peters*; BGHR StPO § 261 Inbegriff der Verhandlung 23.

867 BGHSt 29, 21; BGH StV 1993, 115; BGH NStZ 1998, 51; KK-*Schoreit*, § 261, Rn. 53; vgl. auch BGH JZ 1998, 53 m. zust. Anm. *Herdegen*.

868 BGH NStZ 2004, 163; NStZ 2004, 392; vgl. BGHSt 38, 16 f.

869 *Salditt*, StV 1993, 446 fordert einen Beweis für die Richtigkeit des Inhalts der dem Protokoll beigefügten schriftlichen Erklärung entsprechend dem kaufmännischen Bestätigungsschreiben, wenn das *Gericht* nicht dem Inhalt bis zum Ende der Hauptverhandlung widerspricht. Dogmatisch ist dieser Vorschlag, der die Struktur des Strafprozesses verkennt, wenig tragfähig.

„verlesen“ worden, da es sich, wie gesagt, nicht um das Verlesen einer Erklärung im Rahmen des Urkundenbeweises, sondern um eine mündliche Erklärung durch das Vorlesen einer schriftlichen Erklärung handelt. Im Protokoll darf es daher nur heißen, „der Angeklagte gibt eine Erklärung zur Sache ab“ bzw. wenn dies der Verteidiger in den gesetzlichen Ausnahmefällen für den Angeklagten tut, „der Verteidiger gibt als Vertreter des Angeklagten eine Erklärung zur Sache ab“.[870] Eine Pflicht für das Gericht, die Erklärung zu den Akten oder als Anlage zum Protokoll zu nehmen, besteht nicht.

IV. Vorschläge de lege ferenda

Die wesentlichen Gründe der Verteidigung für die Abgabe schriftlicher Sacherklärungen sind zum einen die fehlende Möglichkeit, eine im Urteil falsch wiedergegebene bzw. verwertete mündliche Aussage des Angeklagten in der Revision zu rügen. Zum anderen ist es die historisch begründete gesetzliche Regelung, daß eine Überprüfung der Tatsachenfeststellung durch Einlegen der Berufung nur bei Urteilen der Amtsgerichte zulässig ist. Die Urteile in Fällen schwererer Kriminalität sind hingegen nur auf rechtliche Fehler nachprüfbar. Dem Bedürfnis der Verteidiger nach Überprüfbarkeit, ob das Gericht eine Einlassung zutreffend verwertet, könnte durch folgende Gesetzesänderungen Rechnung getragen werden:

Zum einen erscheint es sinnvoll, den nicht mehr haltbaren Unterschied in den Rechtsmitteln gegen erstinstanzliche Urteile zu beseitigen, indem auch gegen Urteile des Landgerichts das Rechtsmittel der Berufung statthaft ist. Eine übermäßige Inanspruchnahme der Gerichte könnte vermieden werden, indem die StPO ein Wahlrechtsmittel, d. h. Berufung oder Revision, vorsieht. Ein zweigliedriges Verfahren, das in der Rechtsmittelinstanz ausschließlich eine Überprüfung auf Rechtsfehler zuläßt, wie ursprünglich in den von der Justizministerkonferenz beschlossenen Eckpunkten für eine Große Justizreform vorgesehen, überzeugt nicht. Es ist menschlich, daß in der Beweisaufnahme Fehler unterlaufen. Die erneute Überprüfung des Sachverhalts in der Berufung ist eine Errungenschaft des Rechtsstaats, die die Zuverlässigkeit des Verfahrens garantiert. Die Institution des Wahlrechtsmittels hat sich im übrigen im Strafprozeß gegen Jugendliche nach dem JGG erfolgreich bewährt. Auch

---

[870] Zu den weiteren Erfordernissen bei der Abgabe von Sacherklärungen durch den Verteidiger s. oben S. 107.

Kostengründe sind als Argument nur wenig überzeugend, da das Ressort Justiz und Strafvollzug in den Haushalten von Bund und Ländern nicht nur einen der kleinsten Ausgabenposten darstellt, sondern wie praktisch kein anderer Bereich durch Geldstrafen, Bußgelder, Arbeit der Strafgefangenen etc. sogar zu nennenswerten Einnahmen führt.

Zum anderen wäre eine wörtliche Protokollierung der Aussagen des Angeklagten auf Tonträger zu überlegen.[871] Kein Richter kann jede Aussage eines langen Prozesses im einzelnen im Gedächtnis behalten. Die durch das JuMoG geschaffene Möglichkeit einer erweiterten Verfahrensunterbrechung von bis zu drei Monaten hat die Gefahr verblassender Erinnerung verschärft. Weder die bei den Amtsgerichten geführten Inhaltsprotokolle,[872] noch handschriftliche Notizen der Richter, die die Konzentration auf die Verhandlung beeinträchtigen, werden den Erfordernissen einer exakten Erfassung des Wortlauts einer Aussage gerecht. Nur eine Aufzeichnung auf Tonträger ermöglicht es dem Gericht, bei der Urteilsfassung und -begründung in Ruhe den genauen Wortlaut Revue passieren zu lassen.

---

871 So auch die Bundesrechtsanwaltskammer im BRAK-Papier zur Großen Justizreform, BRAK-Stellungnahme Nr. 18/2005, S. 18 sowie die Arbeitsgruppe 6 des 29. Strafverteidigertags vom 04.-06.03.2005 in Aachen.

872 Die BRAK sieht die Protokollführer in der Mehrzahl aller Fälle als überfordert an, das Wesentliche einer Aussage zu erfassen und zutreffend wiederzugeben, BRAK-Papier zur Großen Justizreform, S. 17.

5. Teil
Zusammenfassung der Ergebnisse

1. Der Angeklagte hat eine Doppelstellung als Prozeßsubjekt und Beweismittel materieller Art. Wesentliches Merkmal der Prozeßsubjektsqualität ist das Recht auf formelle und materielle Verteidigung. Der Verteidiger ist nicht Vertreter des Angklagten, sondern nimmt eine Doppelstellung als Beistand und Organ der Rechtspflege ein. Er wird aufgrund eigener Befugnisse ausschließlich zum Vorteil des Angeklagten tätig, ist aber von dessen Weisungen unabhängig.

Für die Hauptverhandlung gilt der Mündlichkeitsgrundsatz, nach dem das gesamte Verfahren durch das Medium des gesprochenen Worts gehen muß. Die formelle Unmittelbarkeit bedeutet, daß die gesamte Beweisaufnahme in der Hauptverhandlung vor dem erkennenden Gericht erfolgt. Das materielle Unmittelbarkeitsprinzip besagt, daß der unmittelbare Beweis aufgrund seines höheren Werts Vorrang vor dem mittelbaren Beweis hat. Die Instruktionsmaxime gebietet als Prinzip des bestmöglichen Beweises insoweit das Verwenden des sachnächsten Beweises. Seine unmittelbare Anerkennung im Gesetz hat das materielle Unmittelbarkeitsprinzip in § 250 StPO gefunden, der für den Angeklagten gilt und dessen S. 2 das Ersetzen, nicht aber die Ergänzung des Personalbeweises durch den Urkundenbeweis verbietet.

2. Ausgehend von der Dichotomie der Stellung des Angeklagten als Prozeßsubjekt und Beweismittel sind Prozeßerklärungen und Sacherklärungen zu unterscheiden.

Die StPO konkretisiert den Anspruch auf rechtliches Gehör durch einzelne Erklärungsrechte nach §§ 243 Abs. 4 S. 2, 257, 258 StPO. Äußert sich der Angeklagte in Wahrnehmung dieser Rechte zur Sache, so nimmt er dieses Recht als Prozeßsubjekt wahr und macht sich dadurch zugleich zum Beweismittel.

Alle Sacherklärungen, gleich aus welchem Recht sie abgegeben werden, sind gleich zu behandeln. Sie dienen gleichermaßen der Verteidigung des Angeklagten und der Sachverhaltsaufklärung.

3. Das Bedürfnis für Einlassungssurrogate ergibt sich aus der Problematik, daß in den seltensten Fällen ein vollständiges Schweigen aus Sicht der Verteidigung zweckmäßig ist, eine Sacherklärung des unerfahrenen Angeklagten selbst aber aus verschiedenen Gründen den Erfolg der Verteidigung zu beeinträchtigen droht.

4. Bei der Abgabe mündlicher Sacheinlassungen ist zu differenzieren zwischen Erklärungen, die der Verteidiger in gegen den nicht anwesenden Angeklagten stattfindenden Verhandlungen abgibt, und solchen, die er für den anwesenden Angeklagten vorträgt. In der Mehrzahl aller Verhandlungen ist der Angeklagte anwesend.

a) Die StPO läßt für die Verhandlung gegen den nicht anwesenden Angeklagten in mehreren Vorschriften als Ausnahme eine Vertretung durch den Verteidiger zu.

Der mit einer entsprechenden Vertretungsvollmacht versehene Verteidiger ist auch zur Vertretung in der Sacherklärung ermächtigt. Voraussetzung ist jedoch, daß der Angeklagte weder freiwillig, noch aufgrund einer Anordnung des persönlichen Erscheinens in der Verhandlung anwesend ist. Hintergrund ist, daß der Gesetzgeber das Verfahren ohne den Angeklagten für kleinere Straftaten mit klarer Beweislage geschaffen hat, in denen das Bedürfnis für eine funktionstüchtige Strafrechtspflege das für eine optimale Wahrheitsfindung durch die Erfordernisse von Anwesenheit und persönlicher Aussage des Angeklagten überwiegt. Die Möglichkeit der Vertretung in der Einlassung durch den Verteidiger erfolgt zum Schutz und zur Stärkung der Verteidigung des nicht anwesenden Angeklagten. Sie erfaßt dabei nicht nur die Abgabe einer Sacherklärung im Rahmen der Vernehmung, sondern unter Wahrnehmung aller dem Angeklagten zustehenden Äußerungsrechte. Größte praktische Relevanz hat die Vertretung des nicht anwesenden Angeklagten im Einspruchsverfahren gegen den Strafbefehl. Bei Zweifeln und Unklarheiten gebietet die Instruktionsmaxime die Anordnung des persönlichen Erscheinens.

Eine Zurechnung ist allerdings nach der hier vertretenen Meinung nur möglich, wenn der Verteidiger befragt wird, ob seine Äußerung als eine Sacherklärung des Angeklagten anzusehen ist und er dies entsprechend bestätigt. Dies sowie der Umstand, daß der Verteidiger für den Angeklagten eine Sacherklärung abgibt, sind zudem als wesentliche Förmlichkeiten zu protokollieren. Bei der Beweiswürdigung ist der geringere Beweiswert der Einlassung des Verteidigers zu berücksichtigen.

b) Ist der Angeklagte in der Hauptverhandlung seiner Anwesenheitspflicht folgend anwesend, so kann er sich entgegen der jüngeren Rechtsprechung und des überwiegenden Schrifttums nur selbst zur Sache einlassen. Anders als bei bloßen Prozeßerklärungen ist weder eine Vertretung, noch eine Übermittlung der Sacherklärung durch den Verteidiger zulässig. Dies liegt im wesentlichen an der Höchstpersönlichkeit von Tatsachenerklärungen mit Beweismittelcharakter, die aus dem Gebot der bestmöglichen Wahrheitsermittlung folgt. Die Sacherklärung des Angeklagten ist insoweit mit der Aussage des Zeugen im Strafprozeß und der Parteivernehmung im Zivilprozeß vergleichbar. Im übrigen kennt der geschlossene Kreis der im Strengbeweisverfahren vorgesehenen Beweismittel nicht den Verteidiger als Auskunftsperson sui generis. Weder mit dem aus dem Nemo-tenetur-Grundsatz folgenden Schweigerecht, noch mit dem Prinzip der Waffengleichheit läßt sich ein anderes Ergebnis begründen.

Auch de lege ferenda erscheint es nicht zweckmäßig, eine Vertretung in der Sacherklärung oder die Übermittlung einer solchen durch den Verteidiger zuzulassen.

Folgt man entgegen der hier vertretenen Auffassung der Ansicht, nach der eine Vertretung bei oder eine Übermittlung der Sacheinlassung zulässig ist, so erfordert der Schutz des Angeklagten die Befragung des Verteidigers, ob es sich um eine Sacherklärung handelt, die Befragung des Angeklagten, ob er sich diese als eigene zurechnen lassen möchte und eine entsprechende eindeutige Bestätigung des Angeklagten. Alle Voraussetzungen wären zudem zu protokollieren. Aus prozessualen Erklärungen des Verteidigers wie einem Beweisantrag könnte aber auch dann keine Sacherklärung des Angeklagten abgeleitet werden.

5. Bei der Einlassung in Form einer schriftlichen Erklärung ist danach zu differenzieren, wie diese in die Hauptverhandlung eingeführt wird.

Zum einen kommt das *Verlesen* der Erklärung im Urkundenbeweis durch das Gericht oder im gerichtlich angeordneten Selbstleseverfahren in Betracht. Zum anderen besteht die Möglichkeit, daß der Verteidiger die schriftliche Erklärung *vorliest*.

a) Die Verlesung schriftlicher Erklärungen des Verteidigers, in denen dieser aufgenommen hat, was ihm der Angeklagte zur Sache mitgeteilt hat, ist unzulässig. Nach § 250 StPO ist die Vernehmung des Verteidigers als Zeuge vorrangig. Sagt der von seiner Verschwiegenheitspflicht entbundene Verteidiger allerdings dann als Zeuge aus, so ist die ergänzende Verlesung ebenso wie ein

Vorhalt der schriftlichen Erklärung möglich, sofern es sich nicht um rein plädoyerhafte Ausführungen handelt. Verweigert der Verteidiger aber nach § 53 Abs. 1 Nr. 2 und 3 StPO das Zeugnis oder läßt er sich unter Verletzung seiner Verschwiegenheitspflicht ein, so verbietet § 250 S. 2 StPO gleichwohl die Verlesung. Weder greift die gesetzliche Ausnahme des § 251 Abs. 1 Nr. 2 StPO ein, noch ist eine Einschränkung des Anwendungsbereichs des § 250 S. 2 StPO oder eine Analogie zu § 251 Abs. 1 Nr. 2 StPO zu bejahen.

Entgegen der h. M. ist auch eine schriftliche Erklärung des Angeklagten unabhängig davon, ob er diese während des Ermittlungsverfahrens oder erst in der Hauptverhandlung abgibt, wegen § 250 S. 2 StPO nicht verlesbar. Durch diese Gleichbehandlung entfällt die in der Praxis nicht durchführbare Feststellung, wer Erklärender einer schriftlichen Erklärung ist und wann ein Fall der Schreibhilfe vorliegt.

b) Liest der Verteidiger eine schriftliche Erklärung vor, handelt es sich um eine mündliche Erklärung. Nur das vom Verteidiger Vorgetragene wird Bestandteil der Hauptverhandlung. Das Schriftstück ist dagegen bloßes Manuskript, über dessen Wortlaut kein Beweis erhoben wird. Die Möglichkeit, durch Vorlesen einer Erklärung für den Angeklagten eine Einlassung abzugeben, ist, da es sich in Wirklichkeit um eine mündliche Erklärung handelt, nach der hier vertretenen Ansicht nur in den Ausnahmefällen der Verhandlung ohne den Angeklagten zulässig. Wegen des vom Mündlichkeitsgrundsatz bezweckten dialektischen Prinzips darf der Verteidiger – wie auch der Angeklagte selbst – eine schriftliche Erklärung nur vorlesen, wenn er daneben für mündliche Fragen und Erläuterungen zur Verfügung steht. Zwar ist es üblich, daß der Verteidiger die vorgelesene Erklärung als Anlage zum Protokoll übergibt. Das Gericht ist aber weder hierzu verpflichtet, noch gelingt es, dadurch die Einlassung für eine spätere Revision „festzuschreiben".

Durch das wörtliche Aufzeichnen der Aussage des Angeklagten auf Tonträger würde ein Teil des Bedürfnisses für eine Übertragung der Sacheinlassung auf den Verteidiger entfallen.

Literaturverzeichnis

Alsberg, Max/Nüse, Karl-Heinz/Meyer, Karlheinz: Der Beweisantrag im Strafprozeß, 5. Auflage, Köln, Berlin, Bonn, München, 1983 (zitiert: ANM).

Alternativkommentare, hrsg. von Rudolf Wassermann: Kommentar zur Strafprozeßordnung: in drei Bänden, Neuwied (zitiert: AK-*Bearbeiter*)

— Band 1: §§ 1-93, 1988.

— Band 2 Teilband 2: §§ 213-275, 1992.

— Band 2 Teilband 1: §§ 94-212 b, 1993.

— Band 3: §§ 212 b-495, EGStPO, 1996.

Amelung, Martin: Die Einlassung des Mandanten im Strafprozeß, in: *Brüssow, Rainer/Gatzweiler, Norbert/Jungfer, Gerhard/Mehle, Volkmar/Richter II, Christian* (Hrsg.): Festgabe für Ludwig Koch, Heidelberg, 1989, S. 145 (zitiert: *Amelung*, FG Koch).

Arbeitskreis Strafprozeßreform: Die Verteidigung - Gesetzesentwurf mit Begründung, vorgelegt von Günter Bemmann, Gerald Grünwald, Winfried Hassemer, Detlef Krauß, Klaus Lüderssen, Wolfgang Naucke, Hans-Joachim Rudolphi, Jürgen Welp, Heidelberg, Karlsruhe, 1979 (zitiert: *Arbeitskreis Strafprozeßreform*).

Augstein, Josef: Der Anwalt: Organ der Rechtspflege?, NStZ 1981, 52.

Barton, Stephan: Buchbesprechung: Das Vertragsprinzip - ein neues Strafverteidigungs-Paradigma?, StV 1990, 237.

Beling, Ernst: Deutsches Reichstrafprozeßrecht mit Schluß des Gerichtsverfassungsgesetzes, Berlin und Leipzig, 1928.

Bennecke, Hans/Beling, Ernst: Lehrbuch des Deutschen Reichs-Strafprozeßrechts, 2. Auflage, Breslau, 1900.

Beulke, Werner: Der Verteidiger im Strafverfahren: Funktionen und Rechtsstellung, Frankfurt, 1980 (zitiert: *Beulke*, Verteidiger im Strafverfahren).

— „Wahrheitserforschung“ contra Unmittelbarkeitsprinzip?, StV 1988, 170.

— Die Strafbarkeit des Verteidigers: Eine systematische Darstellung der Beistandspflicht und ihrer Grenzen, Heidelberg, 1989 (zitiert: *Beulke,* Strafbarkeit des Verteidigers).

— Rezension zu Thesen zur Strafverteidigung, vorgelegt vom Strafrechtsausschuß der Bundesrechtsanwaltskammer, StV 1994, 572.

— Strafverteidigung und Strafvereitelung im demokratischen Rechtsstaat, in: *Schünemann, Bernd/Achenbach, Hans/Bottke, Wilfried/Haffke, Bernhard/ Rudolphi, Hans-Joachim* (Hrsg.): Festschrift für Claus Roxin zum 70. Geburtstag am 15. Mai 2001, Berlin, New York, 2001, 117 (zitiert: *Beulke,* FS Roxin).

— Der Grundsatz der Unmittelbarkeit der Hauptverhandlung - Neue Entwicklungen, Chancen und Anfechtungen, in: *Bötcher, Reinhard/Huther, Edda/Rieß, Peter*: Verfassungsrecht - Menschenrechte - Strafrecht: Kolloquium für Dr. Walter Gollwitzer zum 80. Geburtstag am 16. Januar 2004 in München, Berlin, 2004 (zitiert: *Beulke,* Kolloquium Gollwitzer).

— Strafprozeßrecht, 7. Auflage, Heidelberg, 2004 (zitiert: *Beulke*).

Bockemühl, Jan (Hrsg.): Handbuch des Fachanwalts Strafrecht, 2. Auflage, Neuwied, Kriftel, 2002 (zitiert: *Bearbeiter,* Handbuch FA Strafrecht).

Bottke, Wilfried: Wahrheitspflicht des Verteidigers, ZStW 96 (1984), 726.

Brüssow, Rainer/Gatzweiler, Norbert/Krekeler, Wilhelm/Mehle, Volkmar (Hrsg.): Strafverteidigung in der Praxis, Band 1: Grundlagen des Strafverfahrens, 2. Auflage, Bonn, 2000 (zitiert: *Bearbeiter,* in: Strafverteidigung in der Praxis I).

Bucher, Ewald: Wiederbelebung der Stellvertretung in der Erklärung?, JZ 1954, 22.

Bundesrechtsanwaltskammer: Thesen zur Strafverteidigung, Strafrechtsausschuß der Bundesrechtsanwaltskammer, München, 1992.

— BRAK-Papier zur Großen Justizreform, Juni 2005, BRAK-Stellungnahme Nr. 18/2005, abgerufen am 01.11.2005 unter www.brak.de (zitiert: BRAK-Papier zur Großen Justizreform).

— Vorschläge einer gesetzlichen Reglung der Urteilsabsprache im Strafverfahren, BRAK-Stellungnahme Nr. 25/2005, abgerufen am 01.11.2005 unter ww.brak.de.

Burhoff, Detlev: Verteidigerfehler in der Tatsachen- und Revisionsinstanz, StV 1997, 432.

Burhoff, Detlev (Hrsg.): Handbuch für das strafrechtliche Ermittlungsverfahren, 3. Auflage, 2003 (zitiert: *Burhoff*, Ermittlungsverfahren).

— Handbuch für die strafrechtliche Hauptverhandlung, 4. Auflage, 2003 (zitiert: *Burhoff*, Hauptverhandlung).

Burkhard, Jörg: Erklärungsrecht des Verteidigers, § 257 Abs. 2 StPO, StV 2004, 390.

Dahs, Hans/Dahs, Hans: Die Revision im Strafprozeß: Bedeutung für die Praxis der Tatsacheninstanz, 6. Auflage, München, 2001 (zitiert: *Dahs/Dahs*, Die Revision im Strafprozeß).

Dahs, Hans/Langkeit, Jochen: Das Schweigerecht des Beschuldigten und seine Auskunftsverweigerung als „verdächtiger Zeuge" - Zugleich Anmerkung zu BGH Urteil vom 26.5.1992 - 5 StR 122/92, NStZ 1992, 448 -, NStZ 1993, 213.

Dahs, Hans: Vertretung des Angeklagten durch seinen Verteidiger bei Erklärungen gem. § 257 StPO, NJW 1962, 2238.

— Das rechtliche Gehör im Strafprozeß, München, Berlin, 1965 (zitiert: *Dahs*).

— Absprachen im Strafprozeß - Chancen und Risiken, NStZ 1988, 153.

— „Wahrheitserforschung" contra Unmittelbarkeitsprinzip?, StV 1988, 169.

— Anmerkung zu BGH NStZ 2003, 498, NStZ 2004, 431.

— Handbuch des Strafverteidigers, 6. Auflage, Köln, 1999 (zitiert: *Dahs*, Handbuch des Strafverteidigers).

Degener, Wilhelm: § 136a StPO und die Aussagefreiheit des Beschuldigten, GA 1992, 443.

Dencker, Friedrich: Zum Geständnis im Straf- und Strafprozeßrecht, ZStW 102 (1990), 51.

Detter, Klaus: Der Zeuge vom Hörensagen – eine Bestandsaufnahme, NStZ 2003, 1.

Dohna, Alexander Graf zu: Das Strafprozeßrecht, 3. Auflage, Berlin, 1929 mit Nachtrag 1932.

Dölling, Dieter: Verlesbarkeit schriftlicher Erklärungen und Auskunftsverweigerung nach § 55 StPO - Zugleich eine Besprechung des Urt. des BGH v. 23.12.1986 - 1 StR 514/87, NStZ 1988, 36 -, NStZ 1988, 6.

Dornach, Markus: Der Strafverteidiger als Mitgarant eines justizförmigen Verfahrens: Ein Plädoyer für die öffentlichen Funktionen des Strafverteidigers, Berlin, 1994.

Ebert, Frank: Der Nachweis von Vollmacht im Straf- und Bußgeldverfahren, DRiZ 1984, 237.

Eckstein, Ken: Zeugnisverweigerung und Vernehmung von Verhörspersonen, JA 2002, 119.

Eisenberg, Ulrich: Aspekte der Rechtsstellung des Strafverteidigers, NJW 1991, 1257.

— Persönliche Beweismittel in der StPO: Eine kommentierende Erläuterung der Vorschriften zum Beschuldigten, Zeugen und Sachverständige, München, 1993 (zitiert: *Eisenberg*, Persönliche Beweismittel).

— Anmerkung zu BGH, Urteil vom 18.02.1993 - 1 StR 10/93 (StV 1993, 233), StV 1993, 624.

— Beweisrecht der StPO: Spezialkommentar, 4. Auflage, München, 2002 (zitiert: *Eisenberg*).

Eisenberg, Ulrich/Pincus, Helen: Sachäußerungen des schweigenden Angeklagten in der Hauptverhandlung, JZ 2003, 397.

Eser, Albin: Aussagefreiheit und Beistand des Verteidigers im Ermittlungsverfahren: Rechtsvergleichende Beobachtung zur Rechtsstellung des Beschuldigten, ZStW 79 (1969), 213.

Fahl, Christian: Rechtsmißbrauch im Strafprozeß, Heidelberg, 2004.

Fezer, Gerhard: Anmerkung zu BGH JR 1980, 82, JR 1980, 83.

— Strafprozeßrecht, 2. Auflage, München, 1995.

Fincke, Martin: Zum Begriff des Beschuldigten und den Verdachtsgraden, ZStW 95 (1983), 918.

Flume, Werner: Allgemeiner Teil des Bürgerlichen Rechts: 2. Band: Das Rechtsgeschäft, 3. Auflage, Berlin, 1979 (Nachdruck 1992).

Frydmann, Marcel: Systematisches Handbuch der Vertheidigung im Strafverfahren, Wien, 1878.

Geppert, Klaus: Der Grundsatz der Unmittelbarkeit im deutschen Strafverfahren, Berlin, 1979 (zitiert: *Geppert*).

— Notwendigkeit und rechtliche Grenzen der „informatorischen Befragung" im Strafrecht, in: *Herzberg, Rolf Dietrich* (Hrsg.): Festschrift für Dietrich Oehler zum 70. Geburtstag, Köln/Berlin/Bonn/München, 1985, S. 323 (zitiert: *Geppert*, FS Oehler).

— Das Beweisverbot des § 252 StPO, Jura 1988, 305 und 363.

— Der Zeuge vom Hörensagen, Jura 1991, 538.

— Zur Einführung verdachtsfreier Atemalkoholkontrollen aus rechtlicher Sicht, in: *Seebode, Manfred*: Festschrift für Günter Spendel zum 70. Geburtstag am 11. Juli 1992, Berlin, New York, 1992, S. 655 (zitiert: *Geppert*, FS Spendel).

— Anmerkung zu BGH, Urteil vom 24.08.1993 - 1 StR 380/93 (NStZ 1994, 184 = BGHSt 39, 305), Jura-Kartei 1994, StPO § 250 Karte 2 (zitiert: *Geppert*, JK 1994, StPO § 250/2).

— Schriftliche oder mündliche Erklärungen des Verteidigers als Einlassung des Angeklagten selbst?, in: *Rogall, Klaus/Puppe, Ingeborg/Stein, Ulrich/ Wolter, Jürgen* (Hrsg.): Festschrift für Rudolphi zum 70. Geburtstag, S. 643 (zitiert: *Geppert*, FS Rudolphi).

Gerland, Heinrich: Der deutsche Strafprozeß. Eine systematische Darstellung, Aalen 1977, Neudruck der Ausgabe Mannheim, 1927.

Geyer, August: Lehrbuch des gemeinen deutschen Strafprozeßrechts, Leipzig, 1980.

Glaser, Julius: Handbuch des Strafprozesses

— Erster Band, Leipzig, 1883 (zitiert: *Glaser* I).

— Zweiter Band, Leipzig, 1885 (zitiert: *Glaser* II).

Gollwitzer, Walter: Die Verfahrensstellung des in der Hauptverhandlung nicht anwesenden Angeklagten, in: *Jescheck, Hans-Heinrich/Vogler, Theo* (Hrsg.): Festschrift für Herbert Tröndle zum 70. Geburtstag am 24. August 1989, Berlin, New York, 1989, S. 456 (zitiert: *Gollwitzer*, FS Tröndle).

Göhler, Erich: Anm. zu OLG Frankfurt NVZ 1993, 281, NStZ 1994, 74.

Gössel, Karl Heinz: Die Stellung des Strafverteidigers im rechtsstaatlichen Strafverfahren, ZStW 94 (1982), 5.

Gössel, Karl Heinz: Strafverfahrensrecht, Stuttgart, Berlin, Köln, Mainz, 1977.

Grüner, Gerhard: Über den Mißbrauch von Mitwirkungsrechten und die Mitwirkungspflichten des Verteidigers im Strafprozeß, Berlin, 2000.

Grünwald, Gerald: Beweisverbote und Verwertungsverbote im Strafverfahren, JZ 1966, 489.

Günter, Hans Helmut: Die Einführung und Verwertung früherer Angaben des in der Hauptverhandlung schweigenden Angeklagten, DRiZ 1971, 379.

Hahn, Carl (Hrsg.): Die gesamten Materialien zu den Reichs-Justizgesetzen: Auf Veranlassung des Kaiserlichen Reichs-Justizamts herausgegeben, Band 3: Materialien zur Strafprozeßordnung

— Abteilung 1, Aalen, 1986, Neudruck der Ausgabe Berlin 1880 (zitiert: *Hahn*, Abt. 1).

— Abteilung 2, Aalen, 1986, Neudruck der Ausgabe Berlin 1881 (zitiert: *Hahn*, Abt. 2).

Hamm, Rainer: Der Standort des Verteidigers im heutigen Strafprozeß, NJW 1993, 289.

Hammerstein, Gerhard: Grenzen des Erklärungsrechts, in: *Eyrich, Heinz/ Odersky, Walter/Säcker, Franz-Jürgen*: Festschrift für Kurt Rebmann zum 65. Geburtstag, München 1989, S. 233 (zitiert: *Hammerstein*, FS Rebmann).

— Verteidigung mit dem letzten Wort, in: *Jescheck, Hans-Heinrich/Vogler, Theo* (Hrsg.): Festschrift für Herbert Tröndle zum 70. Geburtstag am 24. August 1989, Berlin, New York, 1989, S. 485 (zitiert: *Hammerstein,* FS Tröndle).

— Sachaufklärung durch inquisitorische Vernehmung des Angeklagten, in: *Kürzinger, Josef/Müller, Elmar* (Hrsg.): Festschrift für Wolf Middendorff zum 70. Geburtstag, S. 111 (zitiert: *Hammerstein,* FS Middendorff).

Hanack, Ernst-Walter: Berichterstattung zu dem Gesetzentwurf „Die Verteidigung des Arbeitskreises Strafprozeßreform“, ZStW 93 (1981), 559.

Heinike, Günther: Der Beschuldigte und sein Verteidiger in der Bundesrepublik Deutschland - Die Geschichte ihrer Beziehung und die Rechtsstellung des Verteidigers heute, München, 1984.

Heissler, Udo: Die Unmittelbarkeit der Beweisaufnahme im Strafprozeß unter besonderer Berücksichtigung des Zeugnisses vom Hörensagen, Diss. Universität Tübingen, 1973.

Hellmann, Uwe: Strafprozeßrecht, Heidelberg, 1998.

Henkel, Heinrich: Strafverfahrensrecht. Ein Lehrbuch, 1. Auflage, Stuttgart, Köln, 1953 (zitiert: *Henkel,* 1953).

— Strafverfahrensrecht. Ein Lehrbuch, 2. Auflage, Stuttgart, Berlin, Köln, Mainz, 1968 (zitiert: *Henkel*).

Herdegen, Gerhard: Das Beweisantragsrecht: Zum Rechtsmißbrauch - Teil 3 -, NStZ 2000, 1.

von Hippel, Robert: Der deutsche Strafprozeß, Marburg, 1941 mit Nachtrag 1943.

Hirschberg, Max: Das Fehlurteil im Strafprozeß: Zur Pathologie der Rechtsprechung, Stuttgart, 1960.

Hohmann, Ralf: Das Erklärungsrecht von Angeklagtem und Verteidiger nach § 257 StPO, StraFo 1999, 153.

Holtfort, Werner: Der Anwalt als soziale Gegenmacht, in: *Holtfort, Werner* (Hrsg.): Strafverteidiger als Interessenvertreter - Berufsbild und Tätigkeitsfeld, Neuwied, Darmstadt, 1979, S. 37.

Hueck, Götz: Bote – Stellvertreter im Willen – Stellvertreter in der Erklärung, AcP 152 (1952/53), 432.

Karlsruher Kommentar zum Gesetz über Ordnungswidrigkeiten: herausgegeben von Karlheinz Boujong, 2. Auflage, München, 2000 (zitiert: KK-OWiG-*Bearbeiter*).

Karlsruher Kommentar zur Strafprozeßordnung und zum Gerichtsverfassungsgesetz mit Einführungsgesetz: herausgegeben von Gerd Pfeiffer, 5. Auflage, München, 2003 (zitiert: KK-Bearbeiter).

KMR: Kommentar zur Strafprozeßordnung, begründet von Kleinknecht/Müller/Reitberger, fortgeführt von Hermann Müller/Walter Sax/Rainer Paulus, neubearbeitet ab der 6. Lieferung von Gerhard Fezer/Rainer Paulus, ab der 14. Lieferung herausgegeben von Bernd von Heintschel-Heinegg/Heinz Stöckel, Loseblattsammlung, Neuwied, Kriftel (zitiert: KMR-*Bearbeiter*).

Knauer, Christoph/Wolf, Christian: Zivilprozessuale und strafprozessuale Änderungen durch das Erste Justizmodernisierungsgesetz - Teil 2, NJW 2004, 2932.

Kohlhaas, Max: Die Verlesung von Niederschriften über früherer Vernehmungen in der Hauptverhandlung (§ 251 StPO), NJW 1954, 535.

König, Stefan: Der Anwalt als Zeugenbeistand - Gegner oder Gehilfe der Verteidigung?, in: *Hanack, Ernst-Walter/Hilger, Hans/Mehler, Volkmar/Widmaier, Gunter*: Festschrift für Peter Rieß zum 70. Geburtstag am 4. Juni 2002, Berlin, New York, 2002, S. 243 (zitiert: *König*, FS Rieß).

Kopp, Ferdinand/Schenke, Wolf-Rüdiger, Verwaltungsgerichtsordnung, Kommentar, 13. Auflage, München, 2003 (zitiert: *Kopp/Schenke*).

Kramer, Bernhard: Die Verwertbarkeit der Angaben des Angeklagten im Strafprozeß, Jura 1980, 393.

Krause, Friedrich-Wilhelm: Zum Urkundenbeweis im Strafprozeß, Hamburg, 1966.

Krekeler, Wilhelm: Strafrechtliche Grenzen der Verteidigung, NStZ 1989, 146.

Krey, Volker: Strafverfahrensrecht: Studienbuch Bd. I, Stuttgart, Berlin, Köln, 1988 (zitiert: *Krey* I).

— Strafverfahrensrecht: Studienbuch Bd. II, Stuttgart, Berlin, Köln, 1990 (zitiert: *Krey* II).

Kuckuck, Bernd: Zur Zulässigkeit von Vorhalten aus Schriftstücken in der Hauptverhandlung des Strafverfahrens, Berlin, 1977.

Kühne, Hans-Heiner: Strafverfahren als Kommunikationsproblem, Heidelberg, 1978.

— Strafprozeßrecht. Eine Systematische Darstellung des deutschen und europäischen Strafverfahrens, 6. Auflage, Heidelberg, 2003 (zitiert: *Kühne*).

Langbein, John H.: Die Carolina (Übersetzung von John H. Langbein: Prosecuting Crime in the Renaissance: England, Germany, France, 1974, Chapter 8, The Carolina, pp. 167 ff.), in: *Schroeder, Friedrich-Christian* (Hrsg.): Die Carolina: Die Peinliche Gerichtsordnung Kaiser Karls V. von 1532, Darmstadt, 1986, S. 231.

Langkeit, Jochen/Cramer, Steffen: Vorrang des Personalbeweises bei gemäß § 55 StPO schweigenden Zeugen, StV 1996, 230.

Larenz, Karl/Wolf, Manfred: Allgemeiner Teil des Bürgerlichen Rechts, 8. Auflage, München, 1997 (zitiert: *Larenz/Wolf*).

Leipold, Klaus: Form und Umfang des Erklärungsrechts nach § 257 StPO und seine Auswirkungen auf die Widerspruchslösung des Bundesgerichtshofes, StraFo 2001, 300.

Leipziger Kommentar StGB Großkommentar: Herausgegeben von Burkhard Jähnke, Heinrich Wilhelm Laufhütte, Walter Odersky, 11. Auflage, 39. Lieferung: §§ 267-282 StGB, Berlin, New York, 2001 (zitiert: LK-*Bearbeiter*).

Lemke, Michael/Julius, Karl-Peter/Krehl, Christoph/Kurth, Hans-Joachim/ Rautenberg, Erardo Cristoforo/Temming, Dieter: Heidelberger Kommentar zur Strafprozeßordnung, 3. Auflage, Heidelberg, 2001 (zitiert: HK-Bearbeiter).

Lenckner, Theodor: Aussagepflicht, Schweigepflicht und Zeugnisverweigerungsrecht, NJW 1965, 321.

Lesch, Heiko Hartmut: Inquisition und rechtliches Gehör in der Beschuldigtenvernehmung, ZStW 111 (1999), 624.

Liepmann, Moritz: Die Psychologie der Vernehmung des Angeklagten im deutschen Strafprozeß, ZStW 44 (1924), 671.

Lipp, Martin: Der praktische Fall - Bürgerliches Recht: Die beschränkt geschäftsfähige Stellvertreterin, JuS 2000, 267.

Löhr, Holle Eva: Der Grundsatz der Unmittelbarkeit im deutschen Strafprozeß, Berlin, 1972.

Löwe, Ewald: Strafprozeßordnung für das Deutsche Reich nebst dem Gerichtsverfassungsgesetz und den das Strafverfahren betreffenden Bestimmungen der übrigen Reichsgesetze, 1. Auflage, Berlin, 1879 (zitiert: *Löwe*).

Löwe/Rosenberg: Die Strafprozeßordnung und das Gerichtsverfassungsgesetz: Großkommentar, von Hanns Dünnebier, Walter Gollwitzer, Karlheinz Meyer, Lutz Meyer-Goßner, Karl Schäfer, Günter Wendisch, 2. Band: §§ 112-212b, 23. Auflage, Berlin, New York, 1978 (zitiert: LR-*Bearbeiter*, 23. Aufl.).

Löwe/Rosenberg: Die Strafprozeßordnung und das Gerichtsverfassungsgesetz: Großkommentar, hrsg. von Peter Ries, 1. Band: Einleitung; §§ 1-111n; 24. Auflage, Berlin, New York, 1988 (zitiert: LR-*Bearbeiter*, 24. Aufl.).

Löwe/Rosenberg: Die Strafprozeßordnung und das Gerichtsverfassungsgesetz: Großkommentar, hrsg. von Peter Rieß, 25. Auflage, Berlin, New York

— 1. Band: Einleitung; §§ 1-71, 1999.

— 2. Band: §§ 72-136a, 2004.

— 3. Band: §§ 137-212b, 2004.

— 4. Band: §§ 212-295, 2001.

— 5. Band: §§ 296-373a, 2004.

— 6. Band: §§ 374-495; EGStPO (-2001).

Lüderssen, Klaus: Die Stellung des Strafverteidigers – neue Aspekte: Wahrheitspflicht, „Geldwäsche“, Schadensersatz, in: *Czapksa, Janine/Gaberle, Andrzej/ Swiatloswki, Adrzej* (Hrsg.): Festschrift für Stanislaw Waltos, Warschau 2001, S. 328 ff. (zitiert: *Lüderssen*, FS Waltos).

Maldener, Kurt: Die Institution des Verteidigers in rechtsvergleichender Sicht, ZStW 93 (1981), 275.

Malek, Klaus: Der Verteidiger in der Hauptverhandlung, Heidelberg, 1994.

Mannheimer, Ludwig: Zur Legitimation der Verteidiger und Bevollmächtigten im Strafprozeß, MDR 1954, 454.

Maunz, Theodor/Dürig, Günter u. a.: Grundgesetz Kommentar: Band IV: Art. 100-146, Loseblattsammlung, München (zitiert: Maunz/Dürig-*Bearbeiter*).

Maurach, Reinhardt/Schroeder, Friedrich-Christian/Maiwald, Manfred: Strafrecht Besonderer Teil: Teilband 2: Straftaten gegen Gemeinschaftswerte, 8. Auflage, Heidelberg, 1999 (zitiert: *Maurach/Schroeder/Maiwald*, BT II).

Meyer, Dieter: Die Zulässigkeit der Ersetzung einer Aussage des nach § 55 StPO die Aussage verweigernden Zeugen durch Verlesung eines nichtrichterlichen Protokolls gem. § 251 Abs. 2 StPO, MDR 1977, 543.

Meyer, Jürgen: Dialektik im Strafprozeß: Eine Untersuchung der Spannungen im Strafprozeß unter besonderer Berücksichtigung der dialektischen Gewinnung der Strafurteile im Kräftefeld der Schlußanträge, Tübingen, 1965 (zitiert: *J. Meyer*).

Meyer, Jürgen: Der Urkundenbeweis in der Hauptverhandlung, Frankfurt am Main, 1999 (zitiert: *Meyer*, Urkundenbeweis).

Meyer, K.: Anmerkung zu BGH vom 23.12.1986 - 1 StR 514/86, JR 1987, 523.

Meyer-Goßner, Lutz: Entlastung der Strafrechtspflege - Ein ungewöhnlicher Vorschlag, NStZ 1992, 167.

— Strafprozeßordnung, 47. Auflage, München, 2004 (zitiert: *Meyer-Goßner*, 47. Aufl.).

— Strafprozeßordnung, 48. Auflage, München, 2005 (zitiert: *Meyer-Goßner*).

Meyer-Mews, Hans: Die Einlassung und Vernehmung des Angeklagten zur Sache gemäß § 243 IV 2 StPO, JR 2003, 161.

Michel, Norbert: Einlassung durch den Anwalt?, MDR 1994, 648.

Miesbach, Klaus: Der teilschweigende Angeklagte - materiellrechtliche und prozessuale Fragen anhand der BGH-Rechtsprechung -, NStZ 2000, 234.

Mitsch, Wolfgang: Protokollverlesung nach berechtigter Auskunftsverweigerung (§ 55 StPO) in der Hauptverhandlung, JZ 1992, 174.

Mittermaier, Carl Josef Anton: Der deutsche Strafprozeß, verglichen mit dem auf Öffentlichkeit, Mündlichkeit und Anklageprinzip gebauten Verfahren, Archiv des Criminalrechts 1842, 61 ff., 259 ff., 424 ff.

Müller, Egon: Der Grundsatz der Waffengleichheit im Strafverfahren, NJW 1976, 1063.

— Gedanken zur Vernehmung des Angeklagten in der Hauptverhandlung und zum sog. Opening Statement des Verteidigers, in: *Ebert, Udo/Rieß, Peter/Roxin, Claus/Wahle, Eberhard* (Hrsg.): Festschrift für Ernst-Walter Hanack zum 70. Geburtstag am 30.09.1999, 1999, Berlin/New York, S. 67 (zitiert: *Müller*, FS Hanack).

Müller, Elmar: Strafverteidigung im Überblick – eine systematische Darstellung der Arbeitsschritte mit praktischen Hilfen, Heidelberg, 1989.

Müller-Christmann, Bernd: Aktuelles Strafprozeßrecht, JuS 2002, 1100.

Müller-Dietz, Heinz: Die Stellung des Beschuldigten im Strafprozeß, ZStW 93 (1981), 1177.

Münchner Kommentar zum Bürgerlichen Gesetzbuch: Hrsg. von Kurt Rebmann und Franz-Jürgen Säcker: Band 1, Allgemeiner Teil: §§ 1-240 BGB, AGB-Gesetz, 4. Auflage, München, 2001 (zitiert: MüKo-*Bearbeiter*).

Mutzbauer, Norbert: Strafprozessuale Revision: Eine Anleitung für Klausur und Praxis, 5. Auflage, München, 2003.

Olk, Sebastian: Anmerkung zu BGH, Beschluß vom 28.06.2006 – 3 StR 176/05 (JZ 2006, 204), JZ 2006, 204.

Ostendorf, Heribert: Strafvereitelung durch Strafverteidigung - Zur Diskussion um Gründe und Leitbild berufsmäßiger Strafverteidigung, NJW 1978, 1345.

Park, Tido: Anmerkung zu BGH, Beschluß vom 14.8.1997 - 1 StR 441/97 (StV 1998, 59), StV 1998, 59.

— Die prozessuale Verwertbarkeit verschiedener Formen der Beschuldigteneinlassung im Strafverfahren, StV 2001, 589.

Paulus, Rainer: Rechtsdogmatische Bemerkungen zum Urkundenbeweis in der Hauptverhandlung des Strafverfahrens, JuS 1988, 873.

— Dogmatik der Verteidigung, NStZ 1992, 305.

Peters, Karl: Anmerkung zu BGH JZ 1965, 649, JZ 1965, 650.

— Anmerkung zu BGH, Urteil vom 30.10.1968 - 4 StR 281/68 (JR 1969, 427), JR 1969, 428.

— Untersuchungen zum Fehlurteil im Strafprozeß, Berlin, 1967 (zitiert: *Peters*, Untersuchungen zum Fehlurteil).

— Fehlerquellen im Strafprozeß: Band II, Karlsruhe, 1972 (zitiert: *Peters*, Fehlerquellen II).

— Strafprozeß: Ein Lehrbuch, 2. Auflage, Karlsruhe, 1966 (zitiert: *Peters*, 2. Aufl.).

— Strafprozeß: Ein Lehrbuch, 4. Auflage, Heidelberg, 1985 (zitiert: *Peters*).

Pfeiffer, Gerd: Zulässiges und unzulässiges Verteidigerhandeln, DRiZ 1984, 341.

— Strafprozeßordnung und Gerichtsverfassungsgesetz, 5. Auflage, München, 2005.

Prittwitz, Cornelius: Der Mitbeschuldigte im Strafprozeß, Frankfurt, 1984.

Prüfer, Hans: Aussagebewertung im Strafverfahren: Abgrenzungsmerkmale und Beurteilungskriterien, Köln, München, 1986.

Ranft, Otfried: Schutz der Zeugnisverweigerungsrechte bei Äußerungen außerhalb eines anhängigen Strafverfahrens, StV 2000, 520.

— Gründzüge des Strafbefehlsverfahrens, JuS 2000, 633.

— Strafprozeßrecht: Systematische Lehrdarstellung für Studium und Praxis, 3. Auflage, Stuttgart, München, Hannover u. a., 2005.

Rengier, Rudolf: Die Zeugnisverweigerungsrechte im geltenden und künftigen Strafverfahrensrecht: Grundlagen, Reformfragen und Stellung im System der Beweisverbote und im Revisionsrecht, Paderborn, München, 1979.

Richter des Bundesgerichtshofs (Hrsg.): Rechtsprechung des BGH in Strafsachen, Loseblattsammlung (zitiert: BGHR-StPO).

Rieß, Peter: Die Durchführung der Hauptverhandlung ohne Angeklagten - Zugleich ein Beitrag zum neuen § 231a StPO, JZ 1975, 265.

— Der Beschuldigte als Subjekt des Strafverfahrens in Entwicklung und Reform der Strafprozeßordnung, in: *Bundesministerium der Justiz* (Hrsg.): Vom Reichsjustizamt zum Bundesministerium der Justiz: Festschrift zum 100jährigen Gründungstag des Reichsjustizamts am 1. Januar 1877, Köln, 1977, S. 373 (zitiert: *Rieß,* Reichsjustizamt).

— Die Stellung des Verteidigers beim Verzicht auf präsente Beweismittel, NJW 1977, 881.

— Die Hauptverhandlung in Abwesenheit des Angeklagten in der Bundesrepublik Deutschland, in: *Jescheck, Hans-Heinrich* (Hrsg.): Deutsche strafrechtliche Landesreferate zum X. Kongreß für Rechtsvergleichung Budapest 1978, Beiheft zur ZStW 90 (1978), Berlin, New York, S. 175 (zitiert: *Rieß,* ZStW 90 Beiheft).

— Die Vernehmung des Beschuldigten im Strafprozeß, JA 1980, 293.

Rogall, Klaus: Der Beschuldigte als Beweismittel gegen sich selbst: Ein Beitrag zur Geltung des Satzes „Nemo tenetur seipsum prodere" im Strafprozeß, Berlin, 1977.

Roxin, Claus: Strafverfahrensrecht: Ein Studienbuch, 24. Auflage, München, 1995 (zitiert: *Roxin,* 24. Aufl.).

— Strafverfahrensrecht: Ein Studienbuch, 25. Auflage, München, 1998.

— Gegenwart und Zukunft der Verteidigung im rechtsstaatlichen Strafverfahren, in: *Ebert, Udo/Rieß, Peter/Roxin, Claus/Wahle, Eberhard* (Hrsg.): Festschrift für Ernst-Walter Hanack zum 70. Geburtstag am 30.08.1999, S. 1 (zitiert: *Roxin,* FS Hanack).

Rüping, Hinrich: Der Grundsatz des rechtlichen Gehörs und seine Bedeutung im Strafverfahren, Berlin, 1976.

— Zur Mitwirkungspflicht des Beschuldigten und Angeklagten, JR 1974, 135.

Safferling, Christoph J. M.: Audiatur et altera pars - die prozessuale Waffengleichheit als Prozeßprinzip - Qui statuit alliquid inaudita altera, Aequm liquet statuerit haus aequs fuit, NStZ 2004, 181.

Salditt, Franz: Verteidigung in der Hauptverhandlung - Notwendige Alternativen zum Praxisritual, StV 1993, 442.

— Das Interesse an der Lüge, StV 1999, 61.

Schäfer, Gerhard: Die Einlassung zur Sache durch den Verteidiger, in: *Widmaier, Gunter/Lesch, Heiko/Müssig, Bernd/Wallau, Rochus*, Festschrift für Hans Dahs, Köln, 2005 (zitiert: *Schäfer*, FS Dahs).

Schlothauer, Reinhold: Abwesenheitsverhandlung wegen Beurlaubung oder vorübergehender Verfahrenstrennung und Revision, in: *Brüssow, Rainer/Gatzweiler, Norbert/Jungfer, Gerhard/Mehle, Volkmar/Richter II, Christian* (Hrsg.): Festgabe für Ludwig Koch, Heidelberg 1989, S. 241 (zitiert: *Schlothauer*, FG Koch).

— Unvollständige und unzutreffende tatrichterliche Urteilsfeststellungen: Verteidigungsmöglichkeiten in der Revisions- und Tatsacheninstanz, StV 1992, 134.

— Vorbereitung der Hauptverhandlung durch den Verteidiger: Mit notwendiger Verteidigung und Pflichtverteidigung, 2. Auflage, Heidelberg, 1998 (zitiert: *Schlothauer*).

Schlüchter, Ellen: Das Strafverfahren, 2. Auflage, Köln, Berlin, Bonn, München, 1983.

Schmidt, Eberhard: Lehrkommentar zur Strafprozeßordnung und zum Gerichtsverfassungsgesetz, Teil I: Die rechtstheoretischen und rechtspolitischen Grundlagen des Strafverfahrensrechts, 2. Auflage, 1964 (zitiert: *Eb. Schmidt* I).

— Lehrkommentar zur Strafprozeßordnung und zum Gerichtsverfassungsgesetz: Teil II: Erläuterungen zur Strafprozeßordnung und zum Einführungsgesetz zur Strafprozeßordnung, Göttingen, 1957 (zitiert: *Eb. Schmidt* II).

— Lehrkommentar zur Strafprozeßordnung und zum Gerichtsverfassungsgesetz: Nachträge und Ergänzungen zu Teil II, Nachtragsband I (StPO), Göttingen, 1967 (zitiert: *Eb. Schmidt*, Nachtrag I).

— Lehrkommentar zur Strafprozeßordnung und zum Gerichtsverfassungsgesetz, Nachträge und Ergänzungen zu Teil II (Strafprozeßordnung), Nachtragsband II (StPO), Göttingen, 1970 (zitiert: *Eb. Schmidt*, Nachtrag II).

Schnarr, Karl Heinz: Das Schicksal der Vollmacht nach Beiordnung des gewählten Verteidigers, NStZ 1986, 488.

— Der bevollmächtigte Pflichtverteidiger und sein Stellvertreter, NStZ 1996, 214.

Schneidewin, Karl: Der Urkundenbeweis in der Hauptverhandlung, JR 1951, 481.

Scholderer, Frank: Urteilsanmerkung (zu BGH StV 1993, 227), StV 1993, 228.

Schorn, Hubert: Prozeßhandlungen des Verteidigers und des Angeklagten, JR 1965, 375.

— Verteidigung und Vertretung im Strafverfahren, JR 1966, 7.

Schroeder, Friedrich-Christian (Hrsg.): Die Carolina: Die Peinliche Gerichtsordnung Kaiser Karl V. und des Heiligen Römischen Reichs von 1532 (Carolina), Darmstadt, 1986 (zitiert: *Schroeder,* Die Carolina).

Schroeder, Friedrich-Christian: Die Beweisaufnahme im Strafprozeß unter dem Druck der Auseinandersetzung zwischen Ost und West, ROW 1969, 193.

— Revision der Staatsanwaltschaft bei Verwerfung der Berufung des nicht erschienenen Angeklagten, NJW 1973, 308.

— Die Herbeiführung einer Unterschrift durch Täuschung oder Zwang, GA 1974, 225.

— Kritische Bemerkungen zum Strafverfahrensänderungsgesetz 1979, NJW 1979, 1527.

— Grenzen der Rationalisierung des Strafverfahrens, NJW 1983, 137.

— Strafprozeßrecht: Fälle und Lösungen nach höchstrichterlichen Entscheidungen, 2. Auflage, 1983 (zitiert: *Schroeder*, Fälle und Lösungen).

— Die Überprüfung der Rechtmäßigkeit und Begründetheit eines Strafurteils, in: *Jescheck, Hans-Heinrich/Kaiser G./Eser, Albin* (Hrsg.): Zweites deutsch-sowjetisches Kolloquium über Strafrecht und Kriminologie, 1984, S. 325.

— Eine funktionelle Analyse der strafprozessualen Zwangsmittel, JZ 1985, 1028.

— Die Peinliche Gerichtsordnung Kaiser Karls V. (Carolina) von 1532, in: *Schroeder, Friedrich-Christian (Hrsg.)*: Die Carolina: Die Peinliche Gerichtsordnung Kaiser Karl V. und des Heiligen Römischen Reichs von 1532 (Carolina), Darmstadt, 1986, S. 305 (erstmals veröffentlicht in: *Albrecht, Dieter*: Regensburg - Stadt der Reichstage, Vortragsreihe der Universität Regensburg, 3. Band, Regensburg, 1980, S. 25).

— Formelle und materielle Verteidigung, NJW 1987, 301.

— Strafprozeßrecht, 3. Auflage, München, 2001 (zitiert: *Schroeder*).

— Warum heißt sie Carolina?, in: *Dorn, Franz/Schröder, Jan* (Hrsg.): Festschrift für Gerd Kleinheyer zum 70. Geburtstag, Heidelberg, 2001, S. 467 (zitiert: *Schroeder*, FS Kleinheyer).

Schroeder, Friedrich-Christian/Meindl, Wolfhard: Fallrepetitorium zum Strafverfahrensrecht nach höchstrichterlichen Entscheidungen (vormals: Strafprozeßrecht: Fälle und Lösungen höchstrichterlicher Entscheidungen), 4. Auflage, Heidelberg, 2004 (zitiert: *Schroeder/Meindl*).

Schroth, Hans-Jürgen: Der Vorhalt eigener protokollierter Aussagen an den Angeklagten, ZStW 87 (1975), 107.

Schünemann, Bernd: Die Verständigung im Strafprozeß - Wunderwaffe oder Bankrotterklärung der Verteidigung?, NJW 1989, 1895.

— Der Richter im Strafverfahren als manipulierter Dritter? Zur empirischen Bestätigung von Perseveranz- und Schulterschlußeffekt, StV 2000, 159.

Schurig, Tim: Belehrung und Beratung des Beschuldigten über sein Aussageverhalten: Eine gemeinsame Aufgabe von Gericht und Verteidigung?, Frankfurt am Main, 2003.

Seebode, Manfred/Sydow, Fritz: „Hörensagen ist halb gelogen“, Das Zeugnis vom Hörensagen im Strafprozeß, JZ 1980, 506.

Seitz, Helmut: Anmerkung zu BGH, Urteil vom 24.08.1993 - 1 StR 380/93 (NStZ 1994, 184 = BGHSt 39, 305), NStZ 1994, 185.

Soergel, Thomas: Bürgerliches Gesetzbuch mit Einführungsgesetz und Nebengesetzen: Band 2: Allgemeiner Teil 2, §§ 104 - 240, 13. Auflage, Stuttgart, Berlin, Köln, Mainz, 1999 (zitiert: Soergel-*Bearbeiter*).

Spendel, Günter: Zur Vollmacht und Rechtsstellung des Strafverteidigers, JZ 1959, 737.

Statistisches Bundesamt (Hrsg.): Rechtspflege 2003, Fachserie 10/Reihe 1, Wiesbaden, 2004.

— Rechtspflege 2003, Fachserie 10/Reihe 2.3, Wiesbaden, 2004 (nur elektronisch veröffentlicht unter http://www.destatis.de/forward.php?url= www-destatis.de/ csp/shop/sfg/n0000.csp?treeid=24000).

Staudingers Kommentar zum Bürgerlichen Gesetzbuch mit Einführungsgesetz und Nebengesetzen: Buch 1, Allgemeiner Teil, §§ 164 - 240, Berlin, Neubearbeitung 2004 (zitiert: Staudinger-Bearbeiter).

Stein, Ulrich: Die Anwesenheit des Angeklagten in der Hauptverhandlung: Versuch einer verfassungskonformen Auslegung der §§ 230, 231, 232 - 236 StPO, ZStW 97 (1985), 304.

Stern, Steffen: Der Geständniswiderruf als forensisches Erkenntnisproblem, StV 1990, 563.

Stein/Jonas: Kommentar zu Zivilprozeßordnung: Band 2, §§ 41 - 127a, 22. Auflage, Tübingen, 2004 (zitiert: Stein/Jonas-*Bearbeiter*).

Strate, Gerhard: Zur zeitweiligen Ausschließung des Angeklagten von der Hauptverhandlung, NJW 1979, 909.

Systematischer Kommentar zur Strafprozeßordnung und zum Gerichtsverfassungsgesetz von Rudolphi, Hans-Joachim/Frisch, Wolfgang/ Paeffgen, Hans-Ullrich u. a., Loseblattausgabe, Frankfurt am Main (zitiert: SK-Bearbeiter).

Thomas, Heinz/Putzo, Hans: Zivilprozeßordnung mit Gerichtsverfassungsgesetz, den Einführungsgesetzen und europarechtlichen Vorschriften, 26. Auflage, München, 2004 (zitiert: Thomas/Putzo-*Bearbeiter*).

Ullmann, Emanuel: Lehrbuch des deutschen Strafprocessrechts, München, 1893.

Vargha, Julius: Die Vertheidigung in Strafsachen - historisch und dogmatisch, 1994, Neudruck der Ausgabe Wien, 1879.

Volk, Klaus: Grundkurs Strafprozeßrecht, 4. Auflage, München, 2004.

von Kries, August: Das Prinzip der Unmittelbarkeit im Beweisverfahren der deutschen Prozeßordnungen, ZStW 6 (1886), 88.

— Lehrbuch des deutschen Strafprozeßrechts, Freiburg, 1892.

Walder, Hans: Die Vernehmung des Beschuldigten, Hamburg, 1965.

Waldhorn, Georg: Das Verhältnis von Strafverteidigung und Begünstigung, Diss. Univ. Würzburg, 1967.

Weber, Klaus: Der Verteidiger als Vertreter in der Hauptverhandlung, Frankfurt/Main, 1982.

Weigend, Thomas: Eine Prozeßordnung für abgesprochene Urteile? (Anmerkungen zu den Entscheidungen BGHSt 43, 195 und BGH NStZ 1999, 92), NStZ 1999, 57.

Weihrauch, Matthias: Verteidigung im Ermittlungsverfahren, 6. Auflage, Heidelberg, 2002.

Weiß, Hans-Dietrich: Die „Verteidigervollmacht" - ein tückischer Sprachgebrauch, NJW 1983, 89.

Welp, Jürgen: Der Verteidiger als Anwalt des Vertrauens, ZStW 90 (1978), 101.

— Die Rechtsstellung des Strafverteidigers, ZStW 90 (1978), 804.

Wesemann, Horst: Beanstandungs- und Erklärungsrechte zur Schaffung von Freiräumen der Verteidigung, StraFo 2001, 293.

Wessels, Johannes: Schweigen und Leugnen im Strafverfahren, JuS 1966, 169.

Weßlau, Edda: Zwang, Täuschung und Heimlichkeit im Strafverfahren: Über die Mitwirkungsfreiheit des Beschuldigten und deren Grundlagen, ZStW 110 (1998), 3.

Wömpner, Hans-Bernd: Ergänzender Urkundenbeweis neben §§ 253, 254 StPO?, NStZ 1983, 293.

SCHRIFTEN ZUM STRAFRECHT UND STRAFPROZESSRECHT

Herausgegeben von Manfred Maiwald

Band 1 Christian-Peter Frees: Die steuerrechtliche Selbstanzeige. Zur kriminalpolitischen Zweckmäßigkeit des § 371 AO. 1991.

Band 2 Norbert Joachim: Der Hörensagenbeweis im Strafverfahren. 1991.

Band 3 Alfred A. Göbel: Die Einwilligung im Strafrecht als Ausprägung des Selbstbestimmungsrechts. 1991.

Band 4 Karl-Heinz Vehling: Die Abgrenzung von Vorbereitung und Versuch. 1991.

Band 5 Heiko Hartmut Lesch: Das Problem der sukzessiven Beihilfe. 1992.

Band 6 Dirk Schwerdtfeger: Besondere persönliche Unrechtsmerkmale. 1992.

Band 7 Stefan Göhring: Polizeiliche Kontrollstellen und Datenverarbeitung. § 163 d StPO und novellierte Polizeigesetze der Länder zwischen Strafverfolgung, Gefahrenabwehr und vorbeugender Straftatenbekämpfung. 1992.

Band 8 Werner Kemper: Horizontale Teilrechtskraft des Schuldspruchs und Bindungswirkung im tatrichterlichen Verfahren nach der Zurückverweisung. §§ 353, 354 Abs. 2 StPO. 1993.

Band 9 Ovvadias Namias: Die Zurechnung von Folgeschäden im Strafrecht. 1993.

Band 10 Jan Zopfs: Unfallflucht bei eindeutiger Haftungslage? Unverzüglichkeitsgebot und Wahlmöglichkeit in § 142 Abs. 2 und 3 StGB. 1993.

Band 11 Stefan Hiebl: Ausgewählte Probleme des Akteneinsichtsrechts nach § 147 StPO. 1994.

Band 12 Ralf Krack: List als Straftatbestandsmerkmal. Zugleich ein Beitrag zu Täuschung und Irrtum beim Betrug. 1994.

Band 13 Henning Radtke: Zur Systematik des Strafklageverbrauchs verfahrenserledigender Entscheidungen im Strafprozeß. 1994.

Band 14 Bernd J. A. Müssig: Schutz abstrakter Rechtsgüter und abstrakter Rechtsgüterschutz. Zu den materiellen Konstitutionskriterien sog. Universalrechtsgüter und deren normentheoretischem Fundament – am Beispiel der Rechtsgutsbestimmung für die §§ 129, 129a und 324 StGB. 1994.

Band 15 Heinz Koriath: Über Beweisverbote im Strafprozeß. 1994.

Band 16 Burkhard Niepoth: Der untaugliche Versuch beim unechten Unterlassungsdelikt. 1994.

Band 17 Karsten Altenhain: Die Strafbarkeit des Teilnehmers beim Exzeß. 1994.

Band 18 Ina Walbaum: Schuldspruch in der Revisionsinstanz nach freisprechendem Urteil des Tatgerichts. 1996.

Band 19 Birgit Dalbkermeyer: Der Schutz des Beschuldigten vor identifizierenden und tendenziösen Pressemitteilungen der Ermittlungsbehörden. 1994.

Band 20 Thomas Hackner: Der befangene Staatsanwalt im deutschen Strafverfahrensrecht. 1995.

Band 21 Hartmut Loritz: Kritische Betrachtungen zum Wert des strafprozessualen Zwischenverfahrens. 1996.

Band 22 Heinz-Hermann Berghof: Therapie und Strafe im Betäubungsmittelrecht. Recht und Wirklichkeit der Behandlung Drogenabhängiger unter besonderer Berücksichtigung der §§ 35 ff BtMG. 1995.

Band 23 Oliver Mertens: Strafprozessuale Grundrechtseingriffe und Bindung an den Wortsinn der ermächtigenden Norm. 1996.

Band 24 Sönke Bahnsen: Das Akteneinsichtsrecht der Verteidigung im Strafverfahren. Dogmatische Grundlagen und Einzelprobleme im Lichte einer rechtsstaatlichen Verfahrensgestaltung. 1996.

Band 25 Dirk Schwieger: Der Vorteilsbegriff in den Bestechungsdelikten des StGB. 1996.

Band 26 Stephanie Meinecke: Die Auswirkungen von Verfahrensfehlern auf die Strafbarkeit nach den Aussagedelikten. 1996.

Band 27 Ute Lambrecht: Strafrecht und Disziplinarrecht. Abhängigkeiten und Überschneidungen. 1997.

Band 28 Carsten Momsen: Verfahrensfehler und Rügeberechtigung im Strafprozeß. Die Strukturen der Revisionsberechtigung unter besonderer Berücksichtigung des Begriffs "Rechtsnormen, die lediglich zugunsten des Angeklagten gegeben sind" in § 339 StPO. 1997.

Band 29 Ursula Epp: Die Abgeordnetenbestechung – § 108 e StGB. 1997.

Band 30 Bernd Scheiff: Wann beginnt der Strafrechtsschutz gegen kriminelle Vereinigungen (§ 129 StGB)? 1997.

Band 31 Ulrike Fontaine: Max Grünhut (1893-1964). Leben und wissenschaftliches Wirken eines deutschen Strafrechtlers jüdischer Herkunft. 1998.

Band 32 Claudia Keiser: Das Kindeswohl im Strafverfahren. Zur Notwendigkeit eines am Kindeswohl orientierten Umgangs mit minderjährigen Opfern und Zeugen, den Möglichkeiten de lege lata und den Erfordernissen de lege ferenda. 1998.

Band 33 Wiebke Schürer-Mohr: Erlaubte Risiken. Grundfragen des "erlaubten Risikos" im Bereich der Fahrlässigkeitsdogmatik. 1998.

Band 34 Stephan Voigtel: Zum Freibeweis bei Entscheidungen der Strafvollstreckungskammer. Eine Untersuchung zu ausgewählten Fragen des Beweisrechts im gerichtlichen Verfahren in Strafvollstreckungs- und Strafvollzugssachen. 1998.

Band 35 Volkmar Wißgott: Das Beweisantragsrecht im Strafverfahren als Kompensation der richterlichen Inquisitionsmaxime. Die Judikatur des Reichsgerichts zum strafprozessualen Beweisrecht. 1998.

Band 36 Susanne Merz: Strafrechtlicher Ehrenschutz und Meinungsfreiheit. 1998.

Band 37 Uwe Schlömer: Der elektronisch überwachte Hausarrest. Eine Untersuchung der ausländischen Erfahrungen und der Anwendbarkeit in der Bundesrepublik Deutschland. 1998.

Band 38 Michael Liedke: Die Vermögensstrafe gemäß § 43a StGB in ihrer kriminalpolitischen Bedeutung. 1999.

Band 39 Danja Domeier: Gesundheitsschutz und Lebensmittelstrafrecht. Zur Konkretisierung der Verkehrspflichten und ihrer Strafbewehrung, insbesondere mit Blick auf §§ 8 ff. LMBG. 1999.

Band 40 Ritva Westendorf: Die Pflicht zur Verhinderung geplanter Straftaten durch Anzeige. Eine kritische Betrachtung der §§ 138, 139 StGB im Kontext der Unterlassungsdelikte. 1999.

Band 41 Hans Theile: Tatkonkretisierung und Gehilfenvorsatz. 1999.

Band 42 Nicole Lange: Vorermittlungen. Die Behandlung des staatsanwaltschaftlichen Vorermittlungsverfahrens unter besonderer Berücksichtigung von Abgeordneten, Politikern und Prominenten. 1999.

Band 43 Tanja Gunder: Der Umgang mit Kindern im Strafverfahren. Eine empirische Untersuchung zur Strafverfolgung bei Sexualdelinquenz. 1999.

Band 44 Sven-Markus Thiel: Die Konkurrenz von Rechtfertigungsgründen. 2000.

Band 45 Jan Schlüter: Die Strafbarkeit von Unternehmen in einer prozessualen Betrachtung nach dem geltenden Strafprozeßrecht. 2000.

Band 46 Detlef Heise: Der Insiderhandel an der Börse und dessen strafrechtliche Bedeutung. Eine Untersuchung des neuen deutschen Insiderrechts speziell unter Bezugnahme auf die strafrechtstheoretischen und strafrechtsdogmatischen Grundlagen. 2000.

Band 47 Hermann Wichmann: Das Berufsgeheimnis als Grenze des Zeugenbeweises. Ein Beitrag zur Lehre von den Beweisverboten. 2000.

Band 48 Rainer T. Cherkeh: Betrug (§ 263 StGB), verübt durch Doping im Sport. 2000.

Band 49 Kristian Hohn: Die Zulässigkeit materieller Beweiserleichterungen im Strafrecht. Eine Untersuchung über Erscheinungsformen und Grenzen der Lösung beweisrechtlicher Probleme im materiellen Strafrecht. 2000.

Band 50 Malte Rabe von Kühlewein: Der Richtervorbehalt im Polizei- und Strafprozeßrecht. 2001.

Band 51 Donata Meinecke: Die Gesetzgebungssystematik der Versuchsstrafbarkeit von Verbrechen und Vergehen im StGB. 2001.

Band 52 Joachim Bock: Begriff, Inhalt und Zulässigkeit der Beweislastumkehr im materiellen Strafrecht. 2001.

Band 53 Gabriele Rose: Grenzen der journalistischen Recherche im Strafrecht und Strafverfahrensrecht. 2001.

Band 54 Wiebke Reitemeier: Täuschungen vor Abschluß von Arbeitsverträgen. Zum Verhältnis zwischen dem Straftatbestand des Betrugs und dem Anfechtungsrecht wegen arglistiger Täuschung (§§ 263 Abs. 1 StGB, 123 Abs. 1 Alt. 1 BGB). 2001.

Band 55 Peter Rackow: Das DNA-Identitätsfeststellungsgesetz und seine Probleme. 2001.

Band 56 Frank Zschieschack: Geiselnahme und erpresserischer Menschenraub (§§ 239a, 239b StGB) im Zwei-Personen-Verhältnis. 2001.

Band 57 Natascha Sëyfi: Das Sicherungsverfahren (§§ 413 - 416 StPO). 2002.

Band 58 Dirk Seiler: Die *Sperrwirkung* im Strafrecht. 2002.

Band 59 Dorothee Sydow: Die actio libera in causa nach dem Rechtsprechungswandel des Bundesgerichtshofs. 2002.

Band 60 Inga Metrikat: Die Unterbringung in einer Entziehungsanstalt nach § 64 StGB – Eine Maßregel im Wandel? Eine vergleichende, empirische Untersuchung zur Entscheidung des Bundesverfassungsgerichts vom 16.03.1994, BVerfGE 91, 1 ff. 2002.

Band 61 Sabine Caroline Bechtoldt: Die Erledigungserklärung im Maßregelvollzug des § 63 StGB. Eine empirische Untersuchung der Erledigungserklärung und zugleich rechtsdogmatische Erörterung ihrer Rechtskraftproblematik. 2002.

Band 62 Sandra Schulte-Nover: Strafrichter in Deutschland und England. Ein systematischer Rechtsvergleich im Hinblick auf die richterlichen Kompetenzen im Strafverfahren. 2003.

Band 63 Tim Schurig: Belehrung und Beratung des Beschuldigten über sein Aussageverhalten. Eine gemeinsame Aufgabe von Gericht und Verteidigung? 2003.

Band 64 Markus Laski: Die strafrechtlichen Bezüge des Bundes-Bodenschutzgesetzes. 2003.

Band 65 Gunnar Lüer: Die Versäumung im Berufungsverfahren. Das strafprozessuale Anwesenheitsprinzip im Spannungsfeld von autonomer Subjektstellung und öffentlichen Interessen am Beispiel des § 329 Abs. 1,2 StPO. 2003.

Band 66 Thomas Grützner: Die Sanktionierung von Submissionsabsprachen. Eine Untersuchung der bestehenden Möglichkeiten einer Bekämpfung von Submissionsabsprachen unter besonderer Berücksichtigung des § 298 StGB. 2003.

Band 67 Bettina Noltenius: Kriterien der Abgrenzung von Anstiftung und mittelbarer Täterschaft. Ein Beitrag auf der Grundlage einer personalen Handlungslehre. 2003.

Band 68 Bettina Kraft: Tendenzen in der Entwicklung des Jugendstrafrechts seit der Jugendgerichtsbewegung. 2004.

Band 69 Jessica Däbritz: Die Bestimmung strafbaren fahrlässigen Verhaltens in der Forschung am Beispiel ärztlicher Humanerprobungen. Ein Beitrag zur methodischen Ermittlung und inhaltlichen Bestimmung von Sorgfaltspflichten in der Humanforschung. 2004.

Band 70 Maike Steenbock: Über die Unfallflucht als Straftat. Eine kritische Untersuchung zum Zusammenhang der Strafbarkeit der Unfallflucht mit den Besonderheiten des Straßenverkehrs. 2004.

Band 71 Holger Mann: Beschleunigungspotential im Jugendstrafverfahren. 2004.

Band 72 Dorothee Krutisch: Strafbarkeit des unberechtigten Zugangs zu Computerdaten und -systemen. 2004.

Band 73 Heinz-Helmut Fuhrmann: Das Begehen der Straftat gem. § 25 Abs. 1 StGB. Unter besonderer Berücksichtigung der sogenannten "eigenhändigen" Delikte. 2004.

Band 74 Gerwin M. Moldenhauer: Eine Verfahrensordnung für Absprachen im Strafverfahren durch den Bundesgerichtshof? 2004.

Band 75 Dirk Busch: Konzernuntreue. Eine Untersuchung spezifischer Untreuestrafbarkeit innerhalb von Konzernverbindungen mit Aktiengesellschaften und Gesellschaften mit beschränkter Haftung. 2004.

Band 76 Mitsuru Iijima: Die Entwicklung des strafrechtlichen Unrechtsbegriffs in Japan. Eine kritische Betrachtung aus strafrechtsdogmatischer und rechtsphilosophischer Perspektive. 2004.

Band 77 Lena Barbara Kötter: Private Elemente in der Strafvollstreckung. Zur Privatisierung von Bewährungshilfe, Gerichtshilfe und gemeinnütziger Arbeit. 2004.

Band 78 Martin Maria Laufen: Der Wucher (§ 291 Abs. 1 Satz 1 StGB). Systematische Einordnung und dogmatische Struktur. 2004.

Band 79 Maike Aselmann: Die Selbstbelastungs- und Verteidigungsfreiheit. Ein Beitrag zu den Garantiewirkungen von Verfahrensrechten im Hinblick auf die Beweiswürdigung, Strafzumessung und Strafbarkeit des Beschuldigten im Strafprozess. 2004.

Band 80 Ingmar Wolf: Graffiti als kriminologisches und strafrechtsdogmatisches Problem. 2004.

Band 81 Misuk Son: Straftatfolgen im deutschen und koreanischen Strafrecht. Ein prinzipieller Vergleich. 2004.

Band 82 Matthias Saal: Die Beteiligung an einer Schlägerei (§ 231 StGB). Ein Plädoyer für die Streichung der schweren Folge. 2004.

Band 83 Michael Stüber: Die Entwicklung des Prinzips der Unmittelbarkeit im deutschen Strafverfahren. 2005.

Band 84 Patrick Gerberding: Das Rechtsmittelsystem im US-amerikanischen Strafverfahren. Eine rechtsvergleichende Betrachtung. 2005.

Band 85 Rouven Seeberg: Aufgedrängte Nothilfe, Notwehr und Notwehrexzess. 2005.

Band 86 Andre Knoerchen: Schadenswiedergutmachung über anwaltliche Schlichtungsstellen. Rechtsökonomische Analyse eines Modellprojekts. 2005.

Band 87 Andreas Quante: Sanktionsmöglichkeiten gegen juristische Personen und Personenvereinigungen. 2005.

Band 88 Gundula Momsen-Pflanz: Die sportethische und strafrechtliche Bedeutung des Dopings. Störung des wirtschaftlichen Wettbewerbs und Vermögensrelevanz. 2005.

Band 89 Klaus Kleinbauer: Rechtsmittelverzicht und Rechtsmittelzurücknahme des Beschuldigten im Strafprozeß. 2006.

Band 90 Manuel Fumagalli: Rechtsprobleme vorgeburtlicher Diagnoseverfahren. Die personenrechtliche Begründung von Pränataldiagnostik und Präimplantationsdiagnostik. 2006.

Band 91 Matthias Dann: Staatliche Tatprovokation im deutschen, englischen und schottischen Recht. Rechtsvergleichende Untersuchung unter besonderer Berücksichtigung europäischer und internationaler Entwicklungslinien. 2006.

Band 92 Shahryar Ebrahim-Nesbat: Die Herausbildung der strafrechtlichen Teilnahmeformen im 19. Jahrhundert. 2006.

Band 93 Christoph Paglotke: Notstand und Notwehr bei Bedrohungen innerhalb von Prozesssituationen. 2006.

Band 94 Sebastian Olk: Die Abgabe von Sacherklärungen des Angeklagten durch den Verteidiger. 2006.

www.peterlang.de

Kolibri 360 GmbH
Ferdinand-Jühlke-Straße 7
99095 Erfurt, Deutschland
produktsicherheit@kolibri360.de

Druck:
CPI Druckdienstleistungen GmbH
im Auftrag der
Kolibri 360 GmbH
Ferdinand-Jühlke-Str. 7
99095 Erfurt